Walter Wimmer

Dein Wort ist Licht auf unserem Weg

Walter Wimmer

Dein Wort ist Licht auf unserem Weg

Sonn- und Feiertagspredigten im Lesejahr B

Fromm Verlag

Impressum/Imprint (nur für Deutschland/ only for Germany)
Bibliografische Information der Deutschen Nationalbibliothek: Die Deutsche Nationalbibliothek verzeichnet diese Publikation in der Deutschen Nationalbibliografie; detaillierte bibliografische Daten sind im Internet über http://dnb.d-nb.de abrufbar.

Coverbild: www.ingimage.com

Contact:
International Book Market Service Ltd., 17 Rue Meldrum, Beau Bassin, 1713-01 Mauritius
Website: www.bookmarketservice.com
Email: info@bookmarketservice.com

Gedruckt in: USA, UK, Deutschland. Dieses Buch wurde nicht in Mauritius produziert.

Imprint (only for USA, GB)
Bibliographic information published by the Deutsche Nationalbibliothek: The Deutsche Nationalbibliothek lists this publication in the Deutsche Nationalbibliografie; detailed bibliographic data are available in the Internet at http://dnb.d-nb.de.

Cover image: www.ingimage.com

Contact:
International Book Market Service Ltd., 17 Rue Meldrum, Beau Bassin, 1713-01 Mauritius
Website: www.bookmarketservice.com
Email: info@bookmarketservice.com

Printed in: U.S.A., U.K., Germany. This book was not produced in Mauritius.

ISBN: 978-3-8416-0200-8

Inhaltsverzeichnis

1. Adventsonntag

1 Kor 1,3-9; Mk 13,24-37 (27.11.2005)

Wir beginnen mit dem heutigen Tag ein neues Kirchenjahr, aber liturgisch fahren wir sozusagen im alten Fahrwasser weiter, denn sowohl die letzten Sonntage des alten als auch die ersten Sonntage des neuen Kirchenjahres sind von einem Thema geprägt, dem der Aufforderung zur Wachsamkeit!

Denken wir an die Ermunterung vor drei Wochen beim Gleichnis von den 10 Jungfrauen: 'Seid also wachsam!' Auch das Gleichnis von den Talenten mahnt uns, die Zeit hellwach zu nützen. Noch klingt vom letzten Sonntag in unseren Ohren der Aufruf, alle Sinne offenzuhalten für den Geringsten der Mitmenschen. Auch das heutige Evangelium, das Ende der sogenannten eschatologischen Rede bei Markus, schildert die Endzeit in teils apokalyptischen Bilder und spricht vom Türhüter, der jederzeit für die Rückkehr seines Herrn bereit sein soll; es endet mit der zweimaligen Aufforderung: 'Seid also wachsam!'

Jesus nimmt das Bild von einer uns nicht mehr sehr vertrauten Wirklichkeit. Heute gibt es technisch ausgeklügelte Schließ- und Alarmanlagen. Im Alten Orient war die nächtliche Sicherheit eine Frage menschlicher Wachsamkeit. Um sich vor unerwünschten Eindringlingen zu schützen, hatten Städte an den Eingängen ihre Nachtwächter und Reiche bei ihren Häusern ihre Türhüter. Es war keine leichte Aufgabe. Kein Wunder, daß manche dieser Dauerbelastung nicht standhielten und einschliefen. Ein schlafender Wächter kann allerdings teuer zu stehen kommen.

Wer denkt nicht etwa auch an die schlafenden Jünger Jesu in der Ölbergnacht - trotz der wiederholten Mahnungen Jesu zur Wachsamkeit. Im Garten Getsemani übermannt sie der Schlaf, obwohl es für ihren Meister um Leben und Tod geht.

Welche konkreten Erfahrungen haben wir selbst mit Wachen? Ich denke da zunächst an meine Kaplans-Erfahrungen bei Jungschar-Lager: ich ließ mich auch einteilen, in der Nacht Wache zu stehen und die Zelte und deren Insassen vor unliebsamen Überfällen zu schützen. Wohl ungemütlicher und ernster ist es, wenn Soldaten des Bundesheeres im Lager oder an der Grenze Wache stehen müssen und jedes Einschlafen eine Strafe zur Folge hat ist. Wach hieß es auch zu sein, wenn ich am Bahnhof oder Flughafen jemand abholen sollte, um die erwartete Person nicht zu vermissen. In all diesen Beispielen war immer ein Ende des Wachens und Wartens abzusehen, eben das Ende der Nacht oder die Ankunftszeit des jeweiligen Transportmittels.

Bei Wache denke ich auch an die Totenwache, wo eher Trauer und Abschiedsschmerz und Hilflosigkeit die Situation prägen. Dieses Wachen heißt eigentlich, den Toten nicht mit unseren Händen festhalten, ihn nicht neu hier erwarten, sondern ihn loslassen in die Hände Gottes. Manche von den älteren Frauen haben vielleicht noch eine sehr existentielle Erfahrung des Wachens und Wartens während des Krieges oder nach dem Krieg auf die Heimkehr des Mannes von der Front oder von der Kriegsgefangenschaft. Ich kann nur ahnen, wie dieses Wachsein oft auch von Zweifeln und Verzweiflung angefochten gewesen sein mag, wie sehr es aber aus der unzerstörbaren Kraft und Sehnsucht der Liebe kaum auszulöschen war. Es war die Liebe, die die Kraft zum Durchstehen gab und wahre Wunder bewirkte. So heißt es in einem Gedicht eines russischen Soldaten an seine Frau:

Warte auf mich - und ich werde zurückkehren. Nur warte sehr!
Warte, wenn man auf andere nicht mehr wartet. Warte auf mich,
und ich werde zurückkehren, allen Toten zum Trotz!
Wer nicht auf mich gewartet hat, der wird vielleicht sagen: 'Er hat Glück gehabt!'
Die nicht gewartet haben, werden nicht verstehen, wie Du inmitten des Feuers
durch Dein Warten mich gerettet hast.
Wie ich am Leben blieb, werden wissen nur Du und ich -
Du verstandest einfach zu warten wie kein anderer.

Liebe Pfarrgemeinde, auch wir sind aufgefordert zu wachen und zu warten auf die Rückkehr unseres Herrn. Damit ist gesagt: Unsere Welt und unser Leben sind endlich, vergänglich und begrenzt. Es steht uns also ein Ende bevor, oder sagen wir als Glaubende, die Wiederkunft des Herrn. Seit der Zeitenwende in Jesus Christus leben wir in der letzten Zeit, in der Endzeit. Wir feiern das Geheimnis unseres Glaubens, 'bis Christus wiederkommt in Herrlichkeit'.

Verstehen wir zu warten, auch wenn der Herr sich verzögert und wir überhaupt nicht wissen, wann er kommt? Gerade das war auch die Situation der ersten Christengemeinden: die Nah-Erwartung wich allmählich einer Fernerwartung, wie die Bildwelt des Evangeliums erkennen läßt. Trotz aller Verspätung soll der Portier hellwach bleiben, um den Herrn unverzüglich einzulassen, und sei es daß er wie ein Dieb in der Nacht kommt. Daß dieses Wachbleiben bei völliger Ungewißheit des Termins und bei der Verschlafenheit so vieler Zeitgenossen schwer fällt, können wir nicht nur nachempfinden, sondern erleben wir sozusagen am eigenen Leibe.

Was heißt 'Wachsam sein'? Wie gelingt es?

Eine uralte Vermeidungsstrategie erleben wir im Versuch, aus der Ungewissheit der Rückkehr des Herrn auszubrechen und das Weltende auf ein bestimmtes Datum festzulegen. Wenn dafür auch verschiedene Zahlen und kosmische Phänomene hergenommen werden, so ist die apokalyptische Sprache des Evangeliums missverstanden: die Erfahrungen des Schreckens und der

Ohnmacht in der Natur lassen nichts vorausberechnen; sie dienen dem Evangelisten nur als Vor-Bilder für alle Rede vom Ende der Welt.
Die Psychologen sagen uns, dass die Menschen, die immer wieder ein fixes Datum für Jesu Wiederkunft errechnen, keineswegs mit größerer Zuversicht das Kommen unseres Erlösers Jesus Christus erwarten; sie benützen vielmehr das Datum als Projektionsfläche ihrer Ängste. Ein konkretes Schreckensbild oder ein fixes Datum machen offenbar weniger Angst als die Ungewissheit der unbestimmten Zeit. Wer also durch Magie, Astrologie oder andere esoterische Praktiken ein Weltende berechnet, hält die Ungewissheit nicht aus, jenen Tag und jene Stunde des Endes nicht zu kennen; er möchte es selbst im Datum oder durch sein Verhalten in den Griff bekommen.
Was gibt die Kraft wachsam zu bleiben, Schwestern und Brüder? Was gab der Frau im Krieg die Kraft, nicht aufzuhören zu wachen und zu warten?
Gespannte Wachheit ist wohl nur denen möglich, denen langes Warten nie langweilig wird - den Liebenden. Wer erinnert sich nicht an seine erste Liebe? Seine Wachheit war gleichsam der Gradmesser der Liebe. So sehr solches Wachen am Leben hielt, so sehr konnte es auch tödlich sein, wenn es enttäuscht wurde, wie es etwa in Puccinis Oper Madame Butterfly zum Ausdruck kommt. Wachsamkeit ist auch wohl naturgegeben in der Beziehung zwischen Eltern und Kindern. Wer kennt nicht die durchwachten Nächte der Eltern bei Krankheit oder Abwesenheit der Kinder? Wachsein ist auch möglich zwischen Freunden. Wer hat nicht die Hochs und Tiefs einer Freundschaft als helles Wachsein erfahren?
Wachbleiben ist dort möglich, wo eine Beziehung besteht, m.a.W. wo Gott nicht nur eine kosmische Größe oder ein Urknall ist, sondern ein lebendiges Du und wo meine Religiosität nicht bloß eine sentimentale Kuschelecke ist, sondern eine Du-Qualität hat. Dies wiederum ist der Fall, wo ich ein betender Mensch bin. Beten ist nämlich nach den Worten von Teresa von Avila wie ein Gespräch mit einem Freund, mit dem ich mich oft und gerne treffe.
Die Aufforderung zur Wachsamkeit am Beginn der Adventszeit ist also die Einladung, wieder mehr die Beziehung zu Gott zu pflegen, d.h. wie Max Frisch einmal sagt: Jemanden lieben, heißt in der Schwebe des Lebendigen zu bleiben zu dem Geliebten, weil man ihn liebt, solange man ihn liebt.
Diese Schwebe des Lebendigen wird auch Hochs und Tiefs haben. sie wird nicht nur eitel Wonne sein, also nicht nur allzu fromme und moderate Gebetsworte kennen, sondern sie wird gerade um der Lebendigkeit der Beziehung willen immer wieder einmal mit Gott auch streiten und kämpfen, ja mit ihm hadern und ihn gelegentlich anklagen, aber zugleich unbeirrt am Du Gottes festhalten, um freilich schließlich wieder einschwingen zu können in das Loben, Preisen und Danken.

Advent ist also Einladung, uns Zeit zu nehmen, nicht primär für den vorweihnachtlichen Geschäftsrummel, sondern vor allem für die Pflege der Beziehung zu Gott, Zeit für das Gebet, Zeit für die Gottesliebe. Sonst überkommt uns unweigerlich der Schlaf, denn Wachsamkeit ist nur denen möglich, denen langes Warten nie langweilig wird - den Liebenden.
Da Gott aber Mensch geworden ist, da er uns im Geringsten der Mitmenschen begegnet und da seither Gottes- und Nächstenliebe untrennbar verbunden sind, heißt Wachsam-Sein genau so, die Beziehung zu unseren Nächsten zu pflegen, Zeit und Mühe zu investieren für unsere Familie, für den Gatten und die Kinder, um in der Schwebe des Lebendigen zu bleiben, aber auch in unserer Nachbarschaft und Arbeitswelt nicht nur Termine abzuhaken, sondern auch die Traurigkeit oder auch Freude im Antlitz des Mitarbeiters zu verspüren und sich davon ansprechen zu lassen.
Diese Wachheit gegenüber unseren Nächsten ist nicht ein Rühren in alten Wunden, aber es kann sehr wohl heißen, die Konflikt- und Angstpunkte auf der Landkarte der Beziehung anzusprechen. Nur wenn auch solche Mitteilungen der Angst, Wut und Trauer, aber auch der Freude und Dankbarkeit im Gespräch wesentlich Platz haben, bleibt es nicht bei langweiligem, unverfänglichem, belanglosen und langweiligem Gerede, sondern dann wird die Beziehung immer wieder jung und lebendig - und wer so handelt, bleibt wach füreinander.
Was der Herr uns heute sagt, gilt in beiden Richtungen, zu ihm hin und auch zueinander: 'Seid wachsam!' Amen.

2. Adventsonntag

Jes 40,1-5.9-11; Mk1,1-8 (7.12.2008)

Wenn jemand, wie man sagt, reif für die Insel ist, so heißt das, dass er dringend einer Ruhe- und Erholphase bedarf, um nicht gesundheitlich oder psychisch einen Schaden zu erleiden. Wie klingt daneben: reif für die Wüste sein?
Die beiden biblischen Lesungen sagen uns nämlich heute, dass wir alle reif für die Wüste sind! Jesaja spricht von der Stimme, die da ruft: „Bahnt für den Herrn einen Weg durch die Wüste! Baut in der Steppe eine Strasse für unseren Gott!“ Also keine Autobahn zum Rasen, sondern eine Wüstenwanderung ist angesagt! Und im Evangelium hören wir von Johannes dem Täufer in der Wüste, der verkündet „Bereitet dem Herrn den Weg!“
Ist das nicht sonderbar? Stimmt es also doch, dass uns die Religion das Leben nicht genießen lässt, Gott uns scheinbar neidisch ist und uns deshalb lieber in die Wüste schickt, wo es nicht unbedingt angenehm ist?! Was bedeutet das? Warum nimmt die Wüste nicht nur in der biblischen Tradition, sondern bei allen

Religionsstiftern und Spiritualitäten dieser Erde einen so bedeutenden Platz ein? - Was ist wohl gemeint, wenn der Prophet Hosea Gott sagen lässt: „Darum will ich selbst sie verlocken, ich will sie in die Wüste hinausführen und sie umwerben.“ (Hos 2,16) Es beginnt darauf die 40-jährige Wüstenwanderung des Volkes Israel.

Die Zahl 40 sollte uns stutzig machen. Wer denkt dabei nicht auch an die 40 Tage Fasten Jesu in der Wüste, an die vierzigtägige Fastenzeit oder an die bekannte Krise der Lebensmitte um das Alter von 40, in der jeder Mensch, meist durch Krisen hindurch, seinem Leben eine neue Tiefe, eine bleibende Sinnrichtung und eine geglückte Identität geben sollte?
„Vierzig“ bedeutet tiefenpsychologisch und spirituell eine Zeit der Abgeschiedenheit und des Heranreifens – und dazu bedarf es offenbar der Wüste! Für das Volk Gottes war es beim Auszug aus Ägypten die konkrete Wüste Sinai, in der Zeit des Jesaja war es das babylonische Exil, für Johannes den Täufer die Wüste am Jordanufer. Die Wüstenväter des 3. und 4. Jahrhunderts zogen sich in die wirkliche Wüste zurück, um möglichst reelle Rahmenbedingungen der Abgeschiedenheit zu haben und nicht zu schnell ausweichen zu können.
Diese Wüste kann aber auch die Turmstube im Mariendom für den jeweiligen Eremiten eine Woche lang sein oder auch mein eigenes stilles Kämmerlein, dem ich nicht ständig in irgendwelche Zerstreuung entfliehe. Bei den geistlichen Meistern heißt es dann immer „Bleib in deiner Zelle!“
Exerzitien oder auch geprägte Zeiten des Kirchenjahres wie der Advent oder die Fastenzeit möchten eine Aufforderung sein, durch mehr Zurückgezogenheit und Stille ein Stück Wüste um mich herum zu schaffen. Konkret erleben wir freilich, wie schwer wir uns tun und wie sehr z.B. die so genannte stillste Zeit des Jahres sich leicht in das Gegenteil des weihnachtlichen Konsumrauschs verkehrt. Heißt es da nicht umkehren, um das Wesentliche nicht zu versäumen? Karl Valentins bekannte Worte „Heute abends besuche ich mich; ich bin neugierig, ob ich daheim bin“ sind auch als Einladung zum Gang in die Wüste gemeint.
Mit einem Wort: Wüste ist also mehr eine geistliche Landkarte als ein geographischer Atlas! Wüste ist keine falsche Flucht aus der Welt, sondern im Gegenteil: In der Stille und Leere der Wüste werde ich erst meiner selbst richtig gewahr und all dessen, wovon ich voll gestopft bin und was mich trotzdem nicht erfüllt! Wüste zeigt mir erst richtig den Schauplatz der Welt und konfrontiert mich mit dessen Sinn oder Unsinn.
Heute sagt man oft: Der Weg ist das Ziel. Die Wüste ist nicht das Ziel, sondern sie ist ein Ort – wenn Sie wollen, eine „Methode“ (griechisch = Weg) – des

Reifens und Vorankommens, eine Schule des Lebens, ein notwendiger Durchgang zum Ziel des Gelobten Landes, zu mehr Freiheit und zu mehr Leben, zu größerer Aufmerksamkeit für das, was wirklich und letztlich zählt, und zum Wahrnehmen meiner Verantwortlichkeit!

Wüste hat freilich ein Janusgesicht, d.h. zwei Gesichter, wie es auch Jesus selbst erfahren hat. Die eine Seite ist die Gefahr und die Versuchung durch den Satan, die andere die Chance der Begegnung mit Gott und der Bestärkung durch den göttlichen Geist.
Werfen wir zunächst einen Blick auf die Wüste als Ort der Gefährdung und der Dämonen! Wenn ich in die Stille gehe, werde ich erst dessen gewahr, wie viel Lärm in mir ist und wie sehr ich zerstreut bin und meine Sinne von allen möglichen oberflächlichen Reizen voll gestopft und doch eigentlich zutiefst innerlich leer.
Hunger und Durst gehören zur Kargheit der Wüste. Wie damals die Israeliten werde ich mich mit der kargen und einfachen Kost schwer tun, weil ich abhängig geworden bin von den Fleischtöpfen Ägyptens, sprich vom bloßen Konsum. Lieber nehme ich schnell Fastfood als die mir und anderen gut tuende Mahl-„Zeit“ zu schenken. Lieber greife ich zu billiger Lektüre und zu oberflächlicher Unterhaltung als zu einem geistlichen Buch oder gar zur Bibel. Näher liegt mir der momentane Genuss als Geduld und Warten auf reifere und nachhaltigere Früchte. Wer kennt nicht die Versuchung, das Leben verlängern und verbreiten zu wollen statt umzukehren und das Leben zu vertiefen? Wer weiß nicht um die Gefahr, mehr haben und sein zu wollen als der andere, so im anderen den Konkurrenten und Rivalen zu sehen und dementsprechend zu handeln?
Gott nährt sein Volk in der Wüste mit Manna, allerdings mit der Bedingung es zu teilen und es voll Vertrauen täglich neu von Gott zu erwarten, wie auch Jesus zu beten lehrt „Gib uns das tägliche Brot!“
Die Wüste eröffnet auch den Blick in meine eigenen Abgründe. Ich kann sie schnell verdrängen, zudecken oder meinen Schatten auf andere projizieren und sie als Wüstenböcke in die Wüste schicken, um selbst mit weißer Weste dazustehen. - Der Kampf gegen das Böse ist fürwahr keine „gmahte Wiesn“, sondern bedarf der Mühe der Umkehr und des Abtragens mancher Berge und Hügel, so wie etwa ein Raucher, der es sich abgewöhnen will, viel Mühe investieren muss und zunächst noch an Entzugserscheinungen leidet.
Für mich gibt es ein schönes Bild dafür, dass wir im Kampf gegen das Böse letztlich nicht aus eigener Kraft siegen, sondern der Hilfe von oben bedürfen.: Als die Israeliten gegen den Feind Amalek, dem Inbegriff des Bösen, kämpfen, siegen sie nur, solange Mose die Hände zu Gott erhebt, also für die Hilfe von

oben offen ist. Als er müde wird, greifen ihm Aaron und Hur unter die Arme, unterstützen ihn also. Das will besagen, dass wir zur Umkehr von Irrwegen und zum Gelingen des Lebens der Hilfe anderer, vor allem der Hilfe von oben bedürfen. Dies meint Jesaja, wenn er vom Trost Gottes für sein Volk spricht „Tröstet, tröstet mein Volk". Das hebräische Wort für „trösten" heißt wörtlich, dass der Mensch mit Gottes Hilfe wieder frei durchatmen kann und wieder einen Weg sieht. Jesaja beschreibt Gottes starken Arm als die zärtliche und behutsame Hand eines Hirten, der seine Lämmer behutsam auf seinem Arm trägt.

Worin besteht also die Chance der Wüste? Durch Murren, Klagen und Krisen hindurch hat Israel gelernt, auf Gott zu vertrauen – so wie ein Kind durch die selige Verwiesenheit auf die Eltern das Urvertrauen lernt. Der Prophet Hosea lässt Gott sagen: „Als Israel jung war, gewann ich ihn lieb, ich rief meinen Sohn aus Ägypten ... Mit den Fesseln der Liebe zog ich ihn an mich. Ich war da für ihn wie die Eltern, die den Säugling an ihre Wangen heben. Ich neigte mich ihm zu und gab ihm zu essen." (Hos 11,1).
Später sprechen die Propheten von dieser Zeit auch als der Brautzeit Israels mit seinem Gott. Die Wüstenwanderung ist, so sonderbar es klingen mag, der Honeymoon, die Hochzeitsreise Gottes mit seinem Volk.
Auch im Bild des Weinstocks (Wein ist das Symbol für Liebe) sagt der Psalmist, was Gott mit denen tut, die sich in die Wüste verlocken lassen: „Du hobst in Ägypten einen Weinstock aus, du hast Völker vertrieben, ihn aber eingepflanzt. Du schufst ihm weiten Raum; er hat Wurzeln geschlagen und das ganze Land erfüllt." (Ps 80,9) Wüste ist also der Weg von der Knechtschaft in die Freiheit, aus der Enge und Angst in die Weite und Tiefe des Lebens.
Die Besiegelung all dessen ist dann der Bundesschluss auf dem Berge Sinai, in dem Gott sein volles Ja zu Israel sagt und sich verbürgt, es weiterhin zu begleiten. Fürwahr ein geistliches Highlight! Das Wichtigste ist dabei nicht der Dekalog, die Zehn Gebote, sondern deren Prolog: „Ich bin Jahwe, der dich aus dem Land der Knechtschaft in die Freiheit und zu mehr Leben geführt hat. Willst Du weiter auf diesem Weg der Freiheit voranschreiten, so halte dich an folgende Lebensweisungen. ..."
Liebe Mitchristen! Aufbrechen, Unterwegssein (gegebenenfalls von falschen Wegen umkehren) und immer wieder auch Inne-halten mit Gott, also mit Gott rasten und Oasen finden, das ist der Wegcharakter unseres Lebens.
Auch jetzt in dieser Stunde halten wir auf dem Weg des wandernden Volkes Gottes – geläutert durch die Erfahrungen so mancher Wüste – mit Gott inne, halten Rast und erleben die Mahlgemeinschaft untereinander und mit Gott als wohltuende Oase und als Kraft auf dem weiteren Weg.

Ich wünsche uns allen von Herzen –zumindest im Rückblick auf unseren Lebensweg - die Erfahrung Israels, dass Gott uns auf Adlerflügeln getragen und bis hierher gebracht hat. Mögen auch wir für uns die Worte der Schrift bezeugen können:
„Jahwe fand sein Volk in der Wüste, wo wildes Getier heult. Er hüllte ihn ein, gab auf ihn acht und hütete ihn wie seinen Augenstern, wie der Adler, der sein Netz beschützt und über seinen Jungen schwebt, der seine Schwingen ausbreitet, ein Junges ergreift und es flügelschlagend davonträgt.“ Amen.

Maria Empfängnis

Eph 1,3-6.11-12; Lk 1,26-38 (8.12.2002)

Vielleicht haben auch Sie letzten Sonntag diese Schlagzeile in der Sonntags-Rundschau auf Seite 1 gesehen: „Hl. Geist soll uns zu Maria Empfängnis Obmann zeugen“. Das volle Zitat des damit angeführten freiheitlichen Politikers lautet:
„Maria Empfängnis ist ein gutes Datum für den Parteitag. Da kommt vielleicht der heilige Geist und zeugt uns im Schoße der unschuldigen Muttergottes einen neuen Obmann.“ – Einmal abgesehen von der widerlichen Geschmacklosigkeit dieser Aussage zeugt es auch das völlige Unverständnis für den heutigen Festtag.
Damit geht’s aber wohl vielen gleich, denn es erinnert viele an die Leibfeindlichkeit der Kirche und an ihre schwerverständliche Erbsündenlehre. Außerdem scheint dadurch Maria unserer Menschlichkeit ganz enthoben und als einzige das Privileg der Sündenfreiheit zu genießen.
Es ist auch nicht zu bestreiten, dass man mit der kirchlichen Sprache schwer zu Recht kommt. Umso wichtiger ist es das zu entdecken, was damit gemeint ist. Und das ist, davon bin ich überzeugt, von größter Aktualität.
Eine Richtung weist uns das Konzil: Es betrachtet Maria nicht isoliert, sondern innerhalb des Geheimnisses der Kirche. Diese Sichtweise wird den frühen Kirchenvätern wieder gerecht; sie sehen in der Unbefleckten Empfängnis ein Bild für unsere Heiligung durch Jesus Christus. Wir feiern Maria also nicht, um sie vor allen auszuzeichnen, sondern in ihr feiern wir das Geheimnis unserer Erlösung. Wir sind wie Maria aus der Schuldverstrickung befreit, auch bei uns ist die Gnade mächtiger als die Sünde. An uns soll vollzogen werden, was gnadenvoll in Maria begann.
Das heutige Fest besagt: Unsere Sehnsucht nach dem reinen, neuen Menschen, der nicht von der Lüge angesteckt ist, geht nicht ins Leere, sondern ist in einem

Menschen, in einem von uns, in der Frau Maria bereits erfüllt, denn Gott hat sie so mit sich selbst ausgefüllt, dass das Böse keinen Raum mehr hat.
Wenn wir, Schwestern und Brüder, in Maria aber unsere eigene Erlösung feiern, so heißt dies auch, dass es in jedem und jeder von uns einen Ort gibt, der durch die Bosheit der Welt und durch die eigene Schuld nicht berührt werden kann, weil Gott an diesem Ort in uns wohnt.
Dieser Festtag will uns etwas erahnen lassen von der Freiheit, die Christus uns gebracht hat: die Freiheit von quälenden Schuldgefühlen, die Freiheit von der ständigen Angst, dass etwa in uns nicht stimmt, dass wir versagen und dass wir es Gott nicht recht machen können. Das Bild von der unbefleckten Maria schenkt uns das Vertrauen, dass wir von Gott ganz und gar geliebt sind.
Es ist ein optimistisches Menschenbild, das uns dieses Fest vor Augen führt: Gott selbst hat angesichts der negativen Unrechtsstrukturen und der Schuldverstrickung in dieser Welt ein positives Vorzeichen, ein Plus vor unser Leben gesetzt. Es ist nicht das eigene Tun, das wir feiern und das uns Hoffnung und Zuversicht schenkt, sondern Gottes gnädiges Handeln.

Genau dieses Fest der Gnade Gottes hat größte Aktualität. Warum? Die Sehnsucht nach dem Neuen Menschen ist unausrottbar in uns allen verwurzelt.
Wenn der Glaube, dass wir durch Gottes Gnade zum neuen Menschen werden, verloren geht, versucht der Mensch, aus eigener Kraft diesen Menschen zu schaffen.
Aufklärung und Wissenschaft sind bei dem Versuch Pate gestanden, indem sie die Verheißung der Religion schon hier auf Erden einlösen wollen. Bei Friedrich Nietzsche kündigte sich die Vision des Neuen Menschen nach der Proklamation vom Tode Gottes bereits an. Der russische Revolutionär Leo Trotzki meinte 1932, „dass der gegenwärtige, widerspruchsvolle und unharmonische Mensch einer neuen und glücklichen Rasse den Weg ebnen wird".
Dasselbe Ziel verfolgten auch die Nationalsozialisten mit ihren Rassengesetze, die die Vernichtung angeblich minderwertiger Menschengruppen zur Folge hatten. Der Fernsehfilm „Geheimsache Lebensborn" zeigte am vergangenen Mittwoch, wie die Nazis den gefährlichen Traum vom idealen Menschen zwischen 1939 und 1945 in 16 abgelegenen Geburtskliniken verfolgten, um dort „eine neue Rasse reinen Blutes" (Himmler) zu züchten. 20.000 dort gezeugte Kinder sind heute etwa in meinem Alter.
Sowjetische und nationalsozialistische Ideologen beriefen sich auf die Wissenschaft, als sie sich anschickten, ihre Träume zu verwirklichen. Wir wissen heute leidvoll, wie diese Träume zu Alpträumen der ganzen Menschheit im 20. Jahrhundert wurden.

Weil der Glaube an den durch Gott erneuerten Menschen heute vielfach fehlt, ist auch das 21. Jahrhundert vor solchen Träumen, die schließlich zu Alpträumen werden, nicht gefeit, sondern es ist auch heute Gefahr in Verzug! Heute ist die Wissenschaft der Genforschung und der Gentechnik möglicher Pate. So segensreich sie sein können, sie können auch zum Fluch werden, wo sie offen oder insgeheim der Versuchung nachgeben, einen neuen Menschen produzieren zu wollen. Einige Hinweise mögen genügen, um diese akute Gefahr aufzuzeigen.

Der Molekularbiologe und Nobelpreisträger James D. Watson hat sich mehrfach für das Recht des Menschen ausgesprochen, sich selbst und die eigenen Kinder zu perfektionieren und die Evolution zu verbessern. Er meint, wir dürften nicht mehr „Gott ... die Zukunft des Menschen überlassen"; wir hätten z.B. das Recht, „dem Leben erbgeschädigter Föten ein Ende zu setzen". Wird nicht auch hier um eines verheißenen intelligenteren, gesünderen und glücklicheren Lebens willen Menschenleben getötet?

Viele Worte aus der heutigen wissenschaftlichen Sprache sind teils recht verräterisch. Man spricht z.B. heute im Zusammenhang mit Zeugung von „Reproduktionsmedizin". Unter der Hand werden so Eltern leicht zu Produzenten, Kindern zu Produkten. Wer so von der Entstehung und Weitergabe des menschlichen Lebens redet, ist in Gefahr, auch so zu denken und in der „Herstellungstechnik" mit dem Produkt wie mit einem „Fabrikat" umzugehen. Am Horizont taucht das Schreckensbild des serienmäßig geklonten Menschen auf.

Wenn der Mensch den Neuen Menschen selbst produzieren möchte, wird um des nötigen Erfolges willen die Selektion als Selbstbestimmung angepriesen und die Vernichtung von Menschenleben als Mitleid. Embryos werden zu Biomaterial, die in Biobanken gelagert werden und im Falle einer künstlichen Befruchtung einem Tauglichkeitstest unterliegen, der entscheidet, ob sie lebenswert sind oder als unwert vernichtet werden. Ist nicht auch die so genannte Präimplantationsdiagnostik eine rigorose Qualitätskontrolle, die über Leben und Tod entscheidet?

Bei mancher heutiger Sprache über das Menschenmaterial verschlägt es einem zu Recht die Sprache, denn der Mensch wird nach seinem ökonomischen Wert, nicht nach seiner absoluten Würde beschrieben. Sollte der Mensch nicht über jeden Preis erhaben sein, weil er eine Würde hat und nicht wie an einer Börse bloß einen Marktwert, ja vielleicht nur mehr einen Nullwert? Die Würde allein ist es, die ihn davor schützt, dass er Mittel zum Zweck wird.

Wo der Mensch aus eigener Kraft den Neuen Menschen schaffen will, den vorhandenen Menschen in jeder Hinsicht verbessern, also perfekt machen will, ist in den freiheitlichen Demokratien des Westens an die Stelle staatlichen Drucks das Diktat von Moden und Trends getreten. Man will der Natur auf die Sprünge helfen und ihre Kreationen künstlich nachbessern. Die kritische Frage muss erlaubt sein:„Welchem Vorbild eifert nach, wer sich für Fitness, Wellness und Beautiness mit einer Ausdauer und Leidenschaft quält, die mittelalterliche Folterknechte in Erstaunen versetzt hätte?" (Franz Kamphaus)
Liebe Pfarrgemeinde! Aus dem Perfektionszwang der eigenen Idealbilder befreit nur der Blick der Liebe, denn wer sich selbst nicht geliebt weiß, muss ständig sich selbst produzieren, um sich akzeptieren und von anderen anerkannt fühlen zu können.
Das heutige Fest des ohne Erbsünde empfangenen Menschen Maria besagt genau diesen Blick der Liebe Gottes auf den Menschen. Weil Gott in Jesus Christus in unserer Haut steckt, ist jeder Mensch Gottes Ebenbild.
„Er ist weder ein Zufallsprodukt noch ein Blindgänger oder Irrläufer der Evolution, und er ist auch kein Geschöpf von menschlichen Gnaden. Vorgängig zu all seinen Taten und Untaten, Leistungen und Fehlleistungen ist er von Gott erwünscht, bejaht und gerechtfertigt.
In Jesus Christus hat Gott sich mit jedem Menschen verbunden und den Neuen Menschen par excellence ‚zur Welt gebracht'. Im Glauben an ihn wird jeder Mensch ‚wiedergeboren', ein Neuer Mensch, aber kein Christus-Klon oder Abziehbild, sondern ein Original." (Franz Kamphaus)
Dieses Geheimnis unserer Erlösung feiern wir heute, wenn wir in Maria diesen Sieg der Gnade feiern. Das befreit vom selbstauferlegten Zwang, unseren Wert ständig durch eigene Anstrengung steigern zu müssen, also anders werden zu müssen.
Maria hat sich als Gottes Geschöpf erkannt und bekannt. Das hat sie nicht klein gemacht, sondern sie befähigt, über sich hinaus zu wachsen, ohne sich selbst produzieren zu müssen, denn für Gott ist nichts unmöglich" (Lk 1,37). Zu Recht sagt Maria – und mit ihr dürfen wir alle es sagen: „Meine Seele preist die Größe des Herrn und mein Geist jubelt über Gott, meinen Retter. Denn auf die Niedrigkeit seiner Magd hat er geschaut. Siehe von nun an preisen mich selig alle Geschlechter." (Lk 146-48). Amen.
Vgl. FAZ vom 27.11.2002, Nr.276. Franz Kamphaus, Der Neue Mensch

4.Adventsonntag

2Sam 7,1-5.8b-12.14a.16; Lk 1,26-38 (21.12.2008)

Es gibt zwei Weisen zu beten wie zwei Lungenflügel, die beide nötig sind.

Da ist die eine Art, spontan zu beten, ob es sich nun um ein Stoßgebet handelt oder ob ich mit freien Worten vor Gott hintrage, was mein Herz bewegt: lobend, fragend, klagend oder auch mit Gott hadernd.
Die andere Art zu beten ist das Sprechen vorformulierter Gebete, die aus der biblisch-kirchlichen Tradition auf uns zugekommen sind. Vielleicht sind davon manche Worte nicht die meinen; sie scheinen mir zu groß oder zu klein, zu fremd oder zu antiquiert, aber es ist auch ein großer Wert, sich dem Gebetsfluss der Jahrtausende und der Millionen Beter vor mir anzuvertrauen und sich davon tragen zu lassen.
Vorformulierte Gebete können einem unter die Haut gehen. Ich lerne sie nicht „auswendig", sondern „inwendig" („learn by heart"), d.h. sie sind mir mehr und mehr ins Herz geschrieben. Ich habe immer wieder erlebt, wie Menschen im Sterben nicht mehr fähig sind, spontane Gebete zu sagen, aber immer noch solche vertraute Gebete sprechen.
Das kostbarste von Jesus selbst vorformulierte Gebet ist das Vater Unser. Dann kommt wohl gleich das „Gegrüßet seist du Maria". Die Geburtsstunde dieses uns allen vertrauten Gebetes ist im heutigen Evangelium: „Der Engel trat bei Maria ein und sagte: Sei gegrüßt, du Begnadete, der Herr ist mit dir."
Vorformulierte Gebete haben freilich die Gefahr, dass sie zur Leerformel und äußeren Hülle werden, wenn sie nicht gelegentlich neu überdacht werden.
So lade ich Sie heute ein, den ersten Teil des „Gegrüßet seist du Maria" meditativ zu bedenken. Neben Johannes ist ja Maria die zweite große adventliche Gestalt, der wir in diesen Wochen des Öfteren begegnen. Vielleicht entdecken wir sie neu in diesem Gebet als Ikone des Glaubens, als Vorbild der Hoffnung und als Beispiel der Liebe auf ihrem Weg zur Vollendung bei Gott, als Verheißungsträgerin und Segen für uns alle.

„Der Engel trat bei ihr ein und sagte: Sei gegrüßt."
Der Engel heißt Gabriel, zu Deutsch „Kraft Gottes". Der Gruß kommt also nicht von einem Urknall oder einem Urschrei, nicht von einem Urprinzip oder einer genetischen Formel, nicht von einem Automaten oder Computer – sie alle sind letztlich kalt und können nicht das, was wir unter „grüßen" verstehen. Der Gruß kommt auch nicht von einem unpersönlichen „Seid umschlungen Millionen", sondern von einem unendlichen liebenden Du zu einem menschlich konkreten Du, vom Schöpfer-Gott zu seinem Ebenbild, vom mütterlich-väterlichen Gott zu seinem Kind.
Grüßen heißt ja wahrnehmen und annehmen, gut heißen, von Angesicht zu Angesicht ansehen und Ansehen schenken, dem/der anderen das Du anbieten, Freund/in werden, ihn/sie lieben.
Maria hat sich anreden lassen und hat sich auf seinen Anruf eingelassen.

Sagt uns dieser Gruß des Engels nicht, dass diese Welt auf ihren Schöpfer hin durchlässig ist und dass es zwischen Himmel und Erde mehr gibt, als was der Mensch mit den äußeren Sinnen be-greifen kann? Sagt uns dieser Gruß nicht, dass unsere heilige Unruhe, der letztlich alles zu wenig ist, nicht ins Leere geht, also kein „Warten auf Godot" ist?

Der Gruß des Engels ist für mich die Verheißung, dass unsere Welt nicht nur ein Futurum, eine menschlich machbare, aber immer begrenzte Zukunft hat, sondern einen Advent, d.h. dass sie offen ist für Gottes Ankunft.

„Der Name der Jungfrau war Maria" – Deshalb beten wir: Gegrüßt seist du Maria.

Der Name ist in der Bibel nie Schall und Rauch. Der Name bedeutet die Einmaligkeit der jeweiligen Person und deren absolute Würde. Wer weiß nicht um die Gefahr, nur gebraucht zu werden in irgendeiner Rolle und Funktion? Wenn der Mohr seine Pflicht getan hat, kann er abtreten. Es bleibt die ständige Angst, nur Mittel zum Zweck zu werden – als Arbeits- oder Kaufkraft, als Kunde oder Verkäufer. Und wo bleibe ich?

Für Maria schwingt wohl Gottes Zusage mit: „Fürchte dich nicht; ich habe dich bei deinem Namen gerufen, du gehörst mir." (Jes 43,1) So wie sich Jesus später zum Anwalt der Namenlosen macht, derer, die die anderen links liegen lassen, um die sie einen Bogen machen oder die sie ins Out stellen, so erfährt Maria „Gottes Kraft" (= Gabriel) und wird ihr Name zu einem Juwel, was immer er wörtlich heißen mag: Maria – die (dem Bösen) Widerstehende, die Gott Liebende, die von Gott Geliebte.

Maria ist für uns alle Verheißung, dass auch jede/r von uns mehr ist als Rolle und Funktion, mehr als Produzent und Konsument. Ist da jemand? Ja, da ist jemand – auch schon und dann noch, wenn ich noch nichts mehr oder nichts mehr leiste. Im Taufnamen ist uns diese Bürgschaft Gottes zugesprochen: Weil Gott selbst jeden mit Namen ruft, braucht sich niemand- wie die Turmbauer zu Babel – den Namen selbst zu machen, im Übrigen ein unnötiges und vor allem unmögliches Unterfangen. Gott hat Maria, dich und mich und uns alle beim Namen gerufen: wir gehören ihm.

„Du Begnadete" sagt der Engel – und wir beten „voll der Gnade".

Wer hat nicht schon gesagt: Das ist „voi guat"? Doch niemand ist voll gut oder kann alles – „eine Wahrheit, die dem Menschen (nicht nur) zumutbar ist" (I. Bachmann), sondern jeder erfährt. Und doch geht die Sehnsucht nach mehr als allem! Woher käme sonst die Rekordsucht, der Drang zur Ekstase, zum Ausloten und Verschieben der Grenzen?!

Wenn ich alles aus mir herausholen möchte, folgt oft genau das Gegenteil: Burn out und Ende statt Voll-endung! Wenn der andere, zumal der liebste Mensch

alles sein soll, werde ich ihn überfordern und es ist nicht selten der Anfang vom Ende einer ursprünglich guten Beziehung.
Marias Offenheit für Gott besagt uns allen: Nur wer seine Sehnsucht nicht von vergänglichen Dingen und Personen stillen zu können glaubt, sondern wer für das größere Du Gottes empfänglich ist, der kann „voll" werden und „alles" Gute erhalten. Wer die eigenen Grenzen annimmt und sich gratis beschenken lässt, wird offen für die Grenzenlosigkeit Gottes, „denn allein für Gott ist nichts unmöglich" (v 37)
„Der Herr ist mit dir."
Schmerzlicher als der biologische Tod sind menschliche Einsamkeit und totale Verlassenheit. „Es ist nicht gut, dass der Mensch allein sei" (Gen 2,18). Aber auch der liebste Mensch ist ein Versprechen, das er selbst nicht einzulösen vermag" (Paul Claudel). Gott allein genügt (Teresa von Avila). Immer schon hat sich Gott offenbart als Gott des Bundes – mit Adam und Eva, mit Noe und Abraham, mit Mose und mit Maria. Jahwe heißt ja: Ich bin da für dich, für alle Menschen, für die ganze Menschheit.
Angesichts der Zumutung Gottes an Maria, dass sie ein Kind empfangen soll, obwohl es ihre Vorstellungskraft übersteigt, braucht sie sich nicht zu fürchten und nicht vor Überforderung zu erschrecken, denn hier ist mehr als Josef. Gott entgrenzt Maria und uns alle in die göttlichen Möglichkeiten. So nimmt Maria nicht etwas, sondern Gott selbst in ihr Herz auf.
Mit der Ankündigung, dass der Heilige Geist Maria überschatten wird und dass sie gegen jede natürliche Logik Gottes Sohn gebären wird, ist nicht primär ein biologisches Mirakel ausgesagt, sondern dass Gott selbst diesen Anfang setzt.
In der oft alles versengenden Sommersonne Israels wusste man, was „Überschatten" bedeutet: der große Gott ist Schattenspender, d.h. Lebensspender. Gott hat nicht biologische Tricks nötig. So schreibt auch der jetzige Papst Benedikt in seiner „Einführung ins Christentum" aus den späten Sechziger-Jahren: „Die Lehre vom Gottsein Jesu würde nicht angetastet, wenn Jesus aus einer normalen menschlichen Ehe hervorgegangen wäre"; es entsteht in Maria nicht ein neuer Gott-Sohn, vielmehr ziehe „Gott als Sohn in dem Menschen Jesus das Geschöpf Mensch an sich" (S.22) Wir feiern zu Weihnachten das unfassbare Geschenk der Gnade und Liebe Gottes.
Wenn wir also beten „Du bist gebenedeit unter den Frauen", so bekennen wir darin nicht Sonderprivilegien Marias, sondern erkennen an ihr dankbar, dass Gott um unser aller Segen und Heil willen sie angesprochen hat und dass aufgrund Ihres „Mir geschehe, wie du es gesagt hast", ihres Ja zur Menschwerdung Gottes Gott an uns allen Großes tut. Wir bleiben nicht bei Maria stehen, sondern echte Marienverehrung führt immer zur Frucht ihres Leibes, zu Jesus:

„Gebenedeit ist die Frucht deines Leibes Jesus."
Seine Geburt zu feiern bereiten wir uns in diesen Tagen, denn er allein ist das, was dieser Name wörtlich bedeutet: Heilbringer, Heiland, Retter, Erlöser. Er ist die Sprache der Ewigkeit, übersetzt in unsere Zeit im Kinde zu Betlehem, im Menschen Jesus ausbuchstabiert in Wort und Tat, in unwiderruflicher Treue und Liebe zu uns allen. Amen.

Christmette

Jes 9,1-6; Lk 2,1-14 (24.12.2005)

Was ist es, das diese Nacht zu einer so besonderen Nacht, zur Heiligen Nacht macht? Was bewegt uns zutiefst, dass wir uns hier zu fast mitternächtlicher Stunde versammeln, einander näher rücken und uns von einem Geheimnis berühren lassen? Ich denke, es sind vor allem zwei Gegebenheiten, die diese Nacht zur besonderen, zur Heiligen Nacht machen.
Da sind zunächst die tiefen Sehnsüchte in jedem von uns, die in diesen langen Nächten sich deutlicher melden als in manch anderen Jahreszeiten. Diese Sehnsüchte sind selbst dort gegeben, wo man sie nicht erkennt oder wo sie als Gefühlsduselei abgetan oder auch im Kaufrausch oder in anderen weltlichen Verheißungen verfremdet werden. Von dieser tiefen Sehnsucht spricht wohl der politisch engagierte Priesterdichter Ernesto Cardenal in einem verstörenden und zugleich hoffnungsvollen Text, wenn er sagt:
„In den Augen aller Menschen wohnt eine unstillbare Sehnsucht, in den Pupillen der Menschen aller Rassen, in den Blicken der Kinder und Greise, des Polizisten und des Mörders, des Revolutionärs und in denen des Heiligen: In allen wohnt der gleiche unendliche Durst nach Glück und Freude ohne Ende. Dieser Durst, den alle Wesen spüren, ist die Liebe zu Gott. Um der Liebe willen werden Verbrechen vergangen und Kriege gekämpft, werden Berge bestiegen und Meerestiefen erforscht. Für sie wird gebaut, geschrieben und gesungen. Alles menschliche Tun, sogar die Sünde, ist eine Suche nach Gott, nur sucht man ihn meistens dort, wo er am wenigsten zu finden ist."
Das zweite, das diese Nacht auszeichnet, ist die frohe Botschaft, dass nicht nur der Mensch Gott sucht, sondern dass noch radikaler und leidenschaftlicher Gott den Menschen sucht und ihn tatsächlich findet, indem er Mensch wird. Und diese Nacht gibt uns den Ort an, wo Gott zu finden ist.
Er ist nicht zu finden im Trubel der Welt, nicht in den Schlagzeilen der Rekorde, nicht in der Volkszählung des Kaisers Augustus und in der daraus abgeleiteten politischen Macht; er ist nicht zu finden in den höheren Zahlen des Bruttonationalproduktes, auch nicht im Sieg politischer Parteien und schon gar nicht im Kriegslärm. Gott ist vielmehr zu finden in dem intimen Ereignis der

Geburt eines Kindes, in dessen Hilflosigkeit und Ohnmacht, in dessen Angewiesenheit und Unauffälligkeit. So klingt es schon beim Propheten Elija an: Gott ist nicht im Sturm, Erdbeben oder Feuer, sondern im sanften leisen Säuseln.
Das sagt auch die heutige Lesung aus Jesaja: Gott ist nicht im Stiefel, der dröhnend daherstampft, und nicht im Mantel, der mit Blut befleckt ist; er ist vielmehr in dem, der das geknickte Rohr nicht zerbricht und den glimmenden Docht nicht auslöscht. Gott kommt nicht mit niederschmetternder Gewalt, nicht mit Panzern und Raketen, um eine Achse des Bösen zu besiegen. Er jagt keine Angst ein und überfährt die Menschen nicht. Er kommt überraschend anders, in den Spuren des nackten Jesuskindes. Wir haben uns in der Dunkelheit und in der Stille der Nacht getroffen, weil sie dem Geheimnis, das wir feiern, eher entsprechen.

Vielleicht fühlen wir uns oft und sogar in dieser Stunde der Botschaft der Heiligen Nacht gegenüber hilflos und unbeholfen, und doch meine ich, dass wir irgendwie alle vom eben gehörten Weihnachtsevangelium berührt sind, denn: „Diesem Anfang wohnt ein besonderer Zauber inne!" (vgl. H. Hesse)
Es ist allerdings auch eine biblische Wahrheit, dass man Gott nicht vom Anfang an erkennt. Wahrscheinlich, ja sicher fehlte vielmehr am Anfang der angesprochene Zauber. Es war eher keine stille Nacht, sondern von den Geburtswehen der gebärenden Frau und vom Schrei der Mutter und des Kindes gestört; es war wohl eine Nacht ohne sanften Engelgesang und ohne Geschenke der Weisen. Nach der Geburt stand neben der Freude über das Kind die bange Frage und ernste Sorge, wie es alle Eltern kennen: Was wird wohl das Leben für dieses Kindes bringen? Wird alles gut werden?
Zum Zeitpunkt als unser Weihnachtsevangelium und die Kindheitsgeschichte Jesu niedergeschrieben wurden, wusste der Evangelist bereits, was das Leben diesem Kinde gebracht hat: Er wusste, wer dieses Kind war und wie dieser Jesus gelebt und gestorben ist und vor allem dass er von den Toten auferstanden ist. Lukas wusste um den Sieg des Lebens und der Liebe durch diesen Jesus.
Von diesem Ende her, oder besser vom Ganzen und von dieser Vollendung her blickt Lukas erstaunt und dankbar zurück auf den Anfang. Im machtlosen Kind in der Krippe spiegelt sich bereits der machtlose Mann aus Nazareth am Kreuze und sein Verständnis von Herrschaft als Dienst an den anderen – bis zur Hingabe des eigenen Lebens.
Von Ostern her erschließt sich das Leben, das Sterben und auch die Geburt Jesu und fällt der von uns verspürte Zauber auch schon auf die Geburt dieses Kindes, wie er etwa im Engelgesang Ausdruck findet. Von Ostern her wird klar: Dieses

Kind hat mit Gott zu tun, ja noch viel mehr - wie es Karl Rahner (Das große Kirchenjahr) ausdrückt:
„Gott hat sein letztes, sein tiefstes, sein schönstes Wort in unsere Welt hinein gesagt:
Und dieses Wort heißt: Ich liebe Dich, Du Welt, Du Mensch. Ich bin da: Ich bin bei Dir.
Ich bin Dein Leben. Ich bin Deine Zeit.
Ich weine Deine Tränen. Ich bin Deine Freude. Fürchte Dich nicht!
Wo Du nicht mehr weiter weißt, bin ich bei Dir.
Ich bin in Deiner Angst, denn ich habe sie gelitten.
Ich bin in Deiner Not und in Deinem Tod,
denn heute begann ich mit Dir zu leben und zu sterben.
Ich bin in Deinem Leben und ich verspreche Dir: Dein Ziel heißt Leben."

Liebe Gottesdienstgemeinde! Gott hat sich ein Fest bereitet, das es im Himmel nicht gab: Er ist Mensch geworden. Im Menschen Jesus hat Gottes Liebe zu uns Hand und Fuß, Fleisch und Blut angenommen. In ihm ist uns der Retter geboren und Gottes Güte und Menschenfreundlichkeit erschienen.
Ich wünsche uns allen, dass von dieser endgültigen und unwiderruflichen Liebe auch ein lebenspendender und aufrichtender Zauber auf jeden von uns fällt, auch und gerade wenn es vielleicht in mir im Moment eher dunkel, düster und traurig ist. Ich wünsche uns und allen Menschen, dass wir von dieser Ekstase der Liebe Gottes berührt werden und trotz aller Verletzungen und Wunden ein dauerhafter innerer Glanz auf unserem Antlitz bleibt, weil wir in Jesus ein für allemal zu Kindern Gottes erwählt wurden. Schließlich wünsche ich uns, dass diese leidenschaftliche Liebe Gottes uns wandle zu Menschen, die im Antlitz jedes anderen den Bruder und die Schwester erkennen und entsprechend geschwisterlich handeln.
Und sollten wir durch manche Enttäuschung des Lebens gleichsam entzaubert, ernüchtert oder gar deprimiert worden sein, so lade ich mit der Dichterin Hilde Domin ein:
„Nicht müde werden
sondern dem Wunder
leise wie einem Vogel
die Hand hinhalten."
Diese Offenheit für das Wunder der Heiligen Nacht reiht uns ein unter die Hirten, also unter jene Menschen, die Gott an der richtigen Stelle suchen und finden und so mitten in der Nacht ihres Lebens hellhörig waren für die Frohbotschaft, die die Erfüllung all ihrer Sehnsüchte bedeutet:

“Fürchtet euch nicht... Heute ist euch in der Stadt Davids der Retter geboren; er ist der Messias... Verherrlicht ist Gott in der Höhe, und auf Erden ist Friede bei den Menschen seiner Gnade.“ Amen.

Weihnachten

Jes 52,7-10; Joh 1,5-9.9-14 (25.12.2008)

Wir feiern die Geburt Jesu Christi – ein Fest, das üblicherweise am Anfang eines Lebens steht. Nun ist es freilich so, dass das älteste Evangelium, nämlich das von Markus, gar keine Kindheitsgeschichte Jesu hat. Auch der Apostel Paulus spricht nur an einer Stelle relativ sachlich von Jesus als geboren von einer Frau. Der Johannesprolog, den wir eben hörten, sagt es eher in einer theologischen Reflexion „Das Wort ist Fleisch geworden und hat unter uns gewohnt“ als in einer vertrauten und manchmal fast idyllischen Krippensprache. Damit ist fürs erste gesagt, dass die Kindheitsgeschichten, wie wir sie bei Lukas und Matthäus kennen, eine andere literarische Gattung sind, also zunächst keine im modernen Sinn historischen Erzählungen, sondern tiefe theologische Glaubensaussagen wiedergeben.
In den ersten drei Jahrhunderten haben die Christen übrigens die Geburt Jesu keineswegs festlich begangen. Dazu kam es erst im 4. Jahrhundert, wahrscheinlich zur Zeit des Kaisers Konstantin, als durch heidnische Kulte aus dem Osten, vor allem den Mithraskult, politische und militärische Siege auf den „sol invictus“, also den unbesiegbaren Sonnengott zurückgeführt wurden. So wie die Esoterik heute wurde damals der Sonnenkult zu einer Modeerscheinung. Im Gegensatz zu den Kaisern, die sich auf Münzen auch mit dem Sonnenstrahlenkranz, also wie Götter abbilden ließen, begannen Christen im Gegensatz dazu Christus als „Sonne der Gerechtigkeit“ zu besingen und darzustellen. Man nahm zugleich die Symbolik der Wintersonnenwende um den 21. Dezember zu Hilfe und setzte die „Geburt der neuen Sonne“ Jesus auf dieses Datum fest. Durch kleine astronomische Abweichungen ist daraus der 25. Dezember geworden. Also auch hier keine Aussage eines genauen historischen Datums, aber eine tiefe theologische Deutung dessen, was durch Jesu Geburt geschehen ist.

Was ist das wirklich Bedeutende an der Geburt Jesu? Was bleibt von allen uns so vertrauten Bildern rund um das Heilige Paar, die Krippe, die Hirten und die Drei Könige, wenn sich die historischen Umstände gar nicht leicht erfassen lassen? Was sagen sie an tiefer Wahrheit über Gott und den Menschen aus?

Die Sonne hat ihre Faszination bei allen Völkern und Religionen, weil sie die Dunkelheit und damit Bedrängnis, Angst und Not vertreibt und in Licht und in Wärme führt. Kein Wunder, dass sich immer wieder Herrscher und Machthaber damit identifizierten – bis zur totalen Perversion dessen, wenn sich einer von allen mit Heil grüßen ließ und Millionen in Unheil und Tod stürzte oder wenn jetzt in Zimbabwe Präsident Mugabwe meint, der Staat stehe und falle mit ihm, und das Volk dabei zugrunde geht! Sonne als Lebens- und Heilsspender ist nur verständlich auf dem Hintergrund von Dunkelheit und Finsternis, von Unheil und Tod.

Die Geburt des Sonnenkönigs Jesus zeichnet sich im Unterschied zu allen anderen Sonnenkönigen dadurch aus, dass in ihm Gott selbst in die Armut und Enge, in die Dunkelheit und Finsternis dieser Welt absteigt und selbst Mensch wird. „Er, der Gott gleich war, hielt daran nicht fest, sondern entäußerte sich und wurde wie ein Sklave und den Menschen gleich. Sein Leben war das eines Menschen; er erniedrigte sich ..." (Phil 2)

Jesus Christus ist die Wende von der Finsternis zum Lichte - nicht durch ein astronomisches Mirakel, nicht durch einen genetischen Einfall nicht durch einen Hightech-Verfahren ungeahnter Art und auch nicht durch politische Macht, sondern allein durch die Solidarität und Liebe Gottes, indem er selbst Mensch wird und uns dort abholt, wo wir stehen: in unserer Armut und Enge, in unserer Enttäuschung und in unserem irdischen Risiko.

Vor einer Woche wurde in Wien ein Netzwerk von 20 Organisationen vorgestellt, die sich bemühen, einem Kind einen bestmöglichen Start zu ermöglichen, weil dies viel klüger sei als späteres Reparieren. Dabei wurde auch wörtlich gesagt, dass gemessen an heutigen Statistiken Jesus ein „absolutes Risikokind" wäre, denn er war „ungeplant", kam wegen unzureichender Geburtsvorkehrungen vermutlich früher als erwartet zur Welt, hatte eine zu junge Mutter, die von ihrer eigenen Mutter bei ihrer ersten Entbindung allein mit einem unerfahrenen Mann in einer wildfremden Umgebung gelassen wurde.

Aber genau diese alles andere als erfreuliche Umstände sind Zeichen der Solidarität Gottes mit allen, die auf dieser Welt Risiko-Kinder und gefährdete Menschen sind. Das sind die Kinder, die heute zu Bethlehem geboren werden und im Caritas Baby Hospital gleich an der unmenschlichen Mauer betreut werden. Von ihnen hat vor zwei Tagen die Presse berichtet: „Immer mehr Kinder werden aufgrund der schlechten Lebensbedingungen krank; sie sind mangelernährt oder leiden in den kalten, feuchten Wohnungen an Atemwegsentzündungen." Dass viele palästinensische Kinder und Familien lebenslang traumatisiert sind, ist eine Tatsache. Es sind nicht die Schönen und Reichen, sondern die armen Hirten und suchenden Weisen, mit denen Gott in

Jesus sich solidarisiert und die ihn in seiner Sympathie und Empathie für sie entdecken. Es sind bis heute alle, die im Dunkeln leben und von denen die anderen oft keine Notiz nehmen, Menschen, die unter Hunger, Krieg, Verfolgung, Vorurteilen, Armut und Krankheit leiden.
Gott geht in die Knie, er ist im wahrsten Sinne des Wortes ein herabgekommener Gott – so tief, dass er jedem Menschen in Augenhöhe begegnen kann und dessen Bruder wird.
Weil, wie Augustinus sagt, der Mensch Gottes Sehnsucht ist, weil er ihn mit unendlicher Liebe sucht, kommt er „nicht in Triumph, Glanz und Gloria, sondern in die Erbärmlichkeit meines Stalls, in die Schwachheit meiner Liebe, in die Begrenztheit meines Könnens, in mein Versagen – er macht sich ganz klein, damit er mitgehen kann" (Andrea Schwarz).
Das ist das Wunder von Bethlehem: Gott selbst nimmt in Jesus unser Leben in seine Hände, um es niemals mehr loszulassen. Er kommt in der Finsternis der Nacht, damit einmal keine Nacht mehr sein und die Mitte der Nacht zum Anfang eines neuen und einmal ewigen Tages wird. Er allein ist der „Sol invictus", die unbesiegbare Sonne, die letztlich alles liebend umfängt, erwärmt und belebt.

Weihnachten sagt uns mitten in unserer Risikogesellschaft, mitten in der Wirtschaftskrise und der Gefahr neuer Eskalationen im Nahen Osten: Gott hat die Lust am Menschen nicht verloren. Im Gegenteil: Gott kennt kein Burn-out, seine Leidenschaft für den Menschen bleibt ungebrochen; er hat kein Verfallsdatum. Er selbst verbürgt sich in der Menschwerdung seines Sohnes für die absolute Würde jedes Menschen.
Das ist der Angelpunkt der Menschenwürde: Ob Frau oder Mann, schwarz oder weiß, schuldig oder unschuldig, jede und jeder sind unwiderruflich von Gott angenommen und gewollt.
Auch wenn sich die Kirche selbst oft mit den Menschenrechten schwer getan hat und immer noch erst am Lernen ist, hat sich Gott selbst dafür in die Waagschale geworfen und verbürgt sich von der Krippe bis zum Kreuz für die Rechte eines jeden Menschen, angefangen vom ungeborenen Säugling bis hin zum dem Tode geweihten Kranken, von hilflosen Kind bis hin zum straffällig gewordenen Mitmenschen.
Weihnachten bedeutet: Gott steckt in unserer Haut; er ist ganz darin eingefleischt. Wer dieses Geheimnis zu ahnen beginnt, der wird sich wie Anton Bruckner vor diesem Geheimnis niederknien und in tiefe Ehrfurcht versinken. Ähnlich erging es Alexander Dostojewski, der stundenlang vor einem Bilde Mariens mit Kind verweilte – und gefragt, warum er das tue, antwortete: „Damit ich nicht an der Menschheit verzweifle".

Wir verschließen nicht in seliger Abgehobenheit die Augen vor der Finsternis und Blindheit der Welt (auch das Evangelium spricht davon), aber die Weihnachtsbotschaft besagt ja, dass genau in dieser Welt und nicht anderswo Gott Mensch geworden ist und dass in Jesus die Flut der Liebe Gottes zu uns eine Quelle innerhalb unserer Geschichte geworden ist. In ihm ist eine Sonne aufgegangen, die nicht wie Stars und Starlets, Diktatoren und Herrscher, Ideologien und Systeme weder das versprochene Licht und noch die verheißene Wärme schenken, sondern kommen und wieder untergehen. Christus ist die wahre Wende aus aller Finsternis zum Sieg des Lebens und der Liebe. Lasst uns dies dankbar feiern. Amen.

Fest der Heiligen Familie

Gen 15,1-6;21,1-3;Lk 2,22-23.39-40 (28.12.2008)

Wahrscheinlich waren Sie alle in diesen Tagen bei Ihren Familien, um Weihnachten zu feiern. Was will das heutige Fest der so genannten „Heiligen Familie“, also die Familie von Josef, Maria und Jesus uns heute sagen? Gehört es zur Weihnachtsidylle oder dient es der moralischen Aufrüstung?
Ich denke zunächst an die Vielschichtigkeit meiner Erfahrungen mit Familien im Heiligen Land. Bei den meisten Israelis ist es ähnlich wie bei uns; den streng orthodoxen Juden wird jedoch teils vorgeworfen, nicht zu arbeiten, sondern nur zu beten und Kinder zu zeugen. Bei den Palästinensern gibt es noch mehr Großfamilien und die entsprechenden Bindungen, noch stärker bei den Beduinen. Da sind 500 Menschen beim jährlichen Familientreffen keine Seltenheit, alle paar Jahre können es auch Tausend und mehr sein. Aber kaum jemand wagt es, in der Öffentlichkeit etwa eine unbekannte junge Frau anzureden; es müssen alle Brüder der Schwester zur Auswahl eines Bräutigams zustimmen, da beim Scheitern der Ehe die ganze Familie mittragen muss.
In unseren Breitengraden spricht man hingegen vielfach vom Zerfall der Familie, denn die Sachzwänge der modernen Wirtschaft und die Schwierigkeit, Familie und Beruf unter einen Hut zu bringen, machen es für Familien und zumal für Alleinerziehende sehr schwer. Da vielfach für beide Geschlechter der Beruf zum Anker der Lebensführung geworden ist, werden Kinder und pflegebedürftige Angehörige in diesem von Erwerbsarbeit dominierten Leben oft „wegorganisiert“. Man spricht zwar heute in Unternehmen von der „work-life-balance“, aber in der Praxis behalten die betrieblichen Interessen meist den Vorrang vor privaten Bedürfnissen. In der Folge entscheiden sich viele junge Menschen wegen der Schwierigkeit der Vereinbarkeit von Beruf und Privatleben gegen Kinder. Andererseits brauchen Kinder und Jugendliche

verlässliche Eltern und keine hochflexiblen Arbeitnehmer, die kaum zu Hause sind.
Zu Recht fordert deshalb der Katholische Familienverband eine spürbare Familienkomponente bei der Steuerreform und ein steuerfreies Existenzminimum für jedes Familienmitglied. An der in Österreich im Europa-Vergleich überdurchschnittlich hohen Belastung von Paaren mit Kindern und von Alleinerziehenden sind die „kalte" Steuerprogression und die nicht an die Preissteigerungen angepassten Familienleistungen des Staates schuld. So ist die Inflation seit 1990 um 45 Prozent gestiegen, die Familienbeihilfe im selben Zeitraum nur um 11,5 %.
Auch ist eine berechtigte Klage, dass die Schere zwischen Frauen- und Männereinkommen immer noch viel zu weit auseinander klafft (in dieser Woche hörte man bei „Kreuz und quer", im Vatikan seien die Löhne für alle gleich!). Es folgt daraus eine hohe Familien- und Kinderarmut, da das unterste Einkommenszehntel der Bevölkerung bereits 55 Prozent des verfügbaren Geldes für die besonders gestiegenen Bereiche Wohnen und Essen ausgeben muss.
Die katholische Männerbewegung ist sich heute bewusst, dass die (ausschließliche) Rolle des Familienerhalters nicht mehr aufrechtzuerhalten ist. Seit Frauen gleich und zum Teil besser qualifiziert sind, müssen auch Männer ihre Rolle überdenken und anpassen. Es ist aber auch erfreulich festzustellen, dass Männern der jüngeren Generation neben beruflichen Höchstleistungen auch Partnerschaft und Familie hohe Werte sind und dass sich Nachwuchskräfte in Firmen sich nicht mehr nur durch den schicken Dienstwagen und teure Tagungshotels ködern lassen. Auf Zukunft hin heißt dies, dass die Loyalität zur Firma immer mehr daran gemessen wird, ob es Bedingungen gibt, die eine Balance zwischen Beruf, Privatleben und Erziehungsarbeit ermöglichen.
Auch wenn die Probleme angegangen werden müssen, so wäre es doch falsch, die Familie krank zu jammern und als Auslaufmodell zu bezeichnen. Anfang November wurden an der Uni Wien drei Studien des österreichischen Instituts für Familienforschung vorgestellt. Alle konstatieren, „dass familiale Netzwerke nach wie vor als soziale Absicherung funktionieren" und in Österreich seien verwandtschaftliche Beziehungen durch den ökonomischen Aufschwung sogar „affektiver" als früher geworden. Alle drei Studien zeigen die Verwandtschaft als „verlässliche und stabile Quelle emotionaler und anderer Hilfe", als „soziales Beziehungs- und Unterstützungsnetz im Alltag" auf, eine Ressource, die in Zukunft an Bedeutung eher noch gewinnen wird. Immerhin leben 70 Prozent der Kinder zwar nicht im Haushalt selbst, aber in räumlicher Nähe zu den Eltern, was intensive soziale Kontakte, aber auch Hilfe und Unterstützung möglich mache. Schließlich heißt es: „Gerade die Vielfalt neuer

Familienformen – auch solche, die zum Beispiel durch Scheidung und Neuorientierung in Patchwork-Arrangements aufgehen – schaffen eine neue Breite an Netzwerken." - So weit ein kleiner Einblick in die Situation der Familien heute.

Was können uns abseits von einer falschen Idylle der Heiligen Familie, aber auch der heilen Großfamilie oder der selbstgenügsamen Kleinfamilie die biblischen Lesungen zur Wirklichkeit der Familie sagen?
Ein erster Gedanke, den der Dichter Dante so formuliert: „Drei Dinge sind uns aus dem Paradies geblieben: Sterne, Blumen und Kinder."
Kinder sind eine Erinnerung an das Paradies, d.h. ein Geschenk Gottes. Das will uns wohl auch das heutige Evangelium sagen. Vierzig Tage nach Jesu Geburt gehen Maria und Josef in den Tempel, um ihr Kind zu weihen, eben aus diesem tiefen Sinn: Das Kind gehört nicht den Eltern, sondern Gott – wie jeder Mensch. Ob die Familie intakt ist oder es sich um eine Rumpffamilie handelt, ob die Eltern sich verstehen oder in Scheidung leben, ob die Umstände ideal sind oder eine Katastrophe: Gott ist allen Menschenkindern nahe. Die Umstände rund um die Geburt Jesu waren ja auch alles andere als normal oder gar ideal!
So sehr Eltern den Kindern zunächst Wurzeln schenken müssen, so ist es auch ihre Aufgabe, ihnen sodann Flügeln wachsen zu lassen, damit sie in ihre ureigene Identität und in die Berufung hineinwachsen, wie Gott sie gewollt hat. Dass dabei Spannungen unvermeidbar sind, wissen wir alle.
Heilig ist die Heilige Familie nicht wegen ihrer trauten Dreisamkeit, sondern weil sie sich einfügt in einen größeren Zusammenhang, nämlich in die Gegenwart Gottes und das göttliche Handeln. So wächst sie über sich selbst und den eigenen Horizont hinaus.
Das ist die Einladung an alle Familien, so vollständig oder unvollständig sie auch sein mögen, sich in allen Nöten und Fragen in den viel größeren Zusammenhang zu stellen, also nicht die Erfüllung des Heils vom eigenen Partner oder Partnerin oder von den Kindern zu erwarten, sondern uns für die Dimension Gottes mitten unter uns zu öffnen und das Heilige auch unter uns geschehen zu lassen.
Die Lesung öffnet uns den Blick in Jesu Vorgeschichte und auf die Tradition, in der Jesus und seine Familie gestanden haben. Zur „Heiligen Familie" gehört der ganze jüdische Stammbaum, angefangen von Abraham über den Sohn der Verheißung Isaak und die lange Ahnenreihe der Menschen, zumal der Prophetinnen und Propheten, die vor Jesus waren.
Das will uns sagen: Jede Familie ist mehr als die eigenen, kleine Kernfamilie; sie ist auch mehr als die Großfamilie, die sichtbar und zählbar bei großen Festen

zusammenkommt. Die Familie soll in zwei Richtungen offen sein, in die Vergangenheit und in die Zukunft:
Rückblickend gehören auch die persönlichen, die historischen und religiösen Vorfahren zu uns. Sie sind ein großer Schatz mit vielen Lichtblicken, freilich ist es immer auch eine Herkunftsgeschichte mit manchen dunklen Flecken. Es gehört zur reifen Persönlichkeit, dies etwa um die Lebensmitte auch zu sehen und anzunehmen, also auch über die Geschichte hinweg meinen Vorfahren die Hand der Versöhnung zu reichen (Ericson: „new fellowship"). Vorausblickend gehören zu meiner Familie auch meine Nachfahren, auch in der übernächsten und den weiteren Generationen. Gerade diese Haftung der Generationen wird uns durch die Umweltproblematik und Fragen der Biogenetik heute zunehmend zu Recht bewusst; wir leben nicht nur im Hier und jetzt, sondern sind verwoben in unsere Familien- und Menschheitsgeschichte nach hinten und vorne.
Wenn wir Eucharistie feiern, dürfen wir diese Verantwortung auch gelöst tragen. Wir danken ja darin, dass Gott selbst durch Jesu Menschwerdung unsere Zeit in seine Hände genommen hat und sie nie mehr auslässt. Amen.

Erscheinung des Herrn

Jes 60,1-6; Mt 2,1-12 (6.1.2003)

In diesen Tagen sind die Sternsinger wieder in unsere Häuser gekommen und haben für die Verbreitung des Evangeliums in unterentwickelten Ländern Spenden gesammelt. Weil es Kinder sind, die mit ihrem Einsatz und Charme so viel Gutes tun und weil die Geschichte von den drei Königen doch viele als eine liebliche Idylle anspricht, hat sich wohl manche Geldbörse aufgetan.
Ich danke den Sternsingern für ihren Einsatz und allen Spendern und Spenderinnen. Aber es ist mir zugleich ein Anliegen, den Schleier der Idylle vom heutigen Evangelium zu entfernen und vielmehr auf dessen provokanten Inhalt zu sprechen zu kommen.
Es geht bei den „Magiern aus dem Osten" nicht um eine historische Episode, sondern um Wahrheit in einem tieferen Sinn. Im Laufe der Zeit sind aus ihnen Könige geworden, drei Männer in unterschiedlichem Alter und mit unterschiedlicher Hautfarbe. Sie haben eine frappierende Ähnlichkeit mit den drei Königssöhnen, von denen viele Märchen erzählen. Auch diese Ähnlichkeiten sind ein Hinweis, dass die Magier der Weihnachtsgeschichte nicht vergangene geschichtliche Personen sind, sondern dass sie Symbolgestalten sind, die in allen Menschen lebendig sind, die zu allen Zeiten und in allen Weltgegenden das Heil suchen.

Sicherlich will der Evangelist bezeugen, dass im Kinde von Bethlehem nicht nur die Erwartung Israels erfüllt ist, sondern der Erlöser der ganzen Welt allen geschenkt ist.
Nachdem die Weisen aus dem Morgenland neben Maria und Josef und den Hirten die einzigen sind, die die Bedeutung des Ereignisses von Bethlehem verstehen, können alle, also auch wir auf unserer Heils- und Glückssuche von ihnen lernen.
Wir sprechen von der Heiligen Nacht. „Heute – in der Nacht – ist euch der Retter geboren.“ Hirten am nächtlichen Feuer finden den Weg zur Krippe – und die für die Nacht sensiblen Magier, denn als Sterndeuter nehmen sie nicht nur wahr, was sie bei Tageslicht auf der Erde sehen, sondern auch was sich in der Nacht am Himmel tut. Die Sterndeuter sind also Menschen, die hellsichtig und hellhörig sind für die Botschaften der Nacht, und die den Mut haben den Regungen und Empfindungen ihrer Seele zu folgen. Sie wissen noch nicht, aber sie ahnen und suchen. „Mit der Sehnsucht beginnt alles“ (Nelly Sachs), auch jeder Glaube und jede Religion. Die Magier aus dem Osten stehen für alle Menschen, „die Gott aufrichtig suchen“, wie es in einem Hochgebet heißt.
Die Herausforderung des heutigen Evangeliums besteht für uns Kirchgänger, ja für die Kirche darin, dass damit alle ehrlich suchenden Menschen gemeint sind, nicht nur die Kirchgänger und die irgendwie in unsere Konfessionen Eingebundenen. Zur Provokation wird die Erzählung von den Sterndeutern, wenn es stimmen sollte, was der Jesuit Rupert Lay behauptet: „Ich bin außerhalb der Kirche mehr überzeugenden Christen begegnet als innerhalb.“
Zwei Tatsachen müssen uns jedenfalls wie zwei Kehrseiten einer Münze zu denken geben:
Es ist zunächst eine Tatsache, dass immer mehr Menschen der Suche nach dem Heil nicht in der Kirche nachgehen, sondern viele verlassen sie und treten aus, weil sie glauben, so nicht das Heil zu finden. Die Kirche muss sich also von den Sterndeutern fragen lassen, warum dem so ist und wie sie heute den Weg zum Kinde von Bethlehem als dem Retter der Welt weisen kann.
Es ist zugleich eine Tatsache, dass viele Menschen, vor allem auch in den Großstädten, sich neu auf eine religiöse Suche begeben. Während man in den Siebzigerjahren noch glaubte, dass die Religion bald ganz passé sei und die „Stadt ohne Gott“ (Harvey Cox) käme, ist der Megatrend der Neunzigerjahre und des neuen Jahrtausends bisher eine „Respiritualisierung“; man spricht von der Wiederkehr der Religion. Aber auch die vielfach Suchenden müssen sich von den Drei Königen fragen lassen, ob sie auf dem rechten Weg sind.

Zunächst ein paar Fragen an die Kirche oder besser ein paar Vermutungen, warum Menschen sich schwer tun, mit ihr und durch sie nach Bethlehem zu finden.
Ich vermute, dass auch die Kirche mehr vom Tag beeindruckt ist, wo man alles überblickt, im Griff und Begriff hat, zählen und abwägen, einordnen und beurteilen, moralisieren und dogmatisieren kann. Wo der Tag alles beherrscht, gelten die Leistung und die Norm. Wer der Norm nicht entspricht, wer mit seiner bruchstückhaften Lebensgeschichte nicht angenommen wird, fühlt sich nicht ernst genommen, ja ausgeschlossen und in seiner Seele verwundet.
Ist aber dadurch der Weg des einzelnen Menschen mit seiner Einmaligkeit und seinem Geheimnis, mit seinen Sehnsüchten und Enttäuschungen, mit seinen Tränen und Scherben genügend ehrfurchtsvoll angenommen? Hat vielleicht auch Kirche in Betriebsamkeit und Wichtigtuerei verlernt, loszulassen und die Haltung zu leben, die in der Nacht die einzig mögliche ist und in die allein gilt, ein Leben lang hineinzuwachsen: die Haltung des Vertrauens und Fallenlassens in die größere Arme Gottes?
Der Schlaf ist der schönste Ausdruck dieses Vertrauens, dass die Welt in Gottes Hand aufgehoben ist. Möchte nicht der Stern jede/n von uns auf seinem je persönlichen Weg zu diesem Vertrauen führen? Vermissen nicht Menschen heute in der Kirche oft diese mystische Wegweisung in das Reich der eigenen Seele und deren Träume?
Kann es sein, dass wir auch wie die Hohen Priester und Schriftgelehrten im Palast des Herodes fertige Antworten verwalten und dass wir uns in den Heiligen Büchern auskennen, aber das Buch der eigenen Seele und der Seele anderer mit sieben Siegeln verschlossen ist? Während wir die alten Geschichten aus den Heiligen Büchern erzählen, bleiben die neuen Geschichten aus dem Leben der Menschen vielleicht ungelesen. Noch gelingt es uns offenbar zu wenig, Freude und Hoffnung, Trauer und Angst der Menschen zu verspüren und der Sehnsucht ihrer Seelen den Weg zu deren Erfüllung zu weisen.
Haben nicht Menschen das Empfinden, dass Kirche oft nur die Ziele aufzeigt, aber nicht den Weg dorthin, ganz zu schweigen von den oft auch notwendigen Um- und Irrwegen, um ans Ziel zu finden? Vielleicht wird der Strahl des weiterführenden Sternes oft verdunkelt durch fertige Antworten, mitunter auf Fragen, die niemand gestellt hat.
Die Sterndeuter kommen mit Pferden und Kamelen zur Krippe. Wenn die Tiere ein Sinnbild für die animalische Seite des Menschen sind, so heißt dies auch, dass der Weg zum Heil nicht über die Abtrennung, sondern über die Integration der Sinnlichkeit führt. Ist die damit gegebene Spiritualität von unten, die auch die Sinnlichkeit des Menschen annimmt und integriert, also auch das volle Ja zu unserer Leiblichkeit und Geschlechtlichkeit, in der Kirche, in uns allen

genügend gegeben oder müssen Pferde und Kamele , bildlich gesagt, draußen vor unseren Kirchentüren stehen bleiben?

Nach diesen kritischen Fragen an die Adresse der Kirche möchte ich allerdings auch den heutigen religiösen Sterndeutern ein paar Fragen stellen, damit sie nicht bloß auf der Stelle treten oder in die Irre gehen, sondern ihr Ziel erreichen. Die Magier aus dem Osten nehmen offenbar einen sehr langen Weg auf sich und scheuen keine Mühe und Strapazen, um ihrem Stern zu folgen. Sie lassen sich nicht blenden vom Neonlicht der Konsumtempel oder vom Mercedes-Stern des Komforts; sie lassen sich nicht blenden vom Glanz der Macht des Herodes. Sie lehnen Wegabkürzungen ab und wollen kein künstlich durch Drogen oder andere schnelle Trostpflaster erzeugtes High-Gefühl. Glaube ist für sie nicht ein subjektiver Schnellmix aus dem Supermarkt der Religion nach der jeweiligen Bedürfnislage.

Alle modernen Sterndeuter dürfen sich also die Frage stellen, wie weit sie die Mühe eines langen Weges und der damit verbundenen Durststrecken auf sich nehmen, damit ihr Leben Tiefgang bekommt.

Der moderne kirchenlose Sterndeuter mag sich auch fragen, ob es wirklich sein persönlicher Stern, seine Berufung ist oder ob er einem weltlichen Star nachjagt? Ist sein Weg wirklich der ihm einmalig von Gott zugedachte oder ist er maßgeschneidert nach den Trends und Marken des jeweiligen Zeitgeistes?

Die Magier aus dem Osten waren hellhörig für Gottes Stimme in der Nacht und so kehrten sie auf einem anderen Wege in ihre Heimat zurück. Die modernen Heilssucher sollen sich deshalb auch fragen, ob sie ihre Gottsuche immer wieder zurück führt in ihren Alltag zur Bewältigung ihrer Aufgaben, zurück in ihre Lebenswirklichkeit der Ehe oder Familie. Wer nämlich in seiner Suche nach Heil im Innersten seiner Seele auf Gott trifft, der trifft zugleich auf diese Erde und auf seine Mitmenschen, seitdem Gott im Kinde von Bethlehem Mensch geworden ist. Wer sich nur selbst sucht, ist auf dem Irrweg, denn ein Egotrip führt sicherlich nicht nach Bethlehem zum Heiland der Welt.

Ich wünsche uns, den Kirchgängern, und den modernen kirchendistanzierten Gottsuchern, dass wir alle auf alle Fälle Suchende bleiben, die wahrscheinlich auch einander auf dieser Suche brauchen und die mehr suchen als sich selbst. Günter Kunert drückt das in einem Gedicht aus, mit dem ich schließen möchte:

Ich bin ein Sucher
Eines Weges.
Zu allem was mehr ist
Als Stoffwechsel
Blutkreislauf
Nahrungsaufnahme
Zellenzerfall.

Ich bin ein Sucher
Eines Weges
Der breiter ist
Als ich.

Nicht zu schmal.
Kein Ein-Mann-Weg.
Aber auch keine
Staubige, tausendmal
Überlaufene Bahn.

Ich bin ein Sucher
Eines Weges.
Sucher eines Weges Für mehr
Als mich.

Taufe Jesu

Jes 55,1-5; Mk 1,7-11 (8.1.2009)

Wir alle wissen, was der Ausdruck bedeutet: „mit allen Wassern gewaschen sein". Vielleicht denken wir an einen betrügerischen Vertreter oder Hochstapler, dem wir reingefallen sind; er hatte es faustdick hinter den Ohren und er hat es verstanden, sich auch gegebenenfalls mit Tricks einen Vorteil zu verschaffen oder sich durchs Leben zu mogeln.
„Mit allen Wassern gewaschen" – dabei denken wir in diesen Wochen an einige kriminelle Finanzhaie, die durch ihre Machenschaften unzählig andere und selbst ganze Staaten in ein finanzielles Debakel gestürzt haben. Da die Gier die Antriebsfeder ihres Tuns war, schreckten sie vor nichts zurück.
Vielleicht entdecke ich aber auch, dass ich selbst hin oder wieder nicht mit allen, aber mit manchem Wasser gewaschen war, als es darum ging, einen Vorteil herauszuholen, eine Beziehung unschön auszunützen oder einen Karrieresprung zu machen.
Wir alle erkennen den negativen Beiklang und die unsolidarische Art dessen, was es heißt: „mit allen Wassern gewaschen zu sein". Da wird der andere übervorteilt und ausgenützt. Er wird Mittel zum Zweck, Objekt der eigenen Nützlichkeit, er wird degradiert zu einer Rolle und Funktion; er selbst gilt nichts. M.a.W. er hat keinen Namen, denn wenn der Mohr seine Pflicht getan hat, kann er abtreten – würdelos und namenlos!

Heute, am Fest der Taufe Jesu werden wir, liebe Schwestern und Brüder, auf einen verwiesen, der selbst fürwahr nicht mit allen Wassern gewaschen war, ganz im Gegenteil, der aber mit dem Wasser der Taufe gewaschen ist: „In jener Zeit kam Jesus aus Nazaret in Galiläa und ließ sich von Johannes im Jordan taufen.“ - Ich lade Sie ein, das Geschehen der Taufe Jesu mit mir zu bedenken.
Johannes predigte die Taufe zum Bekenntnis der Sünden und zur Umkehr und viele Menschen kamen zu ihm. Ich denke etwa an die Predigten von P. Leppich, als er 1955 noch mit seinen Umkehrpredigten den Hauptplatz von Linz füllte. Viele, die dieses Umdenken ernst nahmen, ließen sich von Johannes taufen.
Wenn sich nun Jesus unter die Sünder einreihte und sich auch im Jordan von Johannes untertauchen ließ, so heißt dies: Er ist ganz solidarisch mit uns; er ist Mensch unter den Menschen, die mit allen Wassern gewaschen sind; er taucht ein in diese Welt, die deshalb so ist wie sie ist: eine oft korrupte, habgierige Welt, in der das Wasser nicht selten zu den Wassern der Sintflut zu werden droht! Im Philipperbrief heißt es von dieser Entäußerung des Sohnes Gottes in die Welt, dass er uns in allem gleich wurde „ausgenommen die Sünde“. Paulus formuliert diese Solidarität Gottes mit uns allen an einer anderen Stelle noch radikaler, wenn er sagt, dass Gott ihn zur Sünde gemacht hat. Gott tut dies um uns alle – ausnahmslos – dort abzuholen, wo immer wir in dieser von Unheil bedrohten und von Beziehungsstörungen geprägten Welt zu stehen. Selbst die sollen Hoffnung und Heil erfahren, die mit allen Wassern gewaschen sind!
Ein andermal fragt Jesus seine Jünger, ob sie mit der Taufe getauft werden können, die ihm bevorsteht. Er spielt damit auf seinen Tod am Kreuz an. Er schwindelt sich nicht an dieser Welt, wie sie nun einmal ist, vorbei, sondern lässt sich ganz in sie ein, samt ihren Zerwürfnissen und tödlichen Spannungen, auch wenn es ihm sein Herzblut kostet.
Unsere Erlösung ist fürwahr eine Wurzelbehandlung, nicht bloß ein magisches Mirakel oder ein äußeres Facelifting!
Wenn die Ostkirche das österliche Geschehen zunächst als „descensus ad inferos“, als Abstieg in die Unterwelt feiert, so bekennt sie darin, dass Jesus in die letzte Namens- und Beziehungslosigkeit hinabsteigt (das, was wir „Hölle“ nennen), um niemandem, auch nicht den größten Sünder, von der Heimholung ins Reich Gottes auszuschließen, sondern ihm einen ewigen Namen, d.h. absolute Würde zu geben.
Liebe Mitchristinnen und Mitchristen! Das ist die eine Dimension auch unserer Taufe: die Realität der Schattenseite dieser Welt, wie immer sie heißen mag: Gaza-Streifen, Finanzkrise, Ökokrise, 1., 2., 3. Welt, Tschernobyl, Korruption oder einfach auch mein Versagen, meine Sünde, mein Zugehen auf den Tod.

Taufe versetzt nicht in ein Paradies oder Schlaraffenland, aber gibt mir die gläubige Gewissheit, dass wir und unsere Welt grundsätzlich umfangen sind von Gottes unendlicher und bedingungsloser Liebe. In der Auferstehung, dem Sieg über Sünde und Tod, ist dies ein für allemal besiegelt und verbürgt! Das ist es, was die Theologie früher sehr missverständlich die Befreiung von der Erbsünde durch die Taufe nannte.
In der Johannes–Taufe steht die Schattenseite des Daseins eher im Vordergrund. In der Taufe Jesu durch Wasser und Heiligen Geist bekommt das Wasser wieder seine ursprünglich positive Symbolkraft als Inbegriff des Lebens schlechthin.
Wilhelm Willms sagt einmal zu Recht: „Wir wollen nicht, dass unser Kind mit allen Wassern gewaschen wird. Wir wollen, dass es getauft wird mit dem Wasser des Heiligen Geistes.“
Unser aller Sehnsucht geht nach diesem Wasser des Lebens, der Liebe, der Zuwendung! Es ist die Sehnsucht nach bedingungslosem Angenommensein, nach Wärme und Geborgenheit.
Zunächst sind Eltern, Paten, Pfarrgemeinde und Freunde für einen zu Taufenden dieses lebendige Wasser. Mit ihnen, durch sie hindurch und über sie hinaus, wie es keiner von uns in seiner Begrenztheit verbürgen kann, ist Gott selbst im Zeichen des Taufwassers die Zusage ewiger Liebe und Zuwendung, wie sie im Taufnamen zum Ausdruck kommt.
Der offene Himmel und der Geist in der Gestalt der Friedenstaube sind die Zeichen dieser göttlichen Dimension. Durch die Worte „Du bist mein geliebtes Kind, an dem ich Wohlgefallen habe“ geht der Himmel über uns allen auf.
Wir werden abgeholt in der von allen Wassern gewaschenen Welt und hingeführt in den offenen Himmel des Reiches Gottes. Nichts mehr vermag uns von dieser Liebe zu trennen!

Müssen wir, die wir als Kinder getauft wurden, uns dieses unerschütterlichen Urvertrauens erst immer wieder bewusst werden?! Ist es nicht vielfach verschüttet im alltäglichen Kampf ums Leben, wo einem ja nichts geschenkt wird, wo es nichts gratis, umsonst gibt (außer dem Tod, und der kostet das Leben!)?
Die heutige Lesung sagt uns etwas ganz Entscheidendes und Paradoxes gerade in dieser Zeit der Finanzkreise, wo sich alles ums Geld dreht und gerade dieses so wenig glücklich macht:
Das Wesentliche, was das Leben wirklich lebens- und erst liebenswert macht, ist nur als Geschenk zu erhalten. Das gilt zwischenmenschlich: Freundschaft, Liebe, Güte, Verständnis, Versöhnung sind käuflich nicht zu haben! Das gilt erst recht in der Beziehung des Menschen zu Gott.

In der Taufe wird uns bedingungslos die Liebe des mütterlich-väterlichen Gottes zugesagt – eine Quelle, die dem Glaubenden zeitlebens offen bleibt und einmal vom Glauben in ganzheitliche Erfahrung übergeht.
Vor und nach Weihnachten wurde in den Shoppingtempeln um Geld gekauft, was das Zeug hält, „was uns aber (Lesung!) letztlich nicht nährt und nicht satt macht". Gottes absolut einmaliges Angebot, das wir zu Weihnachten und auch jetzt feiern, heißt hingegen: alles ohne Geld kaufen zu dürfen, was wir zum Leben brauchen. Alle Durstigen können zur Quelle kommen und erhalten das Wasser des Lebens – ohne Bezählung, gratis! Dieses Wasser unterliegt nicht der Gefahr privatisiert oder vermarktet zu werden; es dient nicht der Gewinnmaximierung einiger und der Ausbeutung anderer.
Das Wasser der Taufe hat einen Gütesiegel, wie es kein menschliches Unternehmen verleihen kann, weil niemand an die göttliche Güte heranreicht – dieses Gütesiegel wird uns in der Taufe eingeprägt: Wir heißen Kinder Gottes und sind es!
In 10 Tagen wird der neu amerikanische Präsident Barack Obama in sein Amt eingeführt. Anbetracht der mit allen Wassern gewaschenen Menschen und der dadurch vielfach bedrohten Erde werden auf ihn geradezu messianische Hoffnungen gesetzt. Er hat den Menschen Mut gemacht: „Yes, we can!"
Die Taufe Jesu ist gleichsam die Einführung Jesu in sein messianisches Amt. Über seinem Leben und Dienst steht angesichts der mit allen Wassern gewaschenen Erde durch die Taufe
„Yes, God can" Ja, Gott rettet und vollendet die Welt!
In unserer Taufe wird auch uns im Wasser und im Heiligen Geist zugesagt: Yes, God can.
Kraft dieser geschenkten Gabe dürfen wir zuversichtlich und dankbar auch zu den uns als Christen gegebenen Aufgabe sagen: Yes, we can. Amen.

4. Sonntag

Dtn 18,15-20; Mk 1,21-28 (1.2.2009)

An was denken Sie, wenn Sie von unreinen Geistern und Dämonen hören? An Märchen, Mythen oder an das finstere Mittelalter, also an Schnee von gestern? Welche Frobotschaft will uns dann das heutige Evangelium sagen?
Es sind fürwahr Ausdrücke von gestern, aber ich bin überzeugt, dass die damit gemeinte Wirklichkeit große Aktualität hat.
Die Bibel will uns ja nicht die damals gebräuchlichen Erklärungen gewisser Krankheiten vermitteln; sie spricht in einer unwissenschaftlich Weise über Phänomene, die wir in der heutigen medizinischen Wissenschaft anders

beschreiben. Selbst Exegeten tun sich sehr schwer, die unreinen Geister und Dämonen näher zu bestimmen.
Ein buchstäblicher, also fundamentalistischer Glaube an die Bibel ist falsch. Die Hl. Schrift will nur etwas über das Heil und Unheil von Menschen, über Sinn und Unsinn des Lebens, über die Beziehung zwischen Gott und Mensch und die der Menschen untereinander zur Sprache bringen, freilich in den Vorstellungen der jeweiligen Zeit.
Eines scheint sicher zu sein: Unreine Geister machen krank. Es geht um Krankheiten, die den Menschen ganz in Besitz nehmen, eine Art von Süchten. Es geht um lähmende Bindungen, um innere Verstrickungen und zwanghafte Persönlichkeitsstrukturen, die das Denken und Handeln stark beeinflussen, also den Menschen hin und her zerren.

Vielleicht ahnen wir bereits die Aktualität des Ganzen. Denn was erleben wir in diesen Monaten etwa in der Finanz- und Wirtschaftskrise anderes als eben gerade die pathologischen Auswirkungen einer Sucht, nämlich der Gier all jener, die nicht genug bekommen konnten? Die Folgen breiten sich wie eine ansteckende Krankheit lawinenartig aus und reißen viele Unschuldige mit in den Abgrund.
Man könnte sagen: Was ist bloß in diese Menschen gefahren? Wer oder was reitet sie? Sie sind nicht mehr frei, denn sie sind besessen von der Gier – der Gier nach immer mehr Macht, nach immer mehr Geld, nach immer mehr Nervenkitzel. Man könnte neben der Gier noch ein paar andere unreine Geister anfügen, die zufällig alle mit dem Buchstaben „G“ beginnen: Geld (wenn Geld die Welt regiert), Geltung (wenn jemand wer ist und der andere als Nobody ins Out fällt), Gewalt (wie uns erst vor kurzem dieser „Teufelskreis“ von Gewalt und Gegengewalt in Gaza wieder vor Augen geführt wurde), ... Es ist eine Art von negativen Olympischen Spielen: Immer mehr und mehr – natürlich aufkosten der anderen, der Unterlegenen und Verlierer.
Wo im Sport die ursprüngliche Rückbindung an die Götter und damit an ethische Werte nicht mehr gegeben ist, fährt der Dämon in die Sportler, der sie zu Doping greifen lässt.
Wo in der Wirtschaft der eigene Profit die einzige Maxime ist, fährt der unreine Geist der Gier in die Menschen, dessen Gefangene sie werden.
Diese Gefahr der Besessenheit durch unreine Geister gibt es freilich nicht nur auf der Weltbühne des Sportes, der Wirtschaft und der Politik, sondern auch in den „Kammerspielen“ von Familie, Beziehungen und Gruppen, auch von Kirche, sei es bei ihrem Bodenpersonal von ganz oben bis unten, sei es beim Fußvolk, also bei jedem und jeder von uns.

Man sagt oft leichthin „Die Summe der Laster bleibt gleich". Heißt das nicht, dass jede/r seine Abhängigkeiten hat, also Situationen durchlebt, in denen er/ sie fremdgesteuert ist – z.B. durch das Diktat der Mode, des Zeitgeistes, der öffentlichen Meinung, der Vorurteile gegen gewisse Minderheiten?
Auch in den Institutionen kann es einen völlig gleichmachenden Ungeist der Beliebigkeit oder aber einen einengenden und restaurativen Ungeist der Angst und abgehobener Autoritätsausübung abgeben. Eher letzteres ist m.E. leider zurzeit in der Kirche erlebbar, etwa in der jüngsten päpstlichen Geste gegenüber den Lefebvre – Bischöfen oder in der Ernennung eines Weihbischofs, der im Diözesanvolk kaum einen Rückhalt hat.

Wie geschieht die Heilung von unreinen Geistern im Evangelium?
Der erste Schritt zur Heilung erfolgt dadurch, dass sich der Kranke durch die Begegnung mit Jesus in diesem Kontrast der fremden Kräfte bewusst wird, die ihn gefangen halten. Der unreine Geist fühlt sich in die Enge getrieben und wehrt sich: „Bist du gekommen, um uns ins Verderben zu stürzen? Ich weiß, wer du bist: der Heilige Gottes." In manchem Heilungsprozess sind die Schmerzen zunächst noch größer. Der Kranke kann sich aber nicht selbst von seiner Entfremdung befreien.
Hinter dem ganzen Geschehen steht die Tatsache, dass Jesus so lehrte, dass er die Menschen betroffen machte.
Wann waren Sie echt betroffen? Was braucht es, dass ich betroffen werde?
Jesu Wort ist von seiner Persönlichkeit gedeckt: Wort und Tat, Rede und eigenes Leben stimmen zusammen. Es ist nicht eine Sonntags- oder Schönwetterrede, die mit dem Werktag nichts zu tun hatte, keine Schön- oder Schwarzfärberei. Es geht nicht nur um Austausch von rationalen Argumenten, sondern das Herz spricht zum Herzen. Jesus erfüllt offenbar die tiefe Sehnsucht der Menschen nach einem Wort, das die Menschen anrührt, nach einer Hand, die heilt, nach einem Herzen, das mitfühlt. M.a.W. Jesus ist authentisch und glaubwürdig.
Der zweite Schritt zur Heilung ist offenbar die Entschiedenheit. Da darf es keine faulen Kompromisse geben. Hier braucht es eine Wurzelbehandlung. Der Gier, die ein Götzendienst ist (Kol 3,5), muss eine klare Absage erteilt werden. Es ist das „Machtwort" Jesu, das ein Wort der Liebe ist und so von Angst und Enge befreit.
Wo habe ich solche Betroffenheit in mir erlebt? Wo bin auch ich Menschen begegnet, die mich in ihrer Freiheit als Christenmenschen aus Enge und Angst befreit haben? Habe ich treffen lassen? Bin ich jetzt nicht nur mit dem Verstand da, sondern vor allem mit der Sehnsucht des Herzens, so dass mich jetzt die Begegnung mit Jesus in seinem Wort und Sakrament treffen kann und daraus

betroffen lebe? Es ist hier und jetzt die Einladung, dessen bewusst zu werden, wo ich von etwas gefangen und in Besitz genommen bin und welche Quälgeister in mir sind, die mich entfremden.
Wenn ich dafür offen bin, dann werden nicht nur Brot und Wein, sondern ich selbst gewandelt werden zu einem freien Christenmenschen. So kann auch ich für andere ein freier Mensch werden, in dessen Nähe andere Mitmenschen Ängste ablegen und frei atmen können.

Ich bin überzeugt, dass Barack Obama die Menschen betroffen macht, weil sie ihn glaubwürdig erleben und er anders redet als die übrigen Politiker, die Wirtschaftsbosse und Werbemanager. Durch ihn sind sich viele Menschen auch der wunden Punkte unserer Welt bewusst geworden. Es braucht ein befreiendes „Machtwort“, das von Liebe getragen dem Bösen, aller Gier und anderen Süchten ein klares Nein erteilt, allen die Hand der Versöhnung anbietet und neu Brücken zwischen den Völkern schlägt.
Freilich ist nicht Barack Obama der in der Lesung von Mose verheißene Prophet, sondern der Jesus des Evangeliums. Wir hoffen, dass der neue amerikanische Präsident viel bewirken kann. Glauben tun wir aber an Jesus Christus. Er allein vermag unsere messianischen Hoffnungen zu erfüllen.
Durch sein liebendes Machtwort und in seiner Nachfolge kann eine Veränderung auf unserer von unreinen Geistern erschütterten Erde geschehen; durch ihn und durch alle, die aus seinem Geiste leben, kann etwas aufleuchten von dem Frieden des Sabbats. Durch Jesus und unser aller Glaubwürdigkeit kann der „Garten des Menschlichen“ (Friedrich von Weiszäcker) wachsen und gedeihen. Amen.

8. Sonntag

Hos 2,16b.17b.21-22; Mk 2,18-22 (26.2.2006 Fasching)

Nicht unbedingt zum weltlichen Fasching passen die eben gehörten heutigen Sonntagslesungen, aber sehr wohl geben sie den Grund für die tiefere und letztlich unzerstörbare Freude der Christen und Christinnen an, also den Grund dafür, warum wir durchaus erlöster dreinschauen dürften als wir es sehr oft tun.
Zunächst zur Lesung: Immer wieder wird im Alten Testament die Liebe Gottes zu seinem Volk mit der eines jungen Mannes zu seiner Braut verglichen. Israel verhält sich zwar oft wie eine untreue Ehefrau, wie eine Dirne, aber Gott, sozusagen der verletzte und betrogene Ehemann, liebt sie weiter wie ein eifersüchtig Liebender und umwirbt seine Braut Israel mit Gerechtigkeit, Liebe,

Erbarmen und Treue. Manche Brautpaare haben diese wunderbaren Worte zu ihrem Vermählungsspruch erwählt:
„Ich traue dich mir an auf ewig; ich traue mich dir an um den Brautpreis von Gerechtigkeit und Recht, von Liebe und Erbarmen, ich traue mich dir an um den Brautpreis meiner Treue."
Da ja die Ehe aufgrund der Logik der personalen Liebe normalerweise ein ganzes Leben Bestand haben sollte, ist sie ein anschauliches Bild für die unwiderrufliche Treue Gottes zu den Menschen.
Das Bild von der Hochzeit Gottes, oder wie die Geheime Offenbarung sagt, von der „Hochzeit des Lammes" (Offb 19,7) mit seinem Volk greift Jesus im Evangelium auf und bestätigt durch sein Dasein diesen ewigen, unauflöslichen Bund der Liebe und Treue zu seinem Volke, ein Bund, der nunmehr alle Menschen umfasst.
Die Jünger des Johannes und der Pharisäer fasteten nicht aus Fitness- und Kaloriengründen, sondern aus religiösen Motiven, um für das Gebet und für Gott freier zu werden. Das man dies auch von den Jüngern Jesu erwartete, lag wohl auf der Hand. Jesus beansprucht also der Bräutigam Gottes zu sein, von dessen Liebe uns nichts, ja wirklich nichts mehr zu trennen vermag. Und diese neue von Gott selbst verbürgte Qualität der Beziehung zwischen Gott und den Menschen macht manche bisherige religiöse Praxis gegenstandslos, im Bilde gesagt, es ist ein neuer Wein, der in neue Schläuche gehört.

Wer sich so geliebt und getragen weiß, für den ist das Leben zwar auch nicht „a gmahte Wiesn", aber er wird wie ein Stehaufmanderl (ich muss gendergerecht wohl auch sagen „wie eine Stehauf-Frau") sich immer wieder aufrichten, weil seine Wurzeln so tief sitzen, oder besser gesagt, weil Gott selbst in Jesus unsere Wurzeln zu den seinen gemacht hat und uns am Sieg der Liebe und des Lebens in der Auferstehung Jesu teilhaben lässt.
Gott selbst ist also der letzte Grund unserer Freude – und Jesus ist gekommen, damit die Freude in uns sei und diese Freude vollkommen werde.
Übrigens, haben Sie sich schon einmal gefragt, ob Gott selbst lachen kann? Die Bibel, zumal das Erste Testament erzählt ja sehr menschlich von Gott und schreibt ihm alle möglichen menschlichen Gemütszustände zu. Er ärgert sich über sein Volk, er zürnt, ist eifersüchtig, lässt sich wieder versöhnen und es reut ihn sein Zorn.
Selten ist vom Lachen Gottes die Rede, so etwa im Psalm 2, Vers 4: „Er aber lacht, der in den Himmeln wohnt." Freilich lacht er nicht über einen guten Witz; er schlägt sich auch nicht vor lauter Fröhlichkeit wie im Karneval auf die Schenkel. Gott lacht vielmehr über jene, die sich wie allmächtige Herren aufführen und die weder den Tod noch den Teufel und schon gar nicht Gott

fürchten. Gott lacht über den sinnlosen Putschversuch all jener, die ihn entthronen wollen, über all jene, die sich wie Götter benehmen und dabei nur Unterdrückung, Zerstörung und Mord über die Menschheit bringen. Dieses so hintergründige Lachen Gottes sagt den Hitlers und Lenins aller Zeiten, auch denen, die Gott für eigene Interessen damals und heute missbrauchen, dass es lächerlich ist, sich auf seinen Thron zu setzen.

Ich weiß, dass dieses Lachen Gottes nicht den Fasching begründet, aber es begründet das tiefe Vertrauen all derer, die in den Seligpreisungen und in der Bergpredigt Jesu ihr unerschütterliches Urvertrauen und ihre unbekümmerte Geborgenheit verankert wissen. Der „lachende Gott“ steht auf der Seite all derer, die ihm vertrauen. Und mit ihm können wir über die kleinen Götter und Götzen in Politik und Wirtschaft, in Sport und Mode, in den Wellness- und Shoppingtempeln lachen. Die Herren der Welt kosten Gott einen Lacher und wir dürfen mit ihm über sie lachen, statt vor ihnen zu erzittern.

Weil es gut ist, nicht nur in sich hineinzulachen, sondern es auch mit anderen zu tun, noch ein paar Anmerkungen zum Schmunzeln.

Teresa von Avila dürfte angesichts der weit verbreiteten Vogelgrippe in Verlegenheit sein, denn jetzt wird sie wohl kaum mehr sagen: „Wenn Rebhuhn, dann Rebhuhn; wenn Fasten, dann Fasten.“ Vielleicht muss es jetzt heißen: „Wenn Schwein, dann Schwein; wenn Fasten, dann Fasten.“

Haben Sie übrigens heute in den Nachrichten bereits gehört: Auch in Oberösterreich gibt es Sperrzonen, nämlich in Kefermarkt, Hallstatt und St. Wolfgang: Die dortigen Flügelaltäre werden wegen der Vogelgrippe untersucht.

In der Diözese und auch in der Pfarre hat sich im letzten Jahr einiges geändert: Seit 18. September bin ich in der Diözese durch den Bischofswechsel zu Ludwig Schwarz zu einem „Schwarz-Arbeiter“ geworden. Ob mir das wohl eine neue Anzeige in Rom einträgt? Bei Linz sieht man in Rom besonders leicht rot, obwohl unser Bischof schwarz heißt und es doch in der Diözese Gurk - Klagenfurt schon länger bei Bischof Alois Schwarz „Schwarz-Arbeit“ gibt. Rom scheint also mit den Großkoalitionären zu liebäugeln, denn da gehören auch Schwarz und Rot zusammen. Aber bitte, deshalb braucht man nicht gleich schwarz zu sehen!

In der Pfarre haben wir keinen Kaplan mehr. Von einem der letzten Kapläne wird folgendes erzählt: Er war abends zu Besuch bei einer Familie. Als sich das kleine Töchterlein verabschiedet, gab sie jedem einen Kuss. Als sie auch dem Kaplan das Bussi geben wollte, wurde dieser ganz verlegen und sagte in seiner Schüchternheit: „Später, wenn du groß und erwachsen bist!“

Wissen Sie, was mir als Pfarrer bei einem Hausbesuch passiert ist? Ich klingle an der Haustüre. Prompt tönt es aus der Sprechanlage: „Engelchen, bist Du´s?“ „Nicht direkt“, sage ich darauf, „aber von derselben Firma!“

Viele haben jetzt nach dem Schiurlaub wieder mit Entsetzen ihr Gewicht auf der Waage gesehen. „Figurella“ in nächster Nähe kann sich nicht jeder leisten. So hat eine Frau ihrem Mann geraten, Schlittenhunderennen zu fahren, um schlanker zu werden. Eine Nachbarin fragt sie nach ein paar Tagen: „Und, hat der Gatte schon abgenommen?“ Prompt kam die Antwort: „Er nicht, aber die Schlittenhunde.“
Hoffentlich konnten Sie im Urlaub lange und gut schlafen! Sonst könne sie von folgendem Gespräch lernen: Zwei Patienten unterhalten sich: „Was machst Du denn gegen Schlafstörungen?“ „Ich zähle bis 3“, sagt der Gefragte. „Und das hilft?“ „Ja, schon“, kam die Antwort, „aber manchmal wird es halb vier.“
Große Unzufriedenheit herrschte in einem Flugzeug, als der Pilot über den Bordlautsprecher bekannt gab: „Wir müssen eine Wasserlandung vornehmen. Allen, die des Schwimmens mächtig sind, wünsche ich eine gute Weiterfahrt; von den Nichtschwimmern muss ich mich leider verabschieden.“
Leder gibt es in unseren Tagen viele Arbeitsuchende. Bei mancher Ausschreibung eines freien Postens gibt es heute Bewährungstests. So auch im folgenden Fall: man musste bis 10 zählen können. Als der erste Kandidat mit dieser Aufgabe konfrontiert wurde, antwortete er: 9, 8,7,6,5,4,3,2,1. Darauf der Prüfer: „Im Grunde ist es richtig. Aber warum haben Sie von hinten nach vorne gezählt?“ Darauf der Kandidat: „Ja. Wissen Sie, ich habe jahrelang beider NASA gearbeitet und durch den Countdown Ten, nine, eight, ... ist mir das in Fleisch und Blut übergegangen.“ Der Prüfer war sehr beeindruckt.
Als der zweite Kandidat dasselbe gefragt wurde, antwortete er: „10, 8, 6, 4, 2. 1, 3, 5, 7, 9“. „Insgesamt richtig, aber warum haben Sie auf diese Weise gezählt?“ fragt der Prüfer. „Ja, Herr Inspektor, wissen Sie, ich war Briefträger und ...“
Schließlich kommt der dritte Kandidat und er antwortet auf die Frage nach der Zählung von 1 bis 10: „1, 2, 3, 4, 5, 6, 7, 8, 9, 10, Unter, Ober, Dame, König.“ Da fragt der Prüfer neugierig: „Wo haben denn Sie vorher gearbeitet?“ Der Kandidat: „Bei der Landesregierung!“
Liebe Pfarrgemeindel! Der Kandidat war sicherlich nicht vom Pfarrhof St. Konrad, denn dann hätte er wie beim Tarockspiel geantwortet: „Parat, Uhu, Kakadu, Wildsau, 5. 6, 7, 8 9, 10.“
Ich kann Ihnen eines versichern. Mir bleibt dieser Test erspart, denn ich habe nicht nur einen sehr sinnvollen Beruf, sondern bei mir besteht fürwahr auch nicht die Gefahr, dass ich arbeitslos würde und mich um etwas anderes umschauen müsste. Also, junge Männer, überlegt Euch bei Euren Entscheidungen auch diesen krisensicheren Beruf – und hoffentlich dürfen es Mädchen auch eines Tages mitüberlegen! Amen.

Aschermittwoch

Hosea 14,2-10; 2 Kor 5,20- 6,2; Mt 6,1-6.16-18 (1.3.2006)

Wir feiern heuer ganz bewusst zu Beginn dieser Fastenzeit nicht Eucharistie, sondern eine Wortgottesfeier: zum einen, weil wir uns der Bedeutung des Wortes Gottes bewusst sind, zum anderen, weil diese Art der Feier auch andeuten will, dass wir einen Umkehrweg beginnen, d.h. einen Weg, der Gelegenheit zur Auseinandersetzung und Zeit braucht und nicht im Handumdrehen zu bewältigen ist. Umkehr geschieht nicht auf einmal, weil Schuld nicht in einer Horuckbewegung zugedeckt werden kann.

Wir alle bleiben hinter dem zurück, was uns in der Taufe als Gabe und Aufgabe geschenkt ist. Es gibt heute zwei sehr häufige Reaktionen, die beide der Tatsache von Schuld nicht gerecht werden. Da ist einerseits der „Unschuldswahn unserer Tage“ (Friedrich Dürrenmatt): niemand ist es gewesen. Andererseits sucht man überall, selbst bei Naturkatastrophen sofort nach Schuldigen und führt oft jahrelange Prozesse, bis der Schuldige gefunden ist; der Sündenbockmechanismus hält dadurch das Rad der Geschichte in blutigem Gang.

Die Fastenzeit als Umkehrweg ist die Einladung, zunächst einmal sich selbst in den Blick und wahr zu nehmen, das eigene Nachhinken zu erkennen, Hindernisse und Versäumnisse aus dem Weg zu räumen und in diesem Prozess der Veränderung zu mehr Leben vorzustoßen und sich zu einem freieren Menschen zu wandeln. Es geht nicht bloß darum, zu erkennen, wo wir Böses getan haben, sondern genauso, ja viel mehr noch, wo wir Gutes unterlassen haben, wie das Schuldbekenntnis an erster Stelle sagt.

Das „Sakrament der 40 Tage“, wie es in der Liturgie heißt, ist eine Chance zu Lebensvertiefung und Lebensstiländerung, die seine Zeit braucht. Das hat Israel im Exodus aus der Knechtschaft in Ägypten und in der 40-jährigen Wanderung durch die Wüste erfahren. Jesus hat sich in den 40 Tagen seines Wüstenaufenthalts die Kraft geholt, dem Verführer zu widerstehen und sich ganz in den Dienst des Vaters zu stellen. Dazu wollen uns die 40 Tage der Fastenzeit einladen, wie auch in den ersten christlichen Jahrhunderten sich die Umkehr immer über diese 40 Tage hin gezogen hat. Wir wissen, dass die Zahl 40 immer eine für das Leben des Menschen bedeutsame Zeit ansagt, die ihn reifer werden lässt.

Hier hilft keine Vertröstung auf die Vergangenheit oder Zukunft, keine Verklärung von gestern und keine „Morgendiät“. Der Prophet Hosea in der ersten Lesung ruft deutlich hier und jetzt zur Umkehr auf und er weist auch auf die Gegenwart Gottes jetzt hin: „Ich, ja, ich erhöre ihn, ich schaue nach ihm.“

Den Worten des Paulus an die Korinther ist an Klarheit nichts hinzuzufügen: „Jetzt ist sie da, die Zeit der Gnade; jetzt ist er da, der Tag der Rettung.“ Jetzt ist also die Zeit, die 40 Tage als Geschenk eines Weges anzunehmen, auf dem ich aus der Zerstreuung in die Gegenwart und ins Zentrum, aus der Vielfalt in das Eine Not-wendige und Not-Wendende gelangen kann. Jetzt bin ich eingeladen, ins Leben einzusteigen. Jetzt ist die Zeit für Seelenarbeit, die Zeit für eine Lebensrevision, für eine vom Herzen ausgehende Änderung der Lebenspraxis.
Es stimmt, was Andreas Gryphius sagt: „Mein ist nicht die Zeit, mein ist nicht die Ewigkeit. Mein ist der Augenblick, und nehm ich den in Acht, so ist der mein, der Zeit und Ewigkeit gemacht.“
Diese geprägte Zeit will eine Art Geländer sein, dem entlang ich zum Ziel der Versöhnung gelangen kann. Die pfarrliche Gemeinschaft möchte dazu einige Stationen als Hilfe anbieten. Wir haben sie in unserem Folder zusammengefasst, den sie am Sonntag bereits erhalten haben oder auch heute mitnehmen können. Meine Aufgabe jetzt ist es, ein paar geistliche Hilfen und Impulse konkret zu benennen.
Eine große und wichtige Hilfe für viele wird es sein, wiederum Zonen der Stille und des persönlichen Gebetes in die Tagesordnung einzubauen, also „Zeitlöcher“ im Getriebe des Alltags, um für Gott und die tieferen Quellen des Lebens offen zu bleiben, so wie sich Jesus immer wieder auf einen Berg, in die Nacht oder an einen abgelegenen Ort zurückgezogen hat. Die Angebote „Stille erleben“ an den beiden nächsten Freitagen können dazu eine Hilfe sein.

Wichtige Stationen sind sicherlich die Sonntagsgottesdienste. Für manchen wird es ein guter Vorsatz sein, die Sonntagsmesse wieder zu einem guten und selbstverständlichen Brauch werden zu lassen. „Der Mensch braucht feste Bräuche.“ (A. de Saint-Exupery) Auch das geistliche Leben wächst durch Regelmäßigkeit und Verlässlichkeit.
Aus dem Kirchgang ist eine Kirchfahrt geworden, was aber fürwahr nicht heißt, dass alle pünktlicher kommen. Vielleicht überlegt sich mancher eine Entschleunigung und kommt lieber ein paar Minuten zu früh als zu spät, damit die Seele auch nachkommen kann.
Die drei Glaubensabende an den kommenden drei Mittwochabenden mit der sympathischen Schwester Huberta Rohrmoser sind eine gute Gelegenheit zur Ausrichtung des Lebens auf Gott hin und zur Glaubensvertiefung. Die religiöse Decke, auf der wir gehen, ist äußerst dünn und brüchig geworden, stellte schon Kardinal König fest. Es ist notwendig, aus den Schätzen der christlichen Tradition wieder neu zu tanken – dies auch erst recht auf dem Hintergrund der Religiosität der Muslime. Auch der Dialog mit ihnen erfordert die Kenntnis der eigenen Quellen.

Fastenzeit ist auch die Einladung, sich aus Zwängen zu befreien. Der Gewinn neuer Freiheit ist meist mit der Aufgabe lieber Gewohnheiten verbunden. Für den einen ist es der Verzicht auf leckere Speisen oder Alkohol, für die andere der Verzicht auf das Auto oder die Zigarette. In einer Jänner-Furche war ein Artikel betitelt: „Zu satt zum Beten". Da stellt das Institut für Wissenschaften vom Menschen in Wien in einer empirisch – akademischen Studie wörtlich fest: „Zum ersten Mal in der Geschichte der Menschheit ist im ökonomisch und politisch privilegierten westeuropäischen Raum eine satte Gesellschaft entstanden." Es heißt in dem Beitrag: Der Grund für den Niedergang der Kirchlichkeit und für das Versiegen der Religion liegt in der Sattheit der Europäer. Es soll doch nicht, wie die Volkes Stimme sagt, wieder eine Notzeit kommen, damit die Leute wieder religiöser werden! Fasten ist jedenfalls anbetracht dieser Sattheit am rechten Platz!

Ein wichtiger Gesichtspunkt in unserer Besinnung soll auch die soziale und politische Dimension unseres Glaubens sein. Möglichkeiten dazu sind, wenn wir das Leid der Menschen in den Blick nehmen, etwa in der Teilnahme am Familienfasttag und der Spende für die Notleidenden in den Ländern der Dritten Welt oder durch unsere Gabe bei der Caritas-Haussammlung für die Not im Inland. Auch die Feier der Kreuzwege an Freitagen will zur weltweiten Solidarität motivieren.

Der Erstkommunion- oder Firmvorstellungs-Gottesdienst laden uns in Gebetspatenschaften zur Solidarität in der eigenen Pfarre ein, denn unser Beten und Gottesdienstfeiern ist immer auch ein stellvertretendes Feiern für die anderen, wie es Silja Walter in ihrem bekannten Gedicht Vom „Gebet des Klosters am Rande der Stadt" gut zum Ausdruck bringt.

Fastenzeit ist schließlich auch die Zumutung, mit einem Menschen, mit dem ich mich schwer tue, ins ehrliche Gespräch zu kommen, oder jemand, den ich verletzt habe, um Verzeihung zu bitten. Neben der erforderlichen Offenheit in allen Gesprächen sind die 40 Tage auch die Einladung zu einem persönlichen Gespräch mit einem Menschen meines Vertrauens, oder etwa zum Mut, sich auf eine geistliche Begleitung einzulassen. Vielleicht ist es aber wirklich auch wieder einmal der Kairos, also der günstige Zeitpunkt, sich für ein Beichtgespräch und die persönliche Lossprechung Zeit zu nehmen. Es tut jedenfalls gut; ich sage dies als selbst Beichtender, also aus eigener Praxis. Dass das Bemühen um die Änderung des eigenen Lebens zu mehr Freiheit und zu mehr Fülle des Lebens zweifellos mehr der echten Umkehr entspricht als manch traditionelle Bußwerke, ist wohl allen klar.

Wenn wir uns auf diesen Weg der Versöhnung machen, dürfen wir vertrauen, dass uns Gott mit seinen offenen Armen entgegenkommt wie der barmherzige Vater im Gleichnis.
Nicht aus der Kirchenzeitung, sondern aus der gestrigen Ausgabe der OÖN möchte ich Ihnen zum Schluss offenbar ganz profane Erkenntnisse vorlesen (die manche eher glauben als wenn es der Pfarrer sagt):
„Sich zu versöhnen fällt ganz schön schwer – den anderen nach einem Streit um Verzeihung zu bitten, noch viel mehr. Dabei macht Verzeihen Seele und Körper gesund, sagen Psychologen und Mediziner. Wir alle wissen, wie elend man sich fühlt, wenn man mit jemanden im Streit auseinander geht oder Leid zugefügt bekommt - sei es in der Partnerschaft, in der Familie, im Freundeskreis, in der Nachbarschaft oder im Job. Verzeihen ist auf jeden Fall Schwerarbeit und braucht Zeit. Zeit, das Erlebte für sich zu verarbeiten. Meist reicht es nicht, eine Nacht darüber zu schlafen. Wer nach einem Streit oder Zerwürfnis schwer verletzt ist, badet meist tagelang im Selbstmitleid oder hegt Rachegedanken – alles ganz normal, aber auf Dauer ziemlich ungesund. Besser für das Wohlbefinden sei es, erlittenes Unrecht zu verzeihen oder ad acta zu legen. Dazu gehöre es, aktiv daran zu arbeiten und zu versuchen, sich in die Rolle des anderen zu versetzen, aber auch den eigenen Schmerz anzuerkennen. Wer verzeiht, fühlt sich vital, ausgeglichen, glücklich und erleichtert. Menschen, denen verziehen wird, können nach Wochen oder Monaten endlich wieder lachen und durchschlafen. Neue Untersuchungen zum Thema zeigen, dass Verzeihen den Blutdruck senkt, Rückenschmerzen und Depressionen lindert, Übergewicht senkt, Kopfschmerzen lindert, vor chronischen Schmerzen bewahrt und Schlaflosigkeit behebt.“ (OÖN 28.2.06, 22)
Offenbar weiß die Kirche um all diese Dinge schon länger und hat sie seit jeher in die Weisheit der Einladung zum Umkehrweg in der Fastenzeit aufbewahrt. Ergreifen wir gemeinsam diese Chance und lassen wir uns mit Gott, miteinander, und mit uns selbst versöhnen, denn „Jetzt ist sie da, die Zeit der Gnade!“ Amen.

1.Fastensonntag

Gen 9,8-15; Mk 1,12-15 (1.3.09)

Die heutige Lesung aus dem Buch Genesis folgt unmittelbar auf die Erzählung der Sintflutgeschichte, die vierzig Tage gedauert hat. Das Evangelium von Markus wiederum berichtet in aller Kürze von der Versuchung Jesu, nachdem er 40 Tage gefastet hatte.

Die Zahl 40 verbindet also beide Stellen und steht sicher nicht zufällig da. Sie taucht hier und an vielen anderen biblischen Stellen auf, wo es um einschneidende, oft lebensverändernde Fristen, um Zeiten der Prüfung und Bewährung geht.
Wir alle kennen die biblisch-orientalischen Erzählungen vom Paradies und der schrittweisen Zerstörung des ursprünglichen Friedens: Zunächst misstraut der Mensch Gott; sodann wird die Beziehung zwischen Mann und Frau angeknackst, weil einer auf den anderen die Schuld schiebt, sodann die Beziehung zwischen den Geschwistern, wie die Geschichte von Kain und Abel zeigt. Die darauf folgende Sintflutgeschichte, ein in der Antike weit verbreiteter Mythos, weist auf die gestörte Beziehung des Menschen zur Natur hin und auf die grundsätzliche Gefährdung der Welt auch durch das zerstörerische Verhalten des Menschen. Nach 40 Tagen geschieht ein ganz einschneidendes Ereignis: In der Rettung der Arche Noahs setzt Gott selbst einen unwiderruflichen Neuanfang und er schließt mit dem Menschen, mit den Tieren und mit der ganzen Schöpfung einen Bund, den er nie mehr zurücknehmen wird. Auch wenn Risiken und Katastrophen bleiben, Gott selbst verspricht: „Nie wieder soll eine Flut kommen und die Erde verderben." Zeichen dieses Bundes und Zeuge dieses göttlichen Versprechens ist der Regenbogen.
Gott verspricht dem Menschen und seiner Welt ständige Treue und Liebe, einen Bund, den er von sich aus nie aufkündigen wird. Zu Recht heißt es im 4. Hochgebet der Messe: „Als der Mensch im Ungehorsam deine Freundschaft verlor und der Macht des Todes verfiel, hast du ihn dennoch nicht verlassen, sondern voll Erbarmen allen geholfen, dich zu suchen und zu finden. Immer wieder hast du den Menschen deinen Bund angeboten und sie durch die Propheten gelehrt, das heil zu erwarten."
Dieser Bund Gottes verdichtet sich in letzter Konsequenz in Jesus. In ihm wird die Liebeserklärung Gottes an die Menschen endgültig und für immer besiegelt. Indem Gott selbst Mensch wird und der Mensch Jesus mit seinem eigenen Leben für diesen Bund einsteht, ist es sozusagen die Hochzeit Gottes mit den Menschen.
Das heutige Evangelium bestärkt das auf seine Weise: nachdem Jesus 40 Tage gefastet hat, geschieht wiederum ein einschneidendes Ereignis: Jesus wird mit dem Kern, der allen Versuchungen zugrunde liegt, konfrontiert, nämlich Gott beiseite zu schieben und sich selbst an die Stelle Gottes zu setzen, also die eigenen Bedürfnisse und Wünsche wichtiger zu nehmen als Gott. Jesus, der wahrer Mensch ist, weist unser aller Versuchung, wie Gott zu werden, stellvertretend für uns alle ab. Es ist Jesu unwiderrufliches Ja zum ersten und wichtigsten Gebot, Gott zu lieben mit dem ganzen Herzen und ihm die Ehre zu geben.

Dieser in Jesus Christus in seinem Leben, Sterben und Auferstehen endgültig besiegelte Liebesbund Gottes mit den Menschen ist das Zentrum und das Um-und-auf unseres Glaubens, der Glaubensartikel, mit dem unser Glauben steht und fällt. Es ist auch die Mitte unserer Frohbotschaft, die uns trägt und die wir der Welt verkünden. Wer sich an Stelle Gottes stellt, nabelt sich ab von diesem Strom des Lebens und der Liebe und schaufelt sich so selbst das Grab. Es ist also nicht eine uns verfügbare Selbstverständlichkeit „Wir kommen alle, alle in den Himmel“, sondern es ist das freie Geschenk Gottes, der uns in sein dreifaltiges Leben der Liebe hineinnimmt und auch zu Menschen der Liebe wandeln möchte. Über diesen Kern unseres Glaubens gibt es fürwahr keine demokratische Abstimmung. Alles, was offenbart ist, bleibt unverfügbares Geschenk Gottes.

In der Diskussion um den designierten Weihbischof Wagner war auch davon die Rede, dass man sich beim Glauben nicht erpressen lassen dürfe. Zunächst möchte ich sagen: Die Kirche ist selbst nicht das Reich Gottes, sondern ein Werkzeug des Heils, indem sie das Evangelium in die jeweilige Zeit übersetzt (Johannes XXIII: „aggiornamento = Verheutigung) und dabei die Zeichen der Zeit ernst nimmt, wie das Konzil sagt. Die Kirche ist eine, die sich ständig reformieren muss, zum einen weil die Zeit eine jeweils andere ist; Freude und Hoffnung, Trauer und Angst der Menschen sind jeweils anders. Wir sollen Antwort geben auf Fragen, die gestellt werden, so wie es Jesus mit den Jüngern auf dem Weg nach Emmaus tut. Zum anderen muss die Kirche sich ständig reformieren, weil sie selbst auch sündig ist, sei es in den einzelnen Gliedern als auch in der Institution selbst. Ihre Heiligkeit ist nicht ihre eigene moralische Integrität, sondern die von Gott geschenkte Gerechtigkeit.

Ich bin überzeugt, dass von gewissen konservativen Strömungen oft als unveränderbares Glaubensgut ausgegeben wird, wo es sich höchstens um Kirchenrecht und Kirchendisziplin oder nur um Frömmigkeitsformen handelt. Das Kirchenrecht ist gültig, bedarf aber auch der ständigen Hinterfragung, ob es dem letzten Paragraphen entspricht. Dieser besagt, dass das oberste Gesetz das Heil der Menschen sein muss!

Oft geht es bei Diskussionen rund um die Kirche um die soziologisch durchaus veränderbare Gestalt der Kirche, denn auch Kirche ist mitten in der Welt und deshalb auch von deren soziologischen Rahmenbedingungen geprägt.

Die Kirche der ersten Jahrhunderte war bei aller bleibenden Identität aus Jesus Christus und den Sakramenten in vielem anders verfasst als etwa die Kirche ab dem 4. Jahrhundert, nachdem Kaiser Konstantin ihr die Freiheit gegeben hatte. Wir leben zurzeit in der so genannten konstantinischen Wende, d.h. in unserer Zeit fällt die seit Konstantin gegebene Nähe zwischen Thron und Altar,

zwischen Kult und Kultur endgültig auseinander und wir stehen immer mehr in einer pluralistischen Welt mit vielen Sinnanbietern; unser christlicher Glaube ist einer davon.
Die Kirche geht auf eine noch nicht fassbare neue soziologische Gestalt zu, ohne das der vorhin geschilderte Kern unseres Glaubens, Gottes Liebesbund mit der Menschheit, sich ändert. Es ist eine unabwendbare Krise, die bei vielen Angst und Verunsicherung auslöst und nach festen Orientierungspunkten und sozusagen unverrückbaren Pflöcken der Sicherheit ausschauen lässt. Die Schnelligkeit der Moderne rüttelt an den Fundamenten vieler und so versuchen sie das Rad der Zeit zurückzudrehen und rufen nach einer starken Hand – in Kirche und Politik -, die sagt, wo es langgeht. So sehen wir heute einen starken fundamentalistischen Trend bei allen Weltreligionen. Solch verunsicherte Menschen tun sich auch in der Kirche schwer, mit den großen Erneuerungen des 2. Vatikanischen Konzils und der damit gegebenen eigenen Freiheit und Verantwortung zu leben und delegieren dies lieber an übergeordnete Autoritäten.
Für mich geht es hier nicht um die Richtigkeit des Glaubens, sondern um eine Glaubensgestalt, die mehr über die Persönlichkeitsstruktur dieser Menschen aussagt als über den Glauben selbst. Es ist gut, auch diese Sorgen ernst zu nehmen, und es ist notwendig, auch mit diesen Glaubensbrüdern und -schwestern Brücken des Dialogs zu bauen, wo dies möglich ist. Aber ich bin überzeugt, dass nicht deren Glaube größer ist, sondern viel eher deren Angst und Verunsicherung.
Ich möchte zum Schluss jedoch noch ein paar bleibende Spannungsfelder aufzeigen, die uns zu denken geben sollen. Da geht es nicht darum, bloß einen Pol zu sehen, sondern die richtige Mitte zu finden.
Nach der starken Öffnung und den Erneuerungen des 2. Vatikanischen Konzils tendieren die Amtskirche und mit ihr stark verunsicherte Gläubige eher zum ersten Pol, während sich vielleicht manche „Liberale“ allzu leichtfertig auf die andere Seite schlagen.
Da ist das Spannungsfeld von Gerechtigkeit und Liebe. Lieblose Durchsetzung von Vorschriften durch Kontrollinstanzen ist schmerzhaft und löst keine menschlichen und kirchlichen Probleme. Unkontrollierte Liebe andererseits kann u. U. un-“liebsame“ Folgen haben und ins Chaos führen. Es verbirgt sich darin die von Paulus angesprochene Spannung von Buchsstabe und Geist zeigt.
Ein anderes Spannungsfeld ist Gehorsam und Freiheit. Es bedarf der anerkannten Verantwortungsträger und Autoritäten in Kirche uns Staat. Diese müssen freilich ihr Handeln behutsam und einsichtig gestalten. Freiheit auf der anderen Seite ist nicht Willkür. Für die Kirche heißt dies, dass es nicht nur um eine Befehlsstruktur von oben nach unten gehen kann und dass die

Verantwortung aller Getauften und Gefirmten für ihre Kirche zum Zusammenwirken aller berechtigt und es auch erfordert.
Als letztes Spannungsfeld nenne ich die Spannung zwischen Amt und Charisma. Ämter und Strukturen sollen der Kirche Ordnung geben. Die von Gott einzelnen Menschen geschenkten Charismen sind nicht Privatbesitz, sondern für den Dienst an der Gemeinde geschenkt. Die Amtskirche ist versucht, die Charismen eher bei den Amtsträgern zu suchen, um sie besser kontrollieren zu können, und frei wirkenden Charismen mit Misstrauen zu begegnen. Franz von Assisi muss jedoch neben Papst Innozenz III Platz haben. Die meisten Reformen der Kirche sind übrigens von großen charismatischen Persönlichkeiten ausgegangen. Auch hier bedarf es der ständigen Suche, die Pole von Amt und Charisma in rechter Weise zum Tragen zu bringen.
Bei allen Spannungen und manchem Ärger und Ärgernis, es wäre auf jeden Fall ein Fehlschluss, aus der Kirche auszutreten, vielmehr heißt es auftreten, vor allem aber heißt es, offen zu bleiben für den Schatz der Kirche, den sie in ihrem zerbrechlichen Gefäß trägt, nämlich Gottes unwiderruflichen Liebesbund mit uns Menschen. Amen.

2. Fastensonntag

Röm 8,31b-34; Mk 9,2-10 (12.3.2006)

Meist verbindet man mit Fastenzeit negative Begriffe wie verzichten, abnehmen, einschränken, weglassen. Der erste Fastensonntag stand bei uns unter dem Thema „Jetzt nein sagen“. Dieses Nein-sagen ist angesichts der Versuchung der quantitativen Überfülle und des Wissens um eine qualitativ bessere Möglichkeit wirklich auch wichtig.
Im Übrigen aber liest man dieses negativ gefärbte Vokabular eher in Gesundheitsmagazinen und Wellness-Prospekten. Das Verzichten und Abnehmen kostet außerdem meist noch viel Geld, denn die Gurus, die Heil und Heilung versprechen, kassieren trotz der kleinen Portionen ganz ordentlich.
Freilich denken nicht wenige Menschen unserer Tage nur an den Leib, so dass nicht selten aus der Sorge um die körperliche Gesundheit der Körper-Kult, aus der Sorge um gesunde Ernährung der Schlankheitswahn, aus der Sorge um das rechte Maß die Mager-Sucht wurde.

Die religiöse Fastenzeit, die bei vielen Zeitgenossen eher ein verstaubtes Image hat, ist jedenfalls billiger zu haben als manche Schlankheitskur. Diese Zeit der 40 Tage weiß schon, seit es sie gibt, dass das Nein eigentlich nur um eines

größeren und wertvolleren Ja willen gesagt werden soll, dass also richtiges Fasten eigentlich ein großes Ja zu besserem und freierem Leben ist.
Die Fastenzeit nimmt freilich ernst, dass Leib und Seele zusammengehören und die Seele nicht auf der Strecke bleiben darf. Das hat nichts mit Leibfeindlichkeit zu tun; vielmehr gilt, was die heilige Teresa von Avila sagt: „Tu deinem Leib Gutes, damit die Seele Lust hat, darin zu wohnen." Nach dem Motto vom letzten Sonntag „Jetzt nein sagen" möchte ich heute in Verbindung auch mit den biblischen Lesungen dieses Sonntags einige Gedanken zum heutigen Leitwort „Jetzt Ja sagen" bringen.
Im Lebensweg eines jeden Menschen gibt es ruhige Wegstrecken, in denen sich die Frage nach dem Lebenssinn gar nicht stellt: es passt im Großen und Ganzen und der Sinnbogen ist sozusagen gut gespannt. Mögen wir alle viele solche gute und sinnvolle Wegstrecken haben! Erst dort, wo der Sinnbogen einen Knacks hat aufgrund einer bestimmten Lebensphase, die einen Wachstumsschub verlangt, oder wo durch besondere Schicksalsschläge der Boden unter den Füßen wackelt, und umso mehr noch dort wo der Sinnbogen gar durch Tod und Verlust gebrochen ist, stellt sich unweigerlich die Frage nach dem Sinn des Lebens.
So schwankt etwa jeder Mensch als winziges Baby am Beginn des Lebens, in der Pubertät und Adoleszenz, aber auch am Tag, da er einem anderen ebenfalls schwachen Menschen sein unbedingtes Ja-Wort der Treue gibt, zwischen Hoffen und Bangen, zwischen Zuversicht und Angst, zwischen Ja und Nein. Dieselbe Fraglichkeit seines Daseins stellt sich aber auch bei großer Schuld, schwerer Krankheit oder angesichts einer besonderen Berufung.
Die Frage, die den Menschen dann bewegt, heißt: Was gilt letztlich - die Angst oder die Hoffnung, das Nein oder das Ja, Tod oder Leben? Anders gefragt: Lebe ich in einer augenlosen Materie, in einem gehörlosen Masse, in einer herzlosen Welt, jede/r eine einsame Monade, oder gibt es ein letztes liebendes bergendes Du, das mich beim Namen kennt, ruft und liebt? M.a.W.: Gibt es eine Antwort auf den Schrei des Menschen (E. Munch): „Ist da jemand?" Oder ist es ein Warten auf Godot? Hier geht es nicht um Small talk und Belanglosigkeiten, sondern um die Frage „to be or not to be", um Sein und Nichtsein des Menschen, um Ja oder Nein. Ist der Wunsch nach diesem letzten absoluten Bejahtsein der Vater des Gedanken, der die Religion gebiert? Ist die Religion der Schrei der gequälten Kreatur, wie der Marxismus glaubte, also Vertröstung auf ein Jenseits?
So werden alle sagen, denen die Gnade des Glaubens fehlt. Es sind wohl vielfach Menschen, die zu wenig Liebe erfahren haben und ob dieses mangelnden Urvertrauens den Absprung vom menschlichen mütterlichen und

väterlichen Du auf einen mütterlich-väterlichen Gott nicht wagen (nicht wagen können). Und es steht uns fürwahr nicht zu, dies zu beurteilen.

Manche haben versucht, die Fragen zuzudecken oder in stoischer Ruhe mit den genannten Fragen umzugehen. Manche versuchen auf einem Wege der Erleuchtung diese Fragen hinter sich zu lassen und die Welt und ihre Fragen am fernöstlichen Weg ins eine allgemeine Bewusstsein abzustreifen.
Die Antwort unseres Glaubens ist eine radikal andere. Zunächst ist die Frage, die ein zerbrochener Lebenssinn-Bogen stellt, nicht nur unsere Frage, sondern auch die Frage Jesu selbst angesichts seines Leidens – bis hinein in den Schrei am Kreuz „Mein Gott, mein Gott, warum hast du mich verlassen?" Zugleich freilich ist die Innenseite von Jesu Kreuzweg und Tod seine äußerste Solidarität und Liebe zu uns Menschen, sein bedingungsloses Ja, das in seiner Auferstehung zum endgültigen Sieg des Lebens und der Liebe wird.
Vor drei Wochen hat es der Apostel Paulus im zweiten Brief an die Korinther so ausgedrückt: „Gottes Sohn Jesus Christus ... ist nicht als Ja und Nein zugleich gekommen; in ihm ist das Ja verwirklicht. Er ist dass Ja zu allem, was Gott verheißen hat." (2 Kor 1,19f) Auch wenn wir dieses Ja jeden Sonntag feiern, ist es keine übliche Sonntagsrede, die im Alltag nicht trägt. Auch wenn uns Jesus zur Nachfolge einlädt, so ist dieses ja keine Wahlrede, die nicht durch das Leben gedeckt wäre.
Dieses unwiderrufliche Ja Gottes in Jesus zu uns ist der Kern unseres Glaubens. Die heutige Lesung aus dem Römerbrief füllt nochmals dieses Ja inhaltlich, damit kein Zweifel bleibt: Es ist ein Ja der Hingabe und der grenzenlosen Liebe. „Ist Gott für uns, wer ist dann gegen uns? Er hat seinen Sohn -... für uns alle hingegeben – wie sollte er uns mit ihm nicht alles schenken." (Röm 8,31f) Was Paulus im Hohen Lied der Liebe bestaunt, das besiegelt und verbürgt Gott selbst, denn er ist die Liebe, das Bejahtsein, nach dem wir uns alle sehnen (wie es auch der Papst in seiner ersten Enzyklika ausführt).
Das heutige Evangelium von der Verklärung Jesu ist ein weiterer Ausdruck dieses alles Nein überholenden Ja, denn hier leuchtet bereits die österliche Wirklichkeit auf. Die Jünger Jesu hatten gerade damals die Erfahrung dieses Geborgen- und Bejahtseins bitter notwendig, denn unmittelbar vorher hat ihnen Jesus vom bevorstehenden Leiden und Tod erzählt.
Wie sollte man in diesen Wechselfällen des Lebens nicht zweifeln oder gar verzweifeln, wenn nicht eine Stimme vom Himmel her sagt: „Dies ist mein geliebter Sohn."?
Dies Ja der unbedingten Liebe Gottes, dass in Jesus Hand und Fuß, Fleisch und Blut angenommen hat, wird uns in den Sakramenten leibhaftig und wirksam zugesagt. In immer wieder neuen Worten erklingt dieses Ja in den bereits

genannten Lebensintensivstationen zwischen Hoffen und Bangen, zwischen Ja und Nein, etwa am Anfang in der Taufe „Du bist mein geliebtes Kind“, in der Firmung „Sei ein Original. Gott verbürgt sich für dich“, bei der Hochzeit „Traut Euch (im Dopppelsinn des Wortes). Ich bin bei euch!“. So kann man das Ja für jedes Sakrament in der jeweiligen Lebensphase ausbuchstabieren – oder jetzt für unseren Alltag im Zeichen der alltäglichen Kost von Brot heißt es: „Fürchtet euch nicht. Ich bin bei euch alle Tage.“
„Jetzt Ja sagen!“ Gottes Ja geht unserem Ja voraus, seine Gabe unserer Aufgabe, sein Zuspruch unserem Anspruch. Die Frohbotschaft geht aller Moral voraus, denn der Indikativ der Liebe Gottes ermöglicht erst den Imperativ unseres Liebesdienstes.
Das ist ganz entscheidend! Nur in dem Maße, in dem wir uns selbst bejaht erfahren, können wir auch zum Nächsten, zu Gott und zu uns selbst Ja sagen. Inwiefern wir uns selbst geliebt erleben, können und sollen wir auch Liebe weitergeben. Dann geht es nicht mehr um lästige Liebesgebote, sondern dann ist all unser Tun nur Antwort auf das Wort der göttlichen Liebe.

Fastenzeit ist die Einladung, dieses geschenkte Ja liebend weiterzugeben an sich selbst und auch an den anderen: „Gott nimmt dich an und ist dir gut. - Gib weiter, was er Gutes tut.
An deinen Nächsten neben dir. - Dann wird aus Ich und Du ein Wir.“ Dieses Wir soll nicht nur beim „Nächsten neben mir“, nicht nur an der Pfarrgrenze oder in der eigenen Heimat, ja auch nicht in Europa aufhören, sondern umfasst alle Menschen als Gottes geliebte Kinder und als unsere Schwestern und Brüder. In diesem großzügigen Blick der Liebe ergeht an uns heute bei der Sammlung zum Familienfasttag die Bitte, aus einem guten Herzen heraus für die Not der Armen eine helfende Hand für die vielen zu haben, die nicht einmal das Notwendigste zum Leben haben. So kann es durch unsere geschwisterliche Hilfe auch ihnen möglich werden, an einen mütterlich – väterlichen Gott zu glauben. Wir mögen dabei erfahren: „Teilen macht stark“. Amen.

5. Fastensonntag

2 Kön 22,14-20 Frauenalternativleseplan, Joh 3,14-21 (30.3.2003)

Ich habe wiederum einmal die uns eher unbekannte Stelle aus dem Frauenalternativleseplan genommen, und zwar aus dem 2. Buch der Könige. Es ist nicht nur die Abwechslung, die mich dazu bewogen hat.
Zunächst einmal ist hier die Rede von der Prophetin Hulda, der die Priester des Königs ihr Problem vorlegen und die ihnen im Namen Gottes eine Antwort gibt.

Eine Frau also, von der es selbst im Neuen Testament einmal heißt, dass sie in der Kirche schweigen solle und dem Manne untergeordnet sei (zeitlich bedingte Stellen, bei denen sich die Männer oft bestätigt fühlen!), - eine Frau gibt im Namen Gottes eine richtungsweisende Antwort!
Sollte es uns nicht zu denken geben? Alle Getauften sind doch in das königliche, priesterliche, prophetische Volk aufgenommen. Alle, Frauen und Männer, sind, wie das Konzil sagt, gleich an Würde! Wohl ein Gesichtspunkt, bei dem Kirche und Gesellschaft der Absicht Gottes m.E. bis heute nachhinken und Handlungsbedarf wäre!
Ein weiterer Gesichtspunkt für die Wahl der Lesung ist die Tatsache, dass das darin Erzählte auch Vergleiche zulässt mit dem, wohin heute die ganze Weltöffentlichkeit hinschaut, nämlich auf das Zwischenstromland Euphrat und Tigris, auf Babel, wohin der Irrweg Israels, vor dem die Prophetin Hulda warnt, 40 Jahre später schließlich führte, nämlich das babylonische Exil. Babel liegt genau in der Gegend von Bagdad, wo zurzeit der schreckliche Irak-Krieg tobt.
Schließlich meine ich, dass die Situation über die damalige Zeit und über den konkreten Ort hinaus für uns hier und heute viel zu sagen hat.
Worum geht es in der Lesung? Das Ganze spielt sich etwa um 630 v. Chr. ab. Unter der Herrschaft des Königs Joschija hat das Volk Israel durch die Einflüsse anderer Kulturen immer mehr den Glauben an den EINEN Gott aufgegeben und neben Jahwe andere Götter verehrt. Menschliches ist an die Stelle Gottes getreten. So wie wir unser löchriges Kirchendach mit Hilfe von Förderungen und Spendengeldern erneuern wollen, wollte der König damals den baufälligen Tempel in Jerusalem durch Spenden des Volkes renovieren. Bei diesen Arbeiten finden die Bauleute im Tempel eine verloren gegangene Tora-Rolle, wir würden sagen, einen Teil der Bibel.
In dieser Rolle wird dem Volk Israel die Zerstörung des Reiches angedroht, wenn es sich vom Glauben an den alleinigen Gott Jahwe abwendet. Der König Joschija erkennt darin das erste Gebot: „Willst du den Weg des Lebens gehen, sollst Du an einen Gott glauben; sonst führt dich dein Irrweg in den Tod!“ Alttestamentlich formuliert heißt dies: Wenn das Volk von diesem Weg abweicht, so entbrennt Gottes Zorn gegen das Volk (da es ja kein von Gott unabhängiges absolutes Prinzip des Bösen gibt wie in vielen Nachbarvölkern).
Durch das in der Tora-Rolle aufgeschriebene Wort Gottes wurde des Königs Herz erweicht und als Zeichen der inneren Betroffenheit und der Umkehr zerreißt er seine Kleider. Und er schickt seine höchsten Beamten zur Prophetin Hulda, eine offenbar für den Willen Gottes ganz durchlässige Frau. In dieser entscheidenden Stunde, in der es um Gedeih und Verderb geht, bezeugt Hulda dem König, dass er wegen seines Glaubens nicht gerichtet und verurteilt wird,

sondern Heil und Frieden findet. Wer nicht umkehrt, den ereilt das Unheil – nämlich 40 Jahre später in der Verschleppung ins Babylonische Exil.
Es ist also der Glaube an den einen, Leben spendenden Gott, der dem Menschen Sinn und Zukunft gibt. Es genügt nicht, äußere Bauten zu renovieren oder Strukturen zu ändern. Der Mensch muss von den falschen Göttern umkehren und sich ändern. Dieser Aufruf zur Glaubenserneuerung ist die zeitlos gültige Botschaft der Prophetin Hulda.
Es genügt nicht, den Namen Gottes im Munde zu führen und zugleich Krieg zu führen, wie jetzt in Bagdad. Alle, die Gott für sich beanspruchen, müssen in sich gehen, ob sie nicht selbst und ihre macht- oder finanzpolitischen Interessen, also andere Götter, damit meinen.
Wir Christen des Westens müssen dabei zuerst vor der eigenen Türe kehren. In diesem Sinne möchte ich ein paar Zeilen aus dem offenen Brief des katholischen Bischofs von Melbourne Beach in Florida an Präsident Bush zitieren; bevor dieser Mann Priester und Bischof wurde, war er selbst 101 Kampfeinsätze in Vietnam geflogen. Er schreibt u.a.:
„Wir werden nicht gehasst, weil wir Demokratie, Freiheit und Menschenrechte praktizieren! Wir werden gehasst, weil unsere Regierungen diese Werte den Völkern der Dritten Welt verweigert, deren Bodenschätze bei unseren multinationalen Konzernen begehrt sind... Wir müssen unsere Gewohnheiten ändern... Anstatt unsere Söhne und Töchter in die ganze Welt zu schicken, damit sie Araber töten, um uns das Erdöl anzueignen, das unter ihrem Sand verborgen liegt, sollten wir sie hinausschicken, damit sie dort die Infrastruktur aufbauen, sie mit sauberem Wasser versorgen und ihren Kindern, die an Hunger sterben, Nahrungsmittel zu bringen. Anstatt Aufstände, unstabile Verhältnisse, Mord und Terror rund um die Welt zu fordern, sollten wir die CIA abschaffen und das Geld, das sie braucht, Hilfsorganisationen geben! Kurz gesagt: Anstatt böse zu sein, sollten wir gut sein, und wenn wir es wären, wer hätte noch Interesse daran, uns aufzuhalten? Wer hätte Grund, uns zu hassen? Wer hätte ein Motiv, uns Bomben zu schicken?“

Hat die Aufforderung der Prophetin Hulda zum Hinhören auf das Wort Gottes in der wieder gefundenen Schriftrolle auch uns etwas zu sagen? Ginge es überhaupt zuerst nicht wiederum darum, dass auch wir wieder die oft vergessene und verstaubte Bibel neu unter den Trümmern unseres Wissensberges und unserer Konsumhalde entdecken und wie der König Joschija unser Herz davon erweichen lassen?
Das Jahr der Bibel ist dazu eine ausdrückliche Einladung. Auch die Pfarre lädt dazu durch verschiedene Veranstaltungen ein. Das Echo ist, ehrlich gesagt, eher bescheiden!

Es scheint mir, dass Gottes Wort als Vermittlung des Willens Gottes und als Weg zum Leben auch heute größte Aktualität hat. Auch wenn wir nicht Gefahr laufen, in ein äußeres Exil zu kommen oder in das Kriegsgeschehen verwickelt zu werden, gibt es nicht gerade in unserer Zeit viel Orientierungs- und Haltlosigkeit?! Viele Dinge versprechen uns Sinn und Erfüllung für unser Leben – und doch erleben wir, dass wir innerlich immer ärmer und hungriger werden nach dem, was unsere Sehnsucht nach erfülltem Leben wirklich stillt. Sollten wir nicht alle wieder die Bibel ausgraben, wieder mehr hinhören auf das Wort Gottes und so für dessen Willen durchlässiger werden? Denn sind wir nicht alle in Gefahr einem falschen Gott nachzulaufen, der uns wie Krieg und Exil innerlich ausbeutet und letztlich frustriert zurücklässt?
Wilhelm Will's nennt diesen Götzen „Quantitativer Irrtum" und er zeigt in einem provozierenden Text dessen katastrophale Folgen auf:
So reich waren wir nie wie heute,
so habgierig aber waren wir auch nie wie heute.
So viele Kleider hatten wir nie wie heute,
so ausgezogen, so nackt aber waren wir nie wie heute.
So satt waren wir nie wie heute,
so unersättlich aber waren wir auch nie wie heute.
So schöne Häuser hatten wir nie wie heute,
so unbehaust aber waren wir nie wie heute.
So versichert waren wir nie wie heute,
so unsicher aber waren wir nie wie heute.
So viel Zeit hatten wir nie wie heute,
so gelangweilt waren wir nie wie heute.
So viel wissend waren wir nie wie heute,
so sehr die Übersicht verloren haben wir nie wie heute.
So viel gesehen haben wir nie wie heute,
so blind aber waren wir nie wie heute.
So viel Licht hatten wir nie wie heute,
so dunkel aber war es nie wie heute.
So risikolos haben wir nie gelebt wie heute,
so isoliert aber waren wir nie wie heute.
So eng aufeinander haben die Menschen nie gelebt wie heute,
so weit weg voneinander aber waren wir nie wie heute.
So hoch entwickelt warten wir nie wie heute,
so sehr am Ende aber waren wir nie wie heute. (W. Willms, der geerdete Himmel)

Die Fastenzeit ist eine herzliche Einladung von diesem Irrweg des „Quantitativen Irrtums" umzukehren zum Glauben an den einen Gott, zum Glauben, der in der Liebe, in der Caritas, immer wieder tätig wird und das Schicksal er Menschen zum Guten hinwendet. Wir haben ja die Frohbotschaft des heutigen Sonntags gehört: „Gott hat die Welt so sehr geliebt, dass er seinen einzigen Sohn hingab, damit jeder, der an ihn glaubt, nicht zugrunde geht, sondern das ewige Leben hat." (Jo 3,7) Amen.

5.Fastensonntag

Hebr 5,7-9; Joh 12,20-33 (29.3.2009)

Ich gestehe, fast zögere ich, nach den heutigen biblischen Lesungen „Evangelium", also „Frohbotschaft" zu sagen. Sollen Schreien und Tränen, Angst, Erschütterung der Seele und Sterben etwas mit Frohbotschaft und Erlösung zu tun haben?! Die messianischen Hoffnungen liegen doch vielmehr, wie wir es in unserer Zeit wieder erfahren, bei einem charismatischen Politiker wie Barack Obama und seiner Weltsicht, bei denen, die in der momentanen globalen Finanz- und Wirtschaftskrise einen Ausweg weisen, bei einem genialen Physiker wie Stephen Hawking mit seiner Suche nach einer Weltenformel, bei den Gentechnikern, die uns mit der Freigabe der embryonalen Stammzellen und deren Erforschung ein Heilmittel für alle Krankheiten versprechen und bei anderen Heilsbringern..

Kamen vor 2000 Jahren aus Griechenland noch Menschen nach Jerusalem, um Jesus als möglichen Messias zu sehen, so sind es heute immer weniger Menschen, die Jesus und schon gar nicht seine Kirche als Heilswege sehen wollen, denn die Christen sind auch nicht besser. Immer mehr suchen das Heil im Wellness- oder Esoterikbereich, in der EGO-AG oder in sektiererischen Ghettos. – Oder aber sie sehen gar kein Heil mehr und scheinen an der Weltenlage oder dem persönlichen Schicksal zu verzweifeln.

Mögen die Hoffnungen, die Politiker, Wirtschaftsmanager und Wissenschaftler hegen, zum Wohle der Menschen in Erfüllung gehen. Aber es bleibt die Frage: Können sie die Welt wirklich erlösen oder ist die Enttäuschung letztlich vorprogrammiert? Vermögen sie uns die Ängste zu nehmen, vor allem jene Angst, die letztlich hinter allen anderen Ängsten steht, die Todesangst, die Angst, einmal nicht mehr zu sein und ins Nichts zu versinken?

Was ist nämlich mit all denen, die keinen Sinn mehr im Leben sehen, sei es aus eigener Schuld oder wegen eines Schicksalsschlages? Was ist mit all jenen, denen nicht nur zum Weinen zumute ist, sondern die „mit lauter Schreien und unter Tränen" ihre Not hinausrufen: Ist da jemand – für all jene, die um ihres

Glaubens, ihrer Rasse oder Hautfarbe oder geschlechtlichen Orientierung willen verfolgt oder gar in die Gaskammern der Welt getrieben wurden und werden?
Ich denke dabei an das weltberühmte Bild „Der Schrei“ von Edward Munch. Der Mund weit aufgerissen zu einem Schrei, die Hände halten die Ohren zu. Es ist ein Mensch dargestellt, dessen Gesicht Ausdruck eines einzigen Entsetzens ist. „Ist da jemand? Hört mich jemand?“ Es ist das Bild für die Situation vieler Menschen in unserer Gesellschaft. Der Schrei geht ins Leere; es gibt scheinbar niemanden, der den verzweifelten Schrei vernimmt und darauf reagiert.
Es gibt viele, die Gottseidank an der Hand eines Menschen sterben dürfen, viele sterben jedoch isoliert und einsam. Alle freilich müssen wir auch die liebste mitmenschliche Hand an der Schwelle des Todes loslassen.
„Den Schrei“ der Menschheit, unser aller Schrei, wie ihn Edward Munch darstellt, finde ich wieder heute in der Lesung aus dem Hebräerbrief, eine Stelle, die mich schon immer tief berührt hat: „Als Christus auf Erden lebte, hat er mit lautem Schreien und unter Tränen Gebete und Bitten vor den gebracht, der ihn aus dem Tod retten konnte“. - Ein anstößiges Jesus-Bild, alles andere als sanft und lieblich; alles andere als ein möglicher Erlöser und abgeklärter Übermensch, der dem Leben gewachsen ist! Wir tun uns schwer, Jesus so hilflos, schwach und verzweifelt zu sehen.
Das ist auch der Grund dafür, dass Jesus vor seiner Auferstehung immer wieder denen sagt, die seine heilenden Zeichen erleben, nichts weiterzusagen, das so genannte „Messiasgeheimnis“, damit nicht unter der römischen Besatzung und den sozialen Streitigkeiten die Erwartung eines triumphalistischen politischen oder sozialen Messias Nährboden findet. Erst von seinem Leiden und seiner Auferstehung her kann recht verstanden werden, wie er Messias ist, nämlich als ein mitleidender Bruder, der in seiner Solidarität bis ins Äußerste geht, nicht des sportlichen Einsatzes, nicht der wirtschaftlichen Maxime oder des bloßen Wagemutes, sondern in der Solidarität und Liebe zu den Menschen, zumal zu denen, die „mit lautem Schreien und unter Tränen“ leben oder vor lauter Schmerzen schon mundtot sind.
Jesus ist ganz und gar Mensch und geht mit uns, ja selbst mit den Schächern der Geschichte, bis zum Tod am Kreuz und bis zum Nullpunkt menschlicher Existenz.
Wenn es dann in der Lesung heißt „Obwohl er der Sohn war, hat er durch Leiden den Gehorsam gelernt“, so ist damit fürwahr kein Kadavergehorsam gemeint, der im Dritten Reich als Entschuldigung für die schlimmsten Verbrechen herhalten musste. Jesu Gehorsam ist vielmehr eine Hörbereitschaft, die mit einem letzten Vertrauen einhergeht. Jesus war in einer Situation, wie wir sie selbst oft erleben: der Blick nach drüber ist versperrt, kein Lichtblick, kein

Hoffnungsschimmer, nichts! Auch in dieser Gottesferne bleibt er hörbereit für Gott und verlässt sich auf ihn, wo er sich auf nichts mehr verlassen kann.
Die Frohbotschaft, die uns heute gesagt wird – nicht für die Spaziergänge des Lebens, sondern für die Kreuzwegstationen, für unser Schreien und Weinen, für die Stunde des Todes heißt: Gott ist nicht stumm. Die Stimme Gottes wird uns wohl oft weniger bestätigen als korrigieren, vielleicht tut sie sogar manchmal weh. Doch unter diesem Wort werden wir letztlich, wie die Lesung sagt, „erhört und aus unserer Angst befreit". Gottes Wort setzt unser Leben auf ein anderes Gleis, das durch den Tod hindurch ins ewige Leben führt.
Jesus ließ sich fallen – im Bilde des Evangeliums – wie ein Weizenkorn in die Erde. So bringt er reiche Frucht und wird zum „Urheber des ewigen Heils". Die Stunde, von der Jesus im Evangelium spricht, hat deshalb zwei Seiten, die Erschütterung der Seele, aber auch die Antwort Gottes auf sein Vertrauen durch die Auferstehung in die Fülle des Lebens, d.h. es ist auch die Stunde der Verherrlichung Jesu und die Sternstunde der ganzen Menschheit. Es ist der Augenblick, da Gottes Gegenwart und Liebe in Jesu Leben sichtbar werden – für die, die zu glauben vermögen. Was für die einen das endgültige Finale ist, ist für die anderen der Triumph des Lebens über den Tod. In Jesus Christus macht Gott unser Leben zu seinem und sein Leben zu unserem!
Ich weiß, das ist keine Antwort auf all unsere Fragen, aber angesichts der verschiedensten Antworten auf Leiden und Tod und anbetracht der Frage, ob die Täter für immer über die Opfer triumphieren, setze ich mich lieber diesem Geheimnis der Liebe aus und lasse mich statt von anderen Vertröstungen von diesem Magnet der Liebe anziehen – im Vertrauen auf Jesu Wort: „Wenn ich von der Erde erhöht bin, werde ich alle zu mir ziehen".

Freilich sind auch wir eingeladen, immer mehr uns vom Gesetz des Weizenkorns wandeln zu lassen, also nicht dort zu bleiben, wo wir sind, nicht festzuhalten an dem, was wir haben, nicht uns an Dinge und Menschen zu klammern, sondern aus Liebe loszulassen. Das gilt fürwahr nicht erst in der Stunde des Todes, sondern hier und jetzt in unseren Familien und Nachbarschaften.
Das sollte auch das besonders Prägende unserer christlichen Pfarrgemeinschaft sein: es fängt dort an, dass wir in der Vorbereitung auf die Erstkommunion oder Firmung, aber auch in all unseren Gruppen und auch im Gottesdienst auf die Erfahrung von Nähe, Zuwendung und Vertrauen und auf die Vermittlung eines gewissen Heimatgefühls setzen. Es soll dort stattfinden, wo wir ein Ohr haben für die, die jetzt klagen und weinen und die jetzt nach jemand Ausschau halten, der sie hört und Antwort gibt.

Es gibt die direkten Gelegenheiten dazu im Sinne dessen, dass der wichtigste Mensch immer der ist, der gerade bei mir ist (wie Leo Tolstoi sagt). Es gibt aber auch die Einladung dazu etwa über die jetzt wieder beginnende Caritas-Haussammlung für die Menschen in Not in unserem Land.
Setzen wir uns jetzt in der Eucharistiefeier wieder der Anziehungskraft seiner Liebe aus, wenn wir das Gedächtnis seines Sterbens und seiner Auferstehung feiern! Amen

Gründonnerstag

Ex 12, 1-8.11-14; Joh 13,1-15 (9.04.2009)

In jeder Eucharistiefeier beten wir kurz vor der Kommunion dreimal: „Lamm Gottes, du nimmst hinweg die Sünden der Welt.“ Was ist mit diesen uns vertrauten und doch schwer zugänglichen Worten gemeint? Was bedeutet es, wenn wir vom Lamm Gottes oder vom Osterlamm sprechen? Da heuer das jüdische Pessachfest und das christliche Ostern zeitlich zusammenfallen, möchte ich dieser Frage nachgehen.
Auch wenn es bei uns Schafe gibt, so kennt der Orient die Lämmer bis heute noch viel eher als unser Kulturraum. Die Lesung aus dem Buch Exodus erschließt uns den religiösen Hintergrund. Es wird uns von der zentralen Heilstat Jahwes für sein Volk berichtet, von der Befreiung aus der Sklaverei Ägyptens.
Nachdem der Pharao trotz aller Plagen das Volk nicht ziehen lassen will, folgt die größte Plage: In der Nacht, bevor Mose das Volk Israel aus der Knechtschaft herausführte, sollte in jedem Haus der Ägypter der Erstgeborene, d.h. der Träger besonderer Lebenskraft, sterben. Gott als Herr über Leben und Tod stellt so die Nichtigkeit der ägyptischen Gottheiten bloß. Die Trauer über den Tod der Erstgeborenen wird die Ägypter hindern, die Israeliten auf ihrer Flucht aufzuhalten.
Die Israeliten hingegen sollten ein junges Lamm schlachten. Mit dem Blut der Tiere mussten sie ihre Türpfosten als Zeichen ihrer Erwählung bestreichen, damit der Todesengel vorbeigeht. Mit dem gebratenen Lammfleisch stärkten sie sich sodann für den langen Marsch durch die Wüste. - Im jüdischen Pessachmahl erinnert seither ein gebratenes Lamm daran, wie die Israeliten verschont blieben und in die Freiheit geführt wurden. Es war und blieb das Heilsereignis par excellence in der Geschichte des Judentums. In dieser Feier wird in der rituellen Nachahmung dieses Ereignisses die Befreiung im Pessachmahl gegenwärtig.

Wichtiger als das heurige zeitliche Zusammenfallen von jüdischem Pessach und christlichem Ostern ist deren inhaltlicher Zusammenhang. Das Auszugsgeschehen mit dem Pessachmahl bildet den religiösen Hintergrund und das Deutungsmuster für das letzte Abendmahl Jesu. Jesus nimmt diese alttestamentliche Erfahrung auf, legt freilich in dieses Blut und in das Mahl eine neue Bedeutung; er deutet darin seine eigne Lebenshingabe.
Wie die drei Evangelisten Markus, Matthäus und Lukas berichten, wird Jesus selbst zum Opferlamm; sein Blut wird zum Grund der Verschonung vor allen tödlichen Plagen und zum Siegel der Herausführung aus dem Land der Sünde und des Todes, also zum Siegel der Erlösung.
Jesus ist der einzige Gerechte, der – als Lamm Gottes - stirbt, damit alle anderen leben. Nicht weil Jesus den Tod sucht, geht er in den Tod, sondern weil er will, dass die andern leben. Er sieht die Leiden und Gebrechen der Menschen, nimmt sie an und macht sie sich selbst zueigen. Jesus will den Tod für immer beseitigen; es soll keine Opfer mehr geben. Jesus leidet nicht nur mit den Menschen, er erleidet selbst dass schlimmste Elend sogar für sie, an ihrer Stelle. Er will die Menschen verschonen, das Schlimmste soll ihnen nicht widerfahren, für sie hat er es bereits auf sich genommen. „Geheimnis des Glaubens: im Tod ist das Leben."

Wir sind das wandernde Volk Gottes, wie es auch in unserer Kirche als Wegkirche mit eindeutiger Ausrichtung zum Ausdruck kommt. Bei der Neugestaltung des Innenraumes haben wir bewusst den Ort des Altares, der ja Symbol für Christus ist, und den Communio-Raum mehr in die Mitte der Kirche gerückt, um auszudrücken: Wir sind eingeladen, auf unserem Weg Halt zu machen und uns in dem Mahl, in dem Jesus selbst das Lamm ist und dessen Blut uns Heil und Erlösung bringt, zu stärken für den langen Marsch des Lebens, nicht selten durch Wüstenstrecken. Durch seine Wunden werden wir geheilt. Wir bekennen dadurch: Gott ist in Jesus jetzt schon bei uns, nicht erst am Ziel. Jesus ist mit seiner Lebenskraft unter uns und stärkt uns: „Leib, für euch hingegeben", „Blut für euch vergossen".
Dieses Wort „für euch" steht über dem ganzen Leben Jesu. In der Vertrautheit und Geborgenheit des Mahles findet es seinen leibhaftigen, wir sagen, seinen sakramentalen Ausdruck, in seinem Sterben findet es seine Vollendung. Was immer das Leben an Widrigkeiten bringen mag, durch die Gemeinschaft im Mahl („Kommunion") wissen wir, zu wem wir gehören, und vertrauen darauf, dass uns nichts mehr, weder Leben noch Tod, trennen können von seiner Liebe.
Liebe Mitchristen, das hat alles nichts mit Beschaulichkeit oder gar einer Idylle zu tun. Dazu ist die Situation – einen Tag vor Jesu Sterben – viel zu ernst. Unsere Feier hier ist keine geistige Nabelbeschau oder eine innere

Segensandacht für das eigene Heil. Brot und Wein „für uns“ als Gabe ist zugleich Aufgabe füreinander und für die Welt zum Brot und Wein zu werden, also anderen Leben weiterzuschenken und zum aufrechten Gang zu stärken.
Der Evangelist Johannes bringt an Stelle des eucharistischen Einsetzungsberichtes die Fußwaschung, die in anderen Zeichen im Grunde dasselbe besagt. Jesus nimmt die für Sklaven vorgesehene Arbeit zum Gleichnis für seine Lebenshingabe.
Dieser Liebes- und Freundschaftsdienst ist zugleich mit einem hohen Anspruch verbunden: „Ich habe euch ein Beispiel gegeben, damit auch ihr so handelt, wie ich an euch gehandelt habe.“. Einander die Füße und nicht den Kopf zu waschen heißt nämlich, nicht herablassend auf andere zu sein, sondern in Freud und Leid, in Trauer und Angst mit den Mitmenschen solidarisch zu sein, Unrecht anzuprangern und für Gerechtigkeit einzutreten, um Versöhnung zu ringen und Frieden zu stiften.
Gottesdienst und Sorge um die Mitmenschen lassen sich also nicht auseinanderdividieren. So wie damals in Ägypten Gottes Tat nicht bloß in eine spirituell vergeistigte, sondern in eine wirkliche, auch politisch- wirtschaftliche Freiheit führte, ist auch heute Gottesdienst nicht bloß ein frommes innerlich beeindruckendes Getue, also kein weltabgewandtes Tun, sondern führt immer wieder zur Sorge um Arme und Bedrängte, sei es in konkreter Einzelhilfe, aber vor allem auch im politisch gesellschaftlichen Tun.
Es ist deshalb kein Dreinmischen in fremde Angelegenheiten, wenn Christen sich gegen jegliche Ausbeutung wehren oder gegen eine Wirtschaft protestieren, die rein egoistisch handelt. Auch in der jetzigen Wirtschafts- und Finanzkrise besteht die Gefahr, dass wieder die Ärmsten zum Handkuss kommen.
Wenn wir also jetzt die Fußwaschung feiern und dadurch in das Mysterium Jesu eintauchen, erwächst daraus unser aller Auftrag, uns für gerechtere Strukturen einzusetzen, damit Menschlichkeit und Gerechtigkeit zu ihrem Recht kommen. Denn je mystischer, desto politischer ist christliches Handeln. Amen.

Karfreitag

Jes 52,13-53,12; Hebr 4,14-16;5,7-9; Joh 18,1-19,42 (10.4.2009)

„Leid – wie kann Gott Liebe sein?“
Das war die Frage am dritten Glaubensabend. So sehr uns die Ausführungen des Referenten bewegt t haben, kann letztlich keiner dem anderen das Erleben und auch das Erleiden unseres menschlichen Daseins abnehmen. Beim Erleben tun wir uns noch relativ leicht, aber wie ist es mit dem Erleiden? Man spricht nicht

von der Erleidensgesellschaft, sondern von der Erlebnisgesellschaft, die vor dem Leiden die Augen verschließt, - von der Spaßgesellschaft, in der alles eitel Wonne ist und in der es um Fun & Risk geht, - von der Leistungsgesellschaft, in der die Tüchtigen vorne stehen und in der die Welt auf die strahlenden Sieger auf der Spitze der Pyramide aus Macht, Reichtum und Prestige blickt.
In den Augen einer solchen Welt hat ein blutüberströmter Gekreuzigter keine Chance. Wo jung, fit und schön als Ideale gelten, haben Kreuz und Leiden keinen Platz! Aber das war wohl immer schon ein „schwerer Brocken", denn schon Paulus schreibt, dass das Kreuz den Juden ein Ärgernis, den Heiden eine Torheit ist.
Um dem Karfreitag gerecht zu werden, dürfen wir zunächst einmal das Leid und den Tod nicht verdrängen, sondern wir müssen uns der Wirklichkeit des Leidens stellen, ohne es zu beschönigen:
- dem Leiden, das der Tod des zehnjährigen Mädchens bedeutet, das am Dienstag auf der Höss tödlich verunglückt ist (ich war am Vortag auf derselben Piste), und dem durch verschiedenste Unglücksfälle verursachten Leiden,
- dem Leid der Familie, die sich gestern zu bald von ihrer Mutter verabschieden musste, und den Tränen aller Trauerfamilien aus unserer Pfarre und überall auf der Welt,
- der Verzweiflung der Erdbebenopfer in den Abruzzen angesichts des Todes vieler und des Verlustes von Hab und Gut und dem Leid der von Naturkatastrophen erschütterten Existenzen,
- dem Schmerz aller an schweren Krankheiten Leidenden, der Ohnmacht aller Sterbenden,
- dem durch Scheitern von Beziehungen verursachten Leid, aber auch der durch Arbeitslosigkeit bedingten Sinnlosigkeit,
- dem Leid der vergewaltigten Frauen, der von Granaten zerfetzten Männer, der von Angst gequälten Kinder in den Krisengebieten der Erde,
- der barbarischen Unmenschlichkeit des Holocaust, die mich sprachlos und beschämt durch das Mahnmal Jad Vashem in Jerusalem und durch das KZ in Mauthausen gehen lässt.
Ich habe diese entsetzliche Seite der Wirklichkeit in der Predigt am Passionssonntag zusammengefasst im Bild „Der Schrei" von Edward Munch. Karfreitag feiern heißt zunächst, all diese Leiden wahr- und ernst nehmen. Wer sich am Karfreitag und Karsamstag vorbeischwindelt, feiert vielleicht am Sonntag seine Wunschträume, die sich in Luft auflösen werden, aber sicherlich nicht Ostern.
Eigentlich müssten wir alle aus Respekt vor dem Leid, zumal derer, die es mundtot gemacht hat, lange schweigen, um nicht die eigene Verlegenheit und

Hilflosigkeit mit Worten zuzudecken. Vor allem gilt es vorschnelle fromme vertröstende Worte zu meiden.
Karfreitag feiern heißt alles menschliche Leid sehen, aber auch mit Paulus sagen: „Wir verkündigen Christus als Gekreuzigten". Wir verkündigen den, der unseren Schrei zu dem seinen gemacht hat, unsere Frage nach dem Warum zu der seinen: „Mein Gott, mein Gott, warum hast du mich verlassen, bist fern meinem Schreien, den Worten meiner Klage?" (Ps 22) - Nach allen Enttäuschungen, Verleumdungen, nach Verrat, Angst und Folter ist selbst Jesus sein Gott fragwürdig geworden. Er versteht nicht nur die Welt, sondern auch Gott nicht mehr!
In keiner anderen Situation ist Jesus unseren menschlichen Leiderfahrungen so nahe wie in dieser. Er stirbt nicht abgeklärt wie ein weiser Buddha, nicht selbstsicher wie der Philosoph Sokrates, nicht im Hass gegen die Umgebung wie ein Selbstmordattentäter, sondern wie ein zutiefst Leidender, der die Bitte hinausschreit: „Lass diesen Kelch an mir vorübergehen!"
Alle Erklärung des Leides, etwa gar als Strafe Gottes, als Mittel zur Reifung, als Sühne oder Läuterung, würde Gott zum Zyniker und die Opfer zu Schuldigen degradieren.
Leiden ruft nicht nach Erklärung, sondern nach Mitleiden! Das ist die Wahrheit des Karfreitags. Gott selbst lässt sich treffen von diesem Ruf nach dem Mitleiden. Er selbst teilt dieses Leid. Im Kreuz und in seinem Tod ist er der Mitleidende geworden:
bei den durch Scheitern von Beziehungen verursachten Tränen und Scherben,
- am Krankenbett und im Tode,
- im Katastrophenfall in L´Aquila, aber auch in Auschwitz und Mauthausen
- und überall dort , wo heute Menschen gequält, getötet, ausgebeutet, unterdrückt und an den Rand gedrückt werden.
Gott ist durch Jesus auch bei mir in Trauer, Enttäuschung und Verzweiflung und selbst in der Stunde des Todes.
Der leidende Mensch ist das Maß Gottes und das seiner Menschwerdung. Pontius Pilatus ist sich nicht bewusst, dass er anbetracht des leidenden Jesus vor dem Pöbel eine tiefe Glaubenswahrheit ausspricht: „Ecce homo!" "Seht welch ein Mensch!"

Dieser menschgewordene Gott ist die Antwort Gottes, nach dem sich Jean Paul Sartre – wohl stellvertretend für alle Menschen – sehnt, wenn er sagt: „Wenn Gott für mich ein Mensch würde, dann würde ich ihn lieben – ihn ganz allein. Dann wären Bande zwischen ihm und mir, und für das Denken reichten alle Wege meines Herzens nicht. Ein Gott, der Mensch würde, gebildet aus unserem liebenswert elenden Fleisch – ein Gott, der erfahren wollte, wie der

Salzgeschmack auf unserer Zunge schmeckt, wenn alles uns verlassen hat, ein Gott, der das Leid auf sich nähme, das ich heute leide. Wenn Gott für mich Mensch würde, dann würde ich ihn lieben.“
So ist Gott Mensch geworden. Schenken wir ihm die Antwort unserer Liebe, wenn wir nun das Kreuz verehren. Amen.

Osternacht

Röm 6,3-11; Mk 16,1-7 (15.4.2006)

„Wer könnte uns den Stein vom Eingang des Grabes wegwälzen?“ Das ist nicht nur die Frage der Frauen am Weg zum Grabe Jesu, sondern das ist unser aller Frage. Das ist die Menschheitsfrage schlechthin.
Dabei geht es nicht um die Steine auf dem Lebensweg jedes Menschen, die es braucht, um auch mit Herausforderungen fertig zu werden, also die Steine, die unseren Widerstand verlangen und uns reif fürs Leben werden lassen. Diese sind nötig, und es ist nicht gut, wenn einem alles nur in den Schoß fällt. Es geht vielmehr um die Steine, die uns lähmen, unbeweglich machen und ans Krankenbett fesseln, also um die Steine, die niederdrücken und schließlich im Tode erdrücken. Niemand kann dem Gesetz von Anfang und Ende, von Werden und Vergehen, von Geburt und Tod und damit dem Stein des Grabes entgehen! Die biologische Vergänglichkeit des Lebens ist uns trotz aller medizinischen Fortschritte bleibend in unser irdisches Dasein eingeschrieben.
Da gibt es dann zusätzlich die noch schlimmeren Steine, die wir aufheben und mit denen wir einander beschuldigen und uns bewerfen, ja einander steinigen – Steine, die schuldbeladen durch die blutige Geschichte der Menschheit rollen und immer wieder das kostbare Leben anderer bedrohen, gefährden und töten, Steine, die den Kreislauf tödlicher Gewalt besiegeln.
Es geht also angesichts dieses Steines am Eingang des Grabes um Sein oder Nichtsein!
Es gibt Erlebnisse, bei denen uns ein Stein vom Herzen fällt und uns leichter wird, aber der Stein des Grabes bleibt als ständiges Damoklesschwert über unserem Haupt.
Anbetracht des Leids in der Welt und im persönlichen Leben und erst recht der nicht enden-wollenden tödlichen Gewalt sind viele Menschen zu dem Schluss gekommen, dass der Mensch mit diesem Stein nie fertig wird, dass also das Leben zwar ein ständiger Kampf gegen diesen biologischen oder auch gewaltsamen Todesstein ist, aber ein aussichtsloser und sinnloser Kampf, denn der Tod siegt immer wieder.

Im antiken Mythos von Sisyphus findet dies einen bildlichen Ausdruck: Zeitlebens versucht Sisyphus vergeblich den Stein auf einen Berg zu wälzen, aber er rollt immer wieder zurück; es ist also ein hoffnungsloses Unternehmen. Es stimmt: Wir können den Stein vom Eingang des Grabes nicht wegwälzen.

Die österliche Frohbotschaft will uns den Blick darauf eröffnen, dass dieser von uns unbewegliche große Stein dennoch weggewälzt ist: „Der Stein ist weg, das Grab ist leer", haben wir gesungen. Was ist geschehen, dass das Leben keine sinnlose Sisyphusarbeit mehr ist, dass weder der Stein des biologischen Todes noch der Kreislauf tödlicher Gewalt letztlich siegen? „Tod, wo ist dein Sieg? Tod, wo ist dein Stachel?" (1 Kor 15,55f)

Der Grund unserer Hoffnung ist kein Prinzip, kein noch nicht erfundener technischer Mausklick, keine ins Jenseits projizierte Sehnsucht. Der Grund ist Gott selbst, „der uns den Sieg geschenkt hat durch Jesus Christus unsern Herrn" (1 Kor 15,57).

Jesus hat sich der Vergänglichkeit allen Lebens, aber auch dem Kreislauf der tödlichen Gewalt unterworfen. Die Steine dieser Welt haben ihm sein Herzblut gekostet und ihn getötet, aber sie haben sich an ihm auch zu Tode gelaufen, weil er nach einer anderen Dynamik lebte, nicht in der eigenen Selbstvorsorge, sondern im Vertrauen der Bergpredigt. Er lebte die Logik von Liebe und Hingabe bis zum äußersten, von Solidarität mit allen, auch mit dem letzten Nobody und Underdog. Und er hat den Menschen gesagt: „Wer ohne Schuld ist, der werfe den ersten Stein." Kein Mensch dürfte je wieder einen Stein auf jemand werfen!

Ostern ist nicht der Blick weg von dem Tod und dem Grabesstein, nicht die Betäubung im Schmerz oder das Zudecken des Leidens. Ostern kann man nicht feiern am Karfreitag vorbei. Es ist das Fest der Auferstehung des Herrn aus dem Tode. Zu Ostern feiern wir, dass Jesus mit seinen Worten und Taten Recht hatte, dass er bleibend unter uns gegenwärtig ist und dass wir alle mit ihm auferstehen werden, weil die Liebe das einzig und immer Bleibende ist.

Seit diesem Tode darf der Mensch, zumal der von anderen Gesteinigte wie der Diakon Stefanus und alle später Verfolgten und gewaltsam Getöteten, den Himmel über sich offen sehen und teilhaben an der Herrlichkeit der Auferstehung.

Dieser offene Himmel und die ewige Gotteskindschaft sind uns allen in der Taufe zugesagt, in der unser alte Mensch, der Sisyphus unseres Daseins begraben und der neue Mensch mit Christus auferweckt worden ist. Die Taufe ist das durch Ostern mögliche positive Vorzeichen für unser ganzes Leben. Auch wenn wir um den Stein des Grabes nicht umhinkönnen, haben wir neues unerschütterliches Urvertrauen, da uns nichts, weder Leben noch Tod, von Gottes Liebe in Jesus Christus zu trennen vermag.

Der Osterglaube hat freilich nicht nur an den Grenzen des Lebens seine Bedeutung, sondern auch mitten im Alltag, auch hier und jetzt. Mein Leben bekommt so eine neue Perspektive, eine neue Weite. Kraft der Hoffnung, dass der schwerste Stein weg ist, lasse ich mich nicht erdrücken von den Steinen des Alltags, muss ich nicht resignieren, wenn mir manches wie sinnlose Sisyphusarbeit vorkommt und brauche nicht Gleiches mit Gleichem zu vergelten, also die Steine, die auf mich geworfen werden, zurückwerfen.
Österliche Hoffnung macht mir Mut zum aufrechten Gang, lässt mich Auferstehung im Alltag einüben und dort Widerstand leisten, wo andere mit Worten oder Taten gesteinigt werden. Ostern ist die Einladung und Ermächtigung, auch anderen zu helfen, dass sie hier und jetzt gegen unterdrückende Steine, Menschen und Strukturen, Widerstand leisten und den aufrechten Gang probieren. Ostern ist die Ermutigung, „auf-zu-stehen“ gegen die großen Sünden, die die Natur und die Menschen bedrohen. So treten wir in die Fußstapfen des Auferstandenen, denn er starb ja nicht an irgendeiner Krankheit, sondern an den Folgen seines aufrechten Ganges.
Wir leben in einer Zeit, in der es von „Vital“, „Bio“, „Life“, „Vida“ nur so wimmelt, denn ums Leben ist wirklich ein „G`riss“. Wir österliche Menschen sind nicht bloß Jenseitsspezialisten, die das Diesseits-Leben den Bio- und Wellness-Spezialisten überlassen sollten. Wir sind überzeugt, dass es ein Leben vor dem Tode gibt und dass diesem Leben hier und jetzt durch die Auferstehung Jesu neue Spielräume aufgetan sind, die uns frei spielen lassen von vielen Zwängen dieses „Lebens als letzte Gelegenheit“ (Marianne Gronemeyer). Die Osterbotschaft kann es mit all dem, was als zeitgemäßere Konkurrenz zum Thema „Leben“ auf dem Markt ist, aufnehmen.
Nehmen wir die österliche Einladung an, uns hier und jetzt auf das von Jesus verheißene Leben einzulassen – es ist ein Weg, der nicht Steinchen aus dem Wege räumt, sondern den uns ständig belastenden Stein des Grabes. Es ist ein Weg, der uns von sinnloser Sisyphusarbeit erlöst und mit gleichsam göttlichem Leichtsinn der Bergpredigt unseren Lebensweg gehen lässt, ein Weg, der auf das Ganze gesehen sicherlich ein guter und heilsamer Weg ist. Diese Erfahrung wünsche ich Ihnen zu diesem Osterfest von Herzen. Amen.

Ostersonntag

Apg 10,34a.37-43; Joh 20,1-18 (12.4.2009)

Wahrscheinlich ist es keinem entgangen, welches Aufatmen durch die Menschen und die Medien ging, als vor einigen Tagen der neue amerikanische Präsident Barack Obama von seiner Vision eines atomwaffenfreien Planeten Erde sprach. Offenbar leiden die Menschen nicht nur an einem Kalten Krieg und erst recht an einem „Heißen Krieg", sondern allein schon an der beständigen Bedrohung durch diese ganze Städte und Regionen auslöschenden Waffen. Verbrannte Erde bisher unerreichten Ausmaßes ist durch einen falschen Knopfdruck nicht nur theoretische Möglichkeit, sondern schreckliche Wirklichkeit. So wie viele Kinder und Familien in Palästina durch die ständige Bedrohung ihrer Lebensrechte und die aussichtslose Zukunft traumatisiert sind, so hängen die Atomwaffen wie ein Damoklesschwert über den Häuptern der Menschheit und lähmen viele Friedensbemühungen.

43 Jahre nach dessen gewaltsamen Tod wurde der Traum Martin Luthers Wirklichkeit, indem ein Schwarzer Präsident der USA wurde. So wünschen wir wohl alle von Herzen, dass auch die Vision Barack Obamas Wirklichkeit werde. Es wäre das fürwahr ein Weg in eine bisher nie geahnte Freiheit und Hoffnung! Der Präsident fügte freilich zu Recht gleich hinzu, er sei nicht naiv, denn er wisse um die damit scheinbar unüberwindbaren Hürden. Das heißt, er ist Realist genug zu erkennen, dass es ein steiniger und langer Weg sein würde und dass den Worten Taten folgen müssten. Auch wenn es ein geflügeltes Wort geworden ist „Yes, we can" und Barack Obama viel Optimismus ausstrahlt, er ist kein Schwärmer und kein Wunderwuzzi, der alles recht machen könne. Für mich ist das auch die nüchterne Einsicht in die Grenzen der Machbarkeit von Seiten eines Menschen oder des Menschen überhaupt. Kein Mensch kann die auf ihn projizierten messianischen Hoffnungen erfüllen! Zugleich sehe ich in dem Aufatmen, das in der besagten Vision viele Menschen erfasst hat, dass die Hoffnung auf einen Messias immer noch da ist!

Gehören wir Christinnen und Christen aber nicht zu den Phantasten und Schwärmern, die an einen schon gekommenen Messias glauben, an einen, der alles schon grundsätzlich gut gemacht hat und alles Negative, Belastende, Lebensvermindernde, Einengende, Sterbliche besiegt und selbst dem Tod seinen Stachel genommen hat? Wir haben ja Petrus in der Lesung verkünden gehört: „Gott aber hat ihn am dritten Tag auferweckt. ... Das ist der von Gott eingesetzte Richter der Lebenden und der Toten". Auch im Evangelium werden Petrus und Johannes und vor allem Maria von Magdala zu Zeugen des Auferstandenen.

Werden sie alle die Traumatisierung, die der Tod Jesu ausgelöst hatte, nur los, indem sie sich ausmalen, dass kann doch nicht alles gewesen sein?! Die Psyche des Menschen macht ja manchmal seltsame Purzelbäume und blendet nicht ungern unliebsame Wirklichkeiten aus. Ist also der Wunsch der Vater des Gedanken?

Wenn nämlich wirklich der Tod besiegt ist und noch dazu in diesem Tode auch denen, die getötet haben, Verzeihung geschenkt wird, weil sie nicht wissen, was sie tun, dann steht die Welt auf dem Kopf, anders gesagt, dann ist die Welt wirklich in der Wurzel geheilt und uns neues Urvertrauen geschenkt, das selbst angesichts des Todes nicht untergeht. Solche Hoffnung stirbt tatsächlich nicht nur als letzte, sondern nie, denn „Wer Ostern kennt, kann nicht verzweifeln" (Dietrich Bonhoeffer).

Die Zeugen der Auferstehung werden auch so wie der amerikanische Präsident glaubwürdig sagen, dass sie nicht naiv und einfältig seien. Die Zeugnisse sprechen davon eine deutliche Sprache. In den verschiedensten Auferstehungsgeschichten wird gesagt, dass die Betroffenen zunächst erschrocken und entsetzt waren und dass die Frauen in einem Anfall von Panik geflohen sind (heute Nacht war in der Predigt davon die Rede). Die Freunde Jesu meinten zu irren, einige glaubten, jemand hätte den Leichnam Jesu gestohlen. Maria von Magdala meinte, den Gärtner zu sehen, Thomas und auch andere zweifelten lange und der Hitzkopf Petrus war wohl auch enttäuscht, als er nur das leere Grab sah.

Naiv Glaubende waren die Zeugen der Auferstehung offenbar nicht, denn es traf auch sie völlig unvorbereitet; es war auch für sie eine bisher unerhörte Botschaft. Es übertraf aller Vorstellungsgabe. Der Wunsch war fürwahr nicht der Vater des Gedanken!

Wohl auch deshalb schreibt Petrus: „Seid stets bereit, jedem Rede und Antwort zu stehen, der nach der Hoffnung fragt, die euch erfüllt; aber antwortet bescheiden und ehrfürchtig" (1 Petr 3,15) – bescheiden und ehrfürchtig, denn nicht Fleisch und Blut hat ihnen dies offenbart, sondern der Auferstandene selbst. Es ist nicht in ihrer Phantasie, salopp gesagt, auf ihrem Mist gewachsen. Mit den Worten Barack Obamas gesagt: „No, we cannot!" Aber „Yes, God can"!

Die Auferstehung ist weder Frucht eines Wunschdenkens noch im rationalen oder technischen Zugriff des Menschen, es ist allein Gottes Tat. Mit ihm allein überspringen wir die Mauern des Todes Auferstehung ist deshalb auch nur dem zugänglich, der seine Möglichkeiten nicht mit denen seines Verstandes gleichsetzt. Doch, wie der Denker Blaise Pascal sagt, „Das Herz hat Gründe, die der Verstand nicht kennt".

Es ist das liebende Herz, das – wie auch in zwischenmenschlichen Beziehungen – Zugang zu diesem Geheimnis des Lebens und der Liebe hat. Petrus, der es wissen möchte und selbst alles in den Griff bekommen will – bis dahin, dass er zum Schwert greift -, muss noch vieles dazulernen, um auch in diese Dimension des „Liebst du mich?" hineinzuwachsen. Von Johannes, dem „Jünger, den Jesus liebte" und auch umgekehrt, sagt das Evangelium: „Er sah und glaubte." Maria von Magdala, deren Liebe ganz Jesus galt, erkennt in Jesu Ruf „Maria!" den geliebten Herrn und antwortet mit dem kürzesten Osterbekenntnis der Heiligen Schrift. „Rabbuni!" „Meister!"
Freilich, auch sie muss erfahren, dass man den Auferstandenen nicht festhalten kann, denn in dieser neuen und anderen Lebensweise ist nicht das Materielle und Greifbare der Mittelpunkt des Daseins, sondern was im Innersten die Welt zusammenhält, ist Leben, Beziehung, Liebe, und die Hoffnung, die niemals stirbt, denn Christus ist auferstanden und lebt.
Ja, Gott allein kann vom Tode auferwecken, „we can´t!" Wenn wir aber aus dieser Hoffnung leben, dann gilt zu Recht „Yes! We can!" Wir können sehr wohl kraft der dadurch geschenkten Liebe hier und jetzt selbst aufrecht gehen und anderen zur Auferstehung helfen, wie es in einem österlichen Text heißt:
„Wenn ich mich heute einem Menschen konkret zuwende, weil sie jemand erniedrigt hat, ihn jemand geschlagen hat, sie sich verraten fühlt – auch das ist Auferstehung.
Wenn ich heute einem konkreten Menschen Mut mache, weil er nicht mehr weiß, wie es weitergeht, sie niedergeschlagen ist, er aufs Kreuz gelegt worden ist – auch das ist Auferstehung.
Wenn ich heute einem konkreten Menschen ein gutes Wort schenke, weil sie Probleme rundum niederdrücken, ihn alles ankotzt, sie sich am Boden zerstört fühlt – auch das ist Auferstehung." Amen.

4. Ostersonntag

1 Joh 3,1-2; Joh 10,11-18) (14.5 2000) (Tag der geistlichen Berufe; Muttertag)

Wir kennen folgendes Phänomen: Wenn etwas vom Aussterben bedroht ist, so wird ein besonderer Gedenktag eingerichtet, um die betroffene Spezies unter speziellen Schutz zu stellen und ihr Überleben zu sichern. Heute feiern wir gleich zwei Gedenktage, den Muttertag und den Tag der geistlichen Berufe, - Die Frage drängt sich auf: Sind auch diese Tage letztlich aus ähnlichem Grund entstanden? Sind auch das Muttersein und der geistliche Beruf vom Aussterben bedroht?

Angesichts der rapid sinkenden Kinderzahl pro Ehepaar (wir liegen etwa bei 1,35) und in Anbetracht der geringen Anzahl von Priesterweihen und Ordenseintritten ist die Frage nicht einfach von der Hand zu weisen! Das Zusammentreffen der beiden Gedenktage heute ist zufällig, aber beiden ist sehr wohl gemeinsam, dass sie Mangelware geworden sind, nicht im Trend liegen und sozusagen als gefährdete Spezies des besonderen Schutzes bedürfen. Ob da so ein Gedenktag etwas vermag, ist eine andere Frage, denn er könnte dem Ganzen noch mehr den Charakter des Musealen verleihen oder unser Gewissen am Festtag beruhigen, um im Alltag wieder wie gewohnt zu leben. Aber nicht nur die Mangelerscheinung verbindet beide - Muttersein und geistlichen Beruf, sondern auch die Tatsache, dass beide etwas ganz Wichtiges, ja Unentbehrliches und Notwendiges sind. Ich möchte zu beiden ein paar Gedanken entwickeln.

Zunächst zum Muttersein: Ich weiß, dass ich zuerst viel sagen müsste über die berechtigte Emanzipation der Frauen aus patriarchalischen Verhältnissen, über die noch immer nicht gegebene Gleichwertigkeit der Frau in Kirche und Gesellschaft, über legitime Selbstverwirklichung der Frau in Beruf und Familie, über die mangelnde auch finanzielle Anerkennung der im Beruf und erst recht der im Haushalt geleisteten Arbeit der Frauen und über vieles mehr. Ich müsste all das sagen, um nicht in den Verdacht zu kommen, die Frauen wieder einfach zurückzuschicken zu Kindern, Küche und Herd.
Aber auch auf die Gefahr hin missverstanden zu werden, bin ich überzeugt, dass es auch heute noch höchst sinnvoll ist - für die betroffenen Frauen und für die Gesellschaft als ganze, Mutter zu sein, ja noch mehr, mit den Müttern und den mütterlichen Menschen steht und fällt das Wohl unserer Erde. Damit meine ich nicht bloß das Dasein. Die bloße Existenz könnte ja sozusagen auch bald einmal außengelagert werden, etwa in künstliche Reproduktionsmaschinen, in Klon-Fabriken oder wie immer man Banken mit Samen und Eizellen nennen mag. Übrigens lässt sich auch mit solchen 'Banken' viel Geld und Geschäft machen! Ich fürchte allerdings, eine solche chemisch saubere Lösung des Problems des Bevölkerungszuwachses ist nicht weit weg von dem, was man einmal 'Endlösung' genannt hat.
Mit den Müttern und allen mütterlichen Menschen steht und fällt nicht der materielle, sondern der seelische Wohlstand der Menschheit. Von den Müttern hängt es ab, wie es uns geht. Nur solange es sie gibt und in dem Ausmaße, als es sie gibt, werden wir glückliche Menschen sein. Die Mütter geben uns nicht nur Milch, d.h. Leben und Dasein, sondern auch Honig, d.h. Freude am Dasein, Freude am Leben. Mütter sind nicht nur kreativ im Gebären, sondern vielmehr noch im Begleiten; sie machen uns lebensfähig, indem sie uns in Windeln

wickeln; sie machen uns liebesfähig, indem sie uns Geborgenheit vermitteln. Das kostbarste Gut, die Zeit, die sie uns schenken, wird für uns zum Lebensraum, indem auch unser Lebenstraum wachsen und gedeihen kann.
Ich weiß, dass das Muttersein eine gewisse Form von moderner Selbstverwirklichung einbremst, manche Freiheit einschränkt, nicht wenige Verzichte bedeutet und auch einen Karriereknick oder gelegentlich gar gänzlichen Berufsausstieg bedeutet. Ich möchte heute ausdrücklich meinen Respekt denen zollen, die sich bewusst zum Muttersein als Beruf und Berufung entschieden haben und die sich dafür nicht selten gegenüber anderen fast verteidigen oder entschuldigen müssen.
Vielen ist aus verschiedenen Gründen die Verbindung von Familie und Beruf notwendig. Ich danke auch ihnen für ihr Ja zum Muttersein. In dem Maße, in dem dafür genügend Zeit, Fantasie, Kraft und vor allem Liebe investiert werden, halten die Mütter in der Welt das aufrecht, wovon diese Welt letztlich menschlich lebt:
Das sind nicht die hohe Politik oder die Wirtschaft, nicht der Markt und das Kalkül, nicht das Geschäft und der Ertrag, sondern das ist die über alle Vernunft hinausgehende Liebe; es ist das, was über Dienst und Vorschrift, über Verdienst und Profit hinausgeht, es ist das, was wir 'gratis' bekommen und nur gratis erhältlich ist: Zuneigung, Liebe und Verständnis. Das ist es, was die Welt im Innersten zusammenhält. Allen, die durch ihr Muttersein und durch ihre mütterliche Art (hier sind auch Frauen, die keine Kinder bekommen können, und Männer mitgemeint) sage ich ein herzliches und aufrichtiges „Vergelt's Gott!“ Sie machen Gottes Liebe erfahrbar, die eines mütterlich-väterlich liebenden Gottes, von der die Lesung heute sagt: "Seht, wie groß die Liebe ist, die Gott-Vater (wir dürfen vielleicht fast noch richtiger Gott-Mutter sagen): wir heißen Kinder Gottes und wir sind es." (1, Jo3,1)

Nun zum zweiten Gedenktag, zum Tag der geistlichen Berufe. Auch hier müsste ich einiges vorausschicken und sagen, um nicht missverstanden zu werden, etwa über zurecht gewünschte Änderungen im klösterlichen oder priesterlichen Lebensstil, vor allem über die berechtigte Anerkennung und Aufwertung der Laienbeauftragungen etwa als Pastoral- und Pfarrassistent/inn/en und über die gleiche Würde aller Getauften, über die wünschenswerte Änderung der Zulassungsbedingungen zum Diakonen- und Priesteramte, unabhängig von Lebensform und Geschlecht, über die Bedeutung der Ehe und der Geschlechtlichkeit, über die zurzeit mangelnde Dialogbereitschaft Roms etwa auch über den Einsatz der 'Priester ohne Amt' und über anderes mehr
Es bleibt aber der harte Kern der Frage: Hat es überhaupt noch einen Sinn, sein Leben in einen geistlichen Beruf als Priester oder Ordenschrist zu investieren?

Wozu soll das so genannte geweihte Leben gut sein? Warum lassen sich Menschen auf diese Lebensform ein, wo man doch im Bereich der Nächstenliebe so viel Gutes tun kann, ohne ehelos zu sein? Ist das nicht unvernünftig und eine sinnlose Verschwendung? Lohnt sich überhaupt dieser Verzicht auf Ehe und Familie und auf viele andere Werte persönlicher Lebensgestaltung?

Es ist wohl schwer, darauf eine Antwort zu geben. Eine allgemein gültige gibt es sowieso nicht, wie man auch nicht antworten kann, warum ein Mensch diesen oder jenen anderen liebt. Irgendwie hat es aber etwas zu tun mit dem, was auch der Prophet Jeremia erfahren hat: "Du hast mich betört, o Herr, und ich ließ mich betören."

Wer nur nach der Vernünftigkeit und Nützlichkeit fragt, wird bei der Frage des Judas enden, welchen Sinn es habe, dass Maria Jesus die Füße mit kostbarem Nardenöl wasche. Einen Zugang findet nur, wer selbst etwas vom Betörenden, von der Unvernunft und vom Verschwenderischen der Liebe erfahren hat. Die römische Bischofssynode 1994 über das Ordensleben drückt es in den Worten aus: "Jenseits der oberflächlichen Zweckeinschätzung ist das geweihte Leben gerade in seinem Übermaß an Unentgeltlichkeit und Liebe von Bedeutung, und das umso mehr in einer Welt, die in Gefahr läuft, im Strudel des Vergänglichen zu ersticken."

Die Kirche und die Welt braucht gerade heute, wo die Religion des Marktes alles zu beherrschen scheint, nicht nur die Mütter mit ihren Gratis-Leistungen, sondern auch die Ordenschristen und die geistlichen Berufe als Zeichen radikaler unvernünftiger Liebe. 'Von Gott betört', sich für alle möglichen Dienste am Menschen gebrauchen zu lassen, ist ein elementares Zeichen echten Ordenlebens durch die Jahrhunderte hindurch. 'Es ist, was es ist: die Liebe ' (Erich Fried). Darauf kommt es letztlich an.

Ich weiß, manche haben diese Lebensform als die Idealform des Christseins auf Kosten der übrigen Christen überhöht; andere haben das Ordensleben radikal in Frage gestellt, weil ohnehin alle Christen zur Heiligkeit und Vollkommenheit der Liebe berufen sind. Damit ist niemanden geholfen. Es geht darum, dass jeder Mensch seine Berufung findet und dass die Menschen großzügig sind, je ihrem Ruf Gottes zu folgen. Es bedarf der Vielfalt der Berufungen von dem einen Gott.

Von einem freilich bin ich überzeugt: So wie es keine menschliche Welt ohne das Müttersein gibt, so gibt es wohl keine christliche Kirche ohne die unvernünftige Liebe von Menschen, die sich von Gott betören lassen und dies auch in einem Gott geweihten Leben zum Ausdruck bringen. Auch für die Kirche der Zukunft wird es bei allen guten und notwendigen Reformen nicht genügen, Moderatoren und Manager, Fachleute und Pastoralstrategen zu haben,

es wird auch und gerade dann der Menschen bedürfen, die in einem geistlichen Beruf für Gott Zeugnis geben und den Menschen dienen. Beten wir heute auch für diese Menschen mit ihren guten Willen und mit ihren Fehlern; beten wir für alle, die in unseren Tagen diesen Ruf verspüren, dass sie dafür offen bleiben und großzügig antworten.
Die beiden Tage, Muttertag und Tag der geistlichen Berufe, treffen zufällig zusammen, aber ich bin überzeugt: sie haben etwas Gemeinsames: es ist das, was heute im Evangelium mit Hirtsein zum Ausdruck kommt: sie sind keine bezahlte Knechte und Mägde, die es um des Lohnes willen tun. Die ihnen Anvertrauten sind ihnen vielmehr ein Anliegen. So wie dem guten Hirten liegen sie ihnen am Herzen und für sie setzen sie sich aus Liebe ein. Bei aller Zeitbedingtheit des Bildes vom guten Hirten sagt es doch auch heute noch etwas aus über echte Zuneigung und Fürsorge, über selbstlosem Einsatz und Opferbereitschaft, über eine Fruchtbarkeit, aus der man Kraft und Hoffnung schöpfen kann.
Wenn wir von Müttern, Priestern und Ordenschristen als guten Hirtinnen und Hirten sprechen, vergessen wir schließlich nicht, dass wir in der Nachfolge Jesu alle gerufen sind, selbst für andere gute Hirten und Hirtinnen zu sein. Mit der Aufmerksamkeit für die Mitmenschen im je eigenen Umfeld sind wir alle gerufen beizutragen, dass das wächst, wovon Jesus spricht: ein Leben in Fülle für alle, in Geborgenheit und Zuverlässigkeit. Amen.

5. Ostersonntag

Apg 9,26-31; Joh 15,1-8 (14.5.2005 Muttertag)

Dreimal wird in der Apostelgeschichte ob der Wichtigkeit des Ereignisses von der Bekehrung des Saulus zum Paulus berichtet. Heute hörten wir in der Lesung, was sich unmittelbar nach dem so genannten Damaskuserlebnis in Jerusalem getan hat. Paulus trat so machtvoll im Namen Jesu auf, dass er fliehen musste und sich nach Jerusalem begab. Kein Wunder, dass man sich auch dort vor dem ehemaligen Christenverfolger fürchtete. Durch die Vermittlung von Barnabas gelang es, eine Zeitlang Frieden zu schaffen, bis ihm von neuem Gefahr drohte.
Das Damaskuserlebnis war sicherlich eine ganz einschneidende neue Einsicht des Paulus: nicht der religiöse Eifer oder das Pathos des Sektierers zählen vor Gott, sondern allein Gottes unbedingte Liebe; nicht das eigene Tun ist entscheidend, sondern Gottes Tat in Jesus Christus.
Vielleicht bedauern wir manchmal, kein Damaskuserlebnis gehabt zu haben, denn dadurch fiele uns vermeintlich der Glaube leichter. Ich zweifle daran.

Nun, solch plötzliche Bekehrungen sind tatsächlich äußerst selten, aber sie wären missverstanden, wenn man glaubte, Paulus wurde ganz plötzlich gleichsam zwangsbeglückt.
Zunächst einmal: Paulus war grundsätzlich ein religiöser Mensch. Außerdem schreibt er selbst im Galaterbrief, dass er sich nach dem Damaskuserlebnis zunächst drei Jahre nach Arabien zurückgezogen hat und dann erst nach Jerusalem hinaufging. Das heißt: Alle so plötzlich geschenkte Bekehrung muss gleichsam sickern, sich läutern und als gültig herausstellen, indem sie sich auch in der Trockenheit des Alltags und der Einsamkeit bewährt, damit man nicht einem Trugschluss oder einer Phantasie zum Opfer fällt. Die Psyche kann nämlich mit einem Menschen Purzelbäume schlagen. Allzu leicht kann die eigene Einbildung mit Gottes Erscheinung verwechselt werden!
Auch wenn Paulus nun sein Leben in einem anderen Licht sieht, war er dadurch nicht schon mit beiden Füssen am jenseitigen Ufer, sondern auch er brauchte ein Leben lang, um hineinzuwachsen in das Geheimnis Christi. An seine Lieblingsgemeinde Philippi schreibt er in seiner geistlichen Biographie: „Nicht dass ich es schon erreicht hätte oder dass ich schon vollendet wäre, aber ich strebe danach, es zu ergreifen, weil auch ich von Christus ergriffen bin“ (Phil 3,12). Es dauerte noch lange, bis er sagen konnte: „Nicht mehr ich lebe, sondern Christus lebt in mir“.

Für mich und für uns heute folgt daraus ein Zweifaches:
Es ist zunächst an jede/n die Herausforderung, ein Leben lang auch im Glauben zu wachsen und auch dafür etwas zu investieren. Es braucht eine lebenslange Bekehrung, ein bei Christus Bleiben, um immer mehr das zu werden, was wir sind: Christinnen und Christen. Wer nicht über den kindlichen Glauben hinauswächst, wird eines Tages das Kind mit dem Bad ausschütten.
Was in allen weltlichen Berufen zählt, gilt auch im Glaubensleben, nämlich „lifelong learning“, freilich nicht so sehr im kognitiven Sinn, etwa einen Katechismus auswendig zu lernen, sondern vielmehr im Sinne des sich immer mehr von Christus Ergreifen-lassens und daraus ergriffen zu leben. So wie bei jeder zwischenmenschlichen Beziehung die Frage zu kurz greift „Was habe ich davon?“, heißt es auch, die Beziehung zu Christus zu pflegen, um im Rückblick auf einen Glaubensweg wie die Emmaus-Jünger die Erfahrung seiner Begleitung zu machen. Besondere Wachstumsstationen in der Lebensbewegung unseres Glaubens sind die Sakramente. Leider kommt es, nüchtern gesehen, häufig vor, dass Erstkommunion zur Einmalkommunion und Firmung nicht zur Bekräftigung des Ja zur Freundschaft mit Jesus wird, sondern zum letzten öffentlichen Akt in der Kirche oder gar zum feierlichen Abschied von ihr.

Zur Herausforderung eines lebenslang notwendigen Wachstums im Glauben kommt aber auch zweitens die tröstliche Einsicht, dass wir auch unterwegs sein dürfen – mit allem Nachhinken und manchen Umwegen, ja dass Gott selbst auf unseren krummen Zeilen gerade zu schreiben vermag. Anders gesagt: es besteht auch immer wieder die Chance umzukehren und neu anzufangen. Damaskuserlebnisse genügen also nicht. „Es braucht", wie Saint-Exupery sagt, „ein Leben lang, Mensch zu werden" - und wohl auch Christ/in zu werden.

Einen Gesichtspunkt dieses Ganz-Mensch-und-Christwerdens möchte ich heute am Muttertag besonders ansprechen. Es ist die Herausforderung und Einladung, ein Leben lang auch die verschiedenen Persönlichkeitsanteile immer mehr zu integrieren. Der Psychologe Erikson spricht von der ganzheitlichen Reife des Menschen als der Zeit der Integrität oder der Weisheit. Wachstum in Leben und Glauben gelingen, wenn der Mensch seine männliche und seine fraulichen Anteile, die ja jeder hat, bejaht und im Sein und Handeln zum Tragen bringt.
C. G. Jung meint mit „animus" und „anima" etwas Ähnliches. Während „animus" eher zur Leistung und Effizienz, zum logisch-technischen Kalkül und zur Unterscheidung drängt, steht die „anima" eher für die personale gemüthafte Beziehungsfähigkeit und damit auch für unbedingte Liebe. Beides gehört wohl zur Ganzheitlichkeit des Menschen. Heute ist wohl die Gefahr zu erkennen, dass das Männlich-Väterliche noch immer einseitig in unserer Gesellschaft – und auch in der Kirche! - die Oberhand hat und, wo es nicht den Ausgleich vom Fraulichen-Mütterlichen hat, leicht zum negativ beherrschenden patriarchalischen Muster entartet.
Der Muttertag wäre falsch verstanden, einmal im Jahr den Müttern zu danken, dass sie ihre Liebe den Kindern schenken, und dann wieder zur Tagesordnung überzugehen, weil wir ja diese Dimension des Fraulich-Mütterlichen an die Mütter allein delegiert haben. Ja, wir danken allen Müttern von Herzen für ihre unzeitgemäße Liebe und für die gesellschaftlich viel zu wenig bedankte Beziehungsarbeit. Gottseidank gibt es noch etwas, was gratis getan wird und unbezahlbar ist, nämlich Liebe. Das darf aber die Politik nicht entlasten, bei Kindern verbrachte Zeit nicht auch finanziell mehr zu honorieren und bessere Rahmenbedingungen für das Miteinander von Familie, Kinder und Beruf zu schaffen.
Vor allem aber ist der Muttertag an uns alle, zumal an uns Männer, auch die Ermunterung, unsere mütterlich-fraulichen Persönlichkeitsanteile mehr zu entwickeln und zu integrieren. Ausdruck dafür können etwa sein die vermehrte Zeit der Väter auch für die Kinder, immer mehr Halbe- Halbe im Haushalt, Väterkarenz, mehr Zeit für Beziehungsarbeit, ein Wegrücken von allzu fixierten Geschlechterrollen und ähnliches. Es ist freilich auch nicht so, dass Frauen

automatisch in diesem Sinne mütterliche Menschen sind und immer die rechte Balance finden.

Das heutige uns vertraute Evangelium vom Weinstock und den Reben ist zutiefst von der mütterlichen Dimension unseres Gottes geprägt. Die Weinrebe ist eines der ältesten Symbole des Lebens, von Noach als erstem nach der Sintflut wieder gepflanzt (Gen 9,20). Weintrauben sind ein verheißungsvolles Zeichen für Nahrung, Leben und Genuss. Christus als Weinstock ist die wahre Lebensquelle, die uns lebensspendende Kraft schenkt, zumal in Zeiten der Bedrängnis.

Wein selbst ist in der Bibel Sinnbild der Liebe. Nicht von ungefähr gibt es in den Evangelien das Weinwunder an den Festen der Liebe, bei der Hochzeit von Kana und beim letzten Abendmahl. Was im Gleichnis vom Weinstock ausgedrückt ist, ist für mich ein Bild für Gottes mütterliche Liebe und zugleich die Einladung an alle Menschen, immer mehr mütterliche Menschen zu werden.

In diesem organischen Bild für Wachstum und Verbindung ist neunmal vom „Bleiben" die Rede, eine unzeitgemäße Tugend, die für mich zutiefst mütterlich ist, denn ein mütterlicher Mensch bleibt bei dem, was er sich vertraut gemacht hat.

Wachstum geschieht nur unter solcher Verbindlichkeit und Kontinuität. Da helfen keine momentanen Kraftakte und keine Leistung. Es verlangt den langen Atem der Geduld und der Liebe. Alles sofort haben wollen, Effizienz und Quote, Strohfeuerbegeisterung und Unverbindlichkeit bleiben Machwerk und bewirken kein echtes Wachstum, so wie Unverbindlichkeit und Lebensabschnittpartner nicht die für Wachstum und bleibende gute Früchte notwendigen mütterlichen Eigenschaften gewährleisten können.

Jesus ist Gottes verbindliches „Bleiben" bei den Menschen, auch in schwierigen Wegstrecken, ja bis zum Tod. In ihm hat Gott einen ewigen unwiderruflichen Bund mit uns geschlossen. Das feiern wir auch in dieser Eucharistie. Wir sind eingeladen, auf dieses Wort der bedingungslosen Liebe eine Antwort zu geben, die von der mütterlichen Tugend des Bleibens bei Christus geprägt ist, aber auch des Bleibens bei unseren Schwestern und Brüdern, damit unser Leben fruchtbar und sinnvoll ist und bleibt. Amen

6.Ostersonntag

1 Joh 4,7-10; Joh 15,9-17 (21.5.2006)

Das heutige Evangelium schließt an jenes vom letzten Sonntag an: Da hörten wir das Gleichnis vom Weinstock und den Reben. Ich meinte, dass in dieser organischen Verbindung zwischen Christus und den Reben Gottes unbezahlbare, also geschenkte oder gnadenhafte mütterliche Dimension zum Tragen kommt: dieses Bleiben (neunmal kam dieses Wort vor!), was immer kommen mag, dieser lange Atem der Geduld, des Erbarmens und der Liebe sind zutiefst mütterlich. Die Konsequenz dieses bei Christus-Bleibens sind reiche Früchte.

Das heutige Evangelium führt den Gedankengang weiter: der belebende Saft in den Reben ist Liebe, wie sie Gott uns in Jesus schenkt. Jesus liebt uns bis zur Hingabe seines Lebens. Wort und Tat, Reden und Handeln fallen bei ihm total zusammen! Und wenn es bei Johannes heißt, dass aus seiner geöffneten Seite Blut und Wasser herausflossen, so sind damit die belebenden Ströme des neuen Lebens gemeint: das Wasser der Taufe und das Blut der Eucharistie, die uns diese Liebe Jesu zuteil werden lassen.

Wer je geliebt hat und Liebe erfahren hat, weiß um die Geschwister der Liebe: Sie heißen Freude und Freundschaft. Geliebt und liebend glaubt man, die ganze Welt himmelhochjauchzend umarmen zu können. Aus der Liebe Jesu zu uns folgt, dass seine Freude in uns ist und diese vollkommen wird, dass wir nicht mehr Knechte, sondern seine Freunde sind und dass wir bleibende Frucht bringen.

Hand aufs Herz - ist das wirklich unser Lebensgefühl und unsere Erfahrung als Christinnen und Christen? Haben wir nicht eher das Empfinden, durch unser Christsein im Leben zu kurz zu kommen? Schielen wir nicht gelegentlich nach denen, die es mit dieser Freundschaft mit Jesus weniger ernst nehmen und sich deshalb angeblich leichter leben? Sie kennen wahrscheinlich auch die Anfrage an Radio Eriwan“ Kann ein guter Kommunist auch ein guter Christ sein? Antwort: „Im Prinzip ja, aber warum soll man sich das Leben doppelt schwer machen?“

Fühlen wir uns nicht oft doch statt als Freunde eher als Knechte Gottes? Stellt uns diese angebliche Freundschaft nicht unter einen großen Leistungsdruck? Schließlich sollen wir doch das ausgleichen, was die immer weniger fromm werdende Welt dem Herrn versagt!

Tatsächlich ist der erste und spontane Zugang zur Religion, zum Glauben und zur Kirche der Zugang der zusätzlichen Verpflichtung, der einschränkenden Norm und der damit gegebenen Frustration. Viele Zeitgenossen haben allzu oft den Eindruck, dass Gott sie im Alltag mehr stört als stärkt. Sie meinen, dass ein Bemühen um die Sache Gottes sie selber zu kurz kommen lässt.

Zunächst ist wohl zu sagen, dass an diesem Eindruck auch die Verkündigung selber schuld ist. Der erhobene Zeigefinger, die ständige Betonung unserer religiöser Pflichten, die Verkündigung des Dekalogs, der 10 Gebote, ohne den Prolog von der befreienden Botschaft aus dem Land der Knechtschaft, der dauernde Hinweis auf die römischen Vorschriften und Antworten auf Fragen von gestern, die Verweigerung des Blickes auf die Zeichen der Zeit heute, das bloße Dekretieren ohne zu argumentieren - all das verschafft leicht den Eindruck, dass Gott an uns nur noch als fordernder Gott herantritt, als ein Gott, der ständig neue Lasten auferlegen will, als ein Gott, der nur noch an unserer Moral und unserer ordentlichen Lebensführung interessiert ist und der die im Leben Gescheiterten alleine lässt.

Ein solcher „big brother watching us“, der nur an Gebote erinnert, widerspricht den heutigen biblischen Lesungen, denn hier wird aus der Religion eine Moral und aus Freunden werden nichtsnützige Knechte. Die Erfahrung des gnädigen und uns beschenkenden Gottes verblasst, das Reden von seiner segensspendenden Gegenwart verstummt. Gott ist jener fordernde letzte Maßstab, für den wir da sind.

Damit freilich sind die Weichen anders gestellt und der Zug fährt in die verkehrte Richtung.: aus einem Gott der sich als Jahwe geoffenbart, d.h. als der, der für mich da ist, der mit mir geht durch dick und dünn, der mich aus der Sklavenhaus der Sünde und des Todes befreit, der in Christus Emanuel ist, d.h. Gott mit uns und für uns ist; der um unseres Glückes und Heiles willen wie ein Freund einfach mit uns sein will, haben wir einen Gott gemacht, für den wir da sein müssen: womöglich 24 Stunden am Tag voll bitteren Ernstes und ständig angestrengt. Gottesdienst, auch hier und jetzt, ist unser Dienst für Gott, nicht unser Dank für seinen Dienst an uns! Wir müssen ihm dienen, gleichsam als seine letzten Partisanen und Statthalter hier in dieser so weltlichen Welt.

Haben wir uns damit aber nicht Lasten aufgebürdet, unter denen wir uns tatsächlich wie Knechte fühlen und zusammenzubrechen drohen?

Die heutigen Lesungen können uns helfen, die Weichen umzustellen, damit der Zug aus der verkehrten Richtung umkehrt und wieder in die richtige Richtung fährt. Die Richtung stimmt erst dann wieder, wenn die Gabe vor der Aufgabe, der Zuspruch vor dem Anspruch, die Frohbotschaft vor der Moral, die Gnade vor der Leistung, das Wort der Liebe Gottes zu uns vor unserer Antwort auf seine Liebe steht.

Danach sehnen sich die Menschen. Sie erinnern sich an das Aufatmen und das positive mediale Echo auf die erste im Jänner erschienene Enzyklika des Papstes, weil er mit der Grundaussage „Deus caritas est“ („Gott ist die Liebe“) den Indikativ vor den Imperativ gesetzt hat und die Frohbotschaft ohne den moralischen Zeigefinger aufgezeigt hat. „Gott ist die Liebe“ ist ein Zitat aus der heutigen Lesung aus dem ersten Johannesbrief, der Satz, der auch auf meinem Primizbild aus dem Jahre 1969 steht und der bis heute, gerade auch in winterlichen Zeiten der Kirche den tiefsten Grund meiner Berufung und meiner

Nachfolge angibt: „Wer nicht liebt, hat Gott nicht erkannt; denn Gott ist die Liebe“ (1Jo 4,8)
Es hat allen wohl getan, den ehemals strengen Glaubenswächter Kardinal Ratzinger in dieser Weise zu hören, wenn freilich gerade auch innerkirchlich vieles davon erst ausbuchstabiert werden muss, ohne ein verwässertes Christentum , ein „Christentum light“ anpreisen zu wollen. Auch das Evangelium betont diese all unserem tun vorausgehende Berufung durch Gott: „Nicht ihr habt mich erwählt, sondern ich habe euch erwählt und dazu bestimmt, dass ihr euch aufmacht und Frucht bringt und eure Frucht bleibt.
Wer Gottes Frohbotschaft der Moral vorausgehen lässt, der wird den Unterschied zwischen Leistung und Fruchtbarkeit verspüren. Bei der Leistung will der Mensch möglichst alles im Griff haben, und das bringt Stress und Spannung. Bei der Fruchtbarkeit bleibt Raum für das Geheimnis, das wir nicht durchschauen, sondern dem wir uns anvertrauen. Das bringt Entspannung und Zuversicht. Leistung macht einseitig und verdrängt gewisse Werte. Sie baut auf eigene Kraft und klammert die schwachen Seiten und auch Menschen aus. Fruchtbarkeit dagegen lässt Gotteskraft auch in unserer Schwäche zum Zug kommen und kann darum das Leben ehrlicher und großzügiger annehmen. Niemand, der Fruchtbarkeit anstrebt, muss immer nur perfekt sein. Es gibt viel Menschen, die viel leisten, aber wenig Frucht bringen – und andere, die wenig Leistung vorweisen können, aber reiche Frucht bringen. Altere Menschen können oft nicht mehr viel leisten, aber viel zur Menschlichkeit und zum Ausgleich beitragen. Ihr Dasein ist für Angehörige und für eine Pfarrgemeinde sehr fruchtbar. So danke ich von Herzen allen, die in unserer Pfarre aus der liebenden Verbindung mit dem Herrn und mit dem Volk Gottes für uns alle viele gute und bleibende Früchte bringen. Amen.

Christi Himmelfahrt

Apg 1,1-11; Mk 16,15-20 (21.5.2009)

So sehr das heutige Fest „Christi Himmelfahrt“ im Kirchenjahr verankert ist, so ist dessen Deutung alles andere als leicht.
Lukas berichtet in der Apostelgeschichte, dass der Auferstandene den Jüngern 40 Tage erschienen sei. Diese zeitliche Angabe mit der Symbolzahl 40 ist jedoch nicht wörtlich zu nehmen, sondern besagt, dass sich Jesus als Auferstandener in einer besonderen Weise geoffenbart habe. Diese oft wiederkehrende Symbolzahl 40 soll den Prozess andeuten, der eine neue Einstellung der Jünger bewirkt; sie sollen reifen zu geistiger Selbständigkeit, denn sie sollen von nun an fähig sein, die Sache Jesu selbst in die Hand zu nehmen und sie als ihre eigene Sache zu vertreten.

Und wie steht es mit der örtlichen Angabe? Die Lesung berichtet, dass eine Wolke Jesus aufnahm und den Blicken der Jünger entzog. Männer fragten sie, warum sie zum Himmel emporschauten. Auch diese örtliche Angabe ist nicht wörtlich zu nehmen, denn diese örtliche Dreistockwerk-Vorstellung entspricht einem mythischen Weltbild: wir auf der Erde, oben und unten. Dieses Weltbild ist aber endgültig überholt. Die Welt hat nämlich keine Stockwerke; die Begriffe „oben" und „unten" sind relativ, abhängig vom Standort des Beobachters. Da es im Kosmos keinen absoluten Bezugspunkt gibt, kann man keine festen Richtungen aufweisen. Himmel und Hölle sind also keine irgendwo abgelegenen Winkel des Kosmos. Weder Höllenabstieg noch Himmelauffahrt dürfen also wörtlich und örtlich verstanden werden im Sinne einer äußeren Tiefe oder Höhe des Kosmos.

Unsere begrenzte Sprache will vielmehr unseren Blick auf die Tiefe der menschlichen Existenz hinlenken. Diese Tiefe reicht einerseits hinab in das kleine selbstbefangene Ich bis in den Todesgrund, in die Zone der unberührten Einsamkeit und damit der verweigerten Liebe. Den Sünder nannte man früher den „homo in se curvatus", d.h. der in sich selbst verkrümmte Mensch. Diese negative Tiefe menschlichen Daseins ist in letzter Konsequenz das, was wir Hölle nennen, eine tragische Möglichkeit menschlicher Existenz.

Dass dieser mögliche Abgrund des Menschen tatsächlich schon hier auf Erden Wirklichkeit werden kann, kam mir zum Bewusstsein, als ich am 10. Mai, also vor einigen Tagen, nachdenklich durch das ehemalige KZ Mauthausen gegangen bin und es mir erschreckend bewusst wurde, dass nur der Mensch so unmenschlich sein kann, dem Mitmenschen eine wahre Hölle zu bereiten.

In mir wurde nicht der Schrei nach einem „Tag der Abrechnung" laut, wie er jetzt wieder in populistischer Manier anbetracht der kommenden EU-Wahl gefordert wird, sondern in mir regte sich der Ruf, dass die Opfer nicht vergessen und die Täter nicht für immer triumphieren würden. Auch wenn es heißt „Nie wieder!", läuft es einem kalt über den Rücken, wenn zur selben Stunde Jugendliche im Nebenlager Ebensee KZ-Überlebende mit dem Hitler-Gruß oder Gymnasiasten in Auschwitz durch Ausfälligkeiten die Opfer neuerlich zutiefst verletzen.

Die Tiefe der menschlichen Existenz hat aber auch eine total andere Ausrichtung; sie ist auch nach oben und unten unendlich über sich selbst ausgestreckt und offen. Es ist der Gegenpol zur radikalen Vereinsamung und zur Unberührbarkeit der verweigerten Liebe. Die Himmelfahrt Christi, die wir heute feiern, verweist uns in diese andere unendliche Dimension. Indem der Mensch mit der göttlichen Liebe in sich ganz berührt wird, berührt er zugleich alle anderen Menschen.

Während in dem, was die Theologie „Hölle“ nennt, der Mensch in seiner kleinen Ego-AG in totaler Isolation erstarren würde, findet in diesem positiven Gegenpol der Mensch gleichsam seinen geometrischen Ort im Inneren des Selbstseins Gottes. Von Jesus wird das in der Himmelfahrt ausgesagt: Er ist zutiefst beim mütterlich-väterlichen Gott und zugleich ganz bei allen Menschen und im ganzen Kosmos. „Ich gehe heim zu meinem Vater und zu eurem Vater...Ich werde immer bei euch sein.“

Der Unterschied zwischen Himmel und Hölle, der sich nicht leicht in Worte fassen lässt, kommt in einer Ihnen wahrscheinlich bekannten Erzählung anschaulich zum Ausdruck:

Himmel und Hölle sind ganz gleich. In beiden biegen sich die Tische vor lauter üppigen Speisen. Das Essbesteck ist allerdings so lang, dass man damit die Speisen nicht zum eigenen Mund führen kann. In der Hölle versucht jeder möglichst viel für sich zu bekommen; jeder will vor lauter Gier das meiste, aber aufgrund des langen Besteckes bringen sie die Speisen nicht zum Mund und vor lauter Neid und Geiz verhungern sie vor den vollen Schüsseln. Im Himmel dagegen kommt man überein, dass einer dem anderen die Speisen reicht und alle werden satt und sind glücklich und zufrieden.

Damit ist auch eine andere wichtige Erkenntnis ausgesagt: die Tiefe oder das Unten, das wir Hölle nennen, kann sich der Mensch nur selbst geben. Hölle besteht ja gerade darin, dass der Mensch nichts empfangen will und gänzlich sich selbst genügt. Oder wie es beim Turmbau zu Babel heißt: jeder will sich selbst einen Namen machen, statt von einem Du beim Namen, das heißt mit Liebe gerufen zu sein.

Umgekehrt kann der Mensch jenes Oben, zu dem die Männer emporblicken und das wir Himmel nennen, nur empfangen. Der Himmel ist vom Wesen her das nicht Selbstgemachte und Selbstmachbare. Der Himmel kann als erfüllte Liebe immer nur geschenkt werden.

Wenn also Himmel mit Liebe zu tun hat, so gibt es ihn nicht als ewigen überweltlichen Ort, als ewige metaphysische Gegend. Himmel ist auch kein Ort, aus dem durch ein Strafdekret Gottes vor der Himmelfahrt Christi die Menschen ausgeschlossen waren. Die Wirklichkeit Himmel entsteht vielmehr erst durch das Ineinstreten von Gott und Mensch, durch die innerste Berührung des Menschen mit Gott. Genau diese innerste Berührung Gottes mit dem Menschen will die Himmelfahrt Jesu Christi über Jesus aussagen.

In seinem Buch „Einführung ins Christentum“ hat es vor über 40 Jahren der Theologe Josef Ratzinger, der jetzige Papst, so ausgedrückt: „Himmel ist jene Zukunft des Menschen und der Menschheit, die diese sich nicht selbst geben kann, die ihr daher, solange sie nur auf sich selbst wartet, verschlossen ist und die erstmals und grundlegend eröffnet worden ist in dem Menschen, dessen Existenzort Gott war und durch den Gott ins Wesen Mensch eingetreten ist."

Für uns Glaubende heißt dies: So wie im Alten Bund die Wolke Zeichen der Verhülltheit wie der Anwesenheit Gottes war, so bedeutet auch die Wolke, die Jesus den Blicken seiner Jünger entzieht, seine neue Existenzweise: Er hat seine bisherige Zugehörigkeit zur Geschichte abgelegt; er ist also nicht mehr auf Palästina oder einen anderen bestimmten Punkt und einen gewissen Zeitabschnitt fixiert. Er hat eine neue Gegenwart in der Geschichte, die der Gottes gleicht.

Mit dem Hoheitstitel „Kyrios", also „Herr" bezeugen die ersten Christen: Jesu ist für immer auferstanden und in der Geschichte machtvoll gegenwärtig. Er ist bei uns bis zur Vollendung der Weltzeit. Die Bibel hat für diese herrscherliche Anwesenheit Christi verschiedene Bezeichnungen: ER ist der Erweckte, der Auferstandene, der Entrückte, der Aufgefahrene, der Erhöhte, der Verherrlichte, der zur Rechten Gottes Sitzende, der das All und die Kirche Überragendende, der Allherrscher oder Pantokrator.

Noch zwei Bemerkungen:

Wenn Jesus in seinen Gleichnissen von ewiger Verdammnis und Hölle spricht, so ist das nie eine Reportage über eine aktuelle Hölle, sondern immer ein Appell, hier und jetzt aus allem Egoismus umzukehren und in der Gottes-, Nächsten- und Selbstliebe zu wachsen. Die Kirche sagt von ganz konkreten Menschen, dass sie im Himmel sind, das heißt, in der Fülle des Lebens. Sie feiert damit den Sieg der Gnade. Sie hat es noch nie gewagt und wird es nie tun, von einem konkreten Menschen zu sagen, dass er in der Hölle sei, nicht von Hitler und nicht von Stalin. Ich darf allerdings sehr wohl glauben und hoffen, dass schlussendlich wirklich alle Menschen gerettet werden, ohne daraus selbstverfügbares Wissen zu machen.

Aufgabe der Kirche ist es, eine Frohbotschaft und nicht eine Drohbotschaft zu verkünden! Es ist nämlich nicht so, als ob zwei gleiche Wege vor uns lägen: Himmel und Hölle (so wie beim Spiel mit den Blumen!), sondern wir alle sind bereits grundsätzlich auf dem Weg in den Himmel, nicht aufgrund eigener Macht, sondern allein aufgrund von Gottes Liebe und Geschenk!

Diese frohe Gewissheit des Glaubens besagt und verbürgt das heutige Fest „Christi Himmelfahrt". Es ist ein Fest des Glaubens, der die Erde liebt, ein Fest der gläubigen Gewissheit, dass uns nichts mehr, weder Gegenwart noch Zukunft, trennen kann von der Liebe Gottes in Christus Jesus (vgl. Röm 8,38f), denn er ist unser aller unzerstörbarer Anker im Himmel. Amen.

Pfingsten

Apg 2,1-11; Joh 15,26f; 16,12-15 (31.5.2009)

Ich durfte in dieser Woche mit sieben anderen Männern zwischen dem nördlichen Sardinien und Korsika an einem Segeltörn teilnehmen und habe wieder einmal erfahren dürfen, dass grundsätzlich gilt: „Ohne Wind geht nichts!“
Nicht die grenzenlose Weite des Meeres, nicht Wellengang und Sturm machten uns Angst, sondern eher die Windflaute, der Stillstand. Wir hatten zwar dafür auch den Motor, aber immer wieder kam Freude auf, wenn wir diesen abschalten und die Segel in den Wind setzen konnten, denn „ohne Wind geht nichts“. Die Stunden und Strecken im vollen Wind, etwa beim Mistral, sind uns noch in bester und schönster Erinnerung!
Unter dem Motto „Aufwind“ haben wir auch bei der Firmung bedacht, dass man ohne Wind weder segeln noch fliegen kann; der Drachen erinnert noch daran.
Im Grunde ist das ein Bild für unser Leben. Man muss nicht unbedingt ganz ausgepowert oder ausgebrannt sein, es genügt schon eine Lethargie oder einfach Müdigkeit, um zu spüren, wie sehr jeder bei leeren Batterien die Bewegung von außen braucht, um motiviert (d.h. bewegt) zu sein und wieder aus dem Stillstand in Fluss zu kommen. Wenn mir – wörtlich oder übertragen – die Luft ausgeht, kann der mich wieder bewegende Wind eine helfende Hand, ein zuhörender Mensch, ein hoffnungsvolles Erlebnis sein. Dann komme ich wieder auf einen guten Kurs.
Der Kreuzweg Jesu und sein qualvoller Tod am Kreuz versetzte die Jünger Jesu in eine Art seelischer Tiefstand; sie waren völlig down, denn Jesu Leben schien Schiffbruch erlitten zu haben – und seine Jünger und Jüngerinnen mit ihm. Es war eine totale Flaute!
Es ist der pfingstliche Geist Jesu, dieses Brausen vom Himmel, der wie ein heftiger Sturm über sie hereinbrach und ihr Lebensschiff wieder in Fahrt setzte. Nun bliesen sie nicht mehr Trübsal, sondern Gottes Geist verwehte ihre Menschenfurcht und setzte sie einen gewaltigen Sprung nach vorne in Bewegung. Mit ihrem Gott übersprangen sie alle Mauern, wie der Psalm sagt, die der Rassen, des Geschlechtes und der sozialen Gruppen. Der vom Heiligen Geist getroffene Paulus sagt es so: „Es gibt nicht mehr Juden und Griechen, nicht Sklaven und Freie, nicht Mann und Frau, sondern ihr alle seid ′einer′ in Christus Jesus.“ (Gal 3,28)

Ich bin überzeugt, wir brauchen auch heute dringend diesen pfingstlichen Geist, sei es in der Gesellschaft und Politik als auch in der Kirche.

Ein paar Worte zur gesellschaftlichen Situation: Was wir in diesen Wochen erleben, ist eher das Gegenteil von Pfingsten, denn wieder werden unsere und andere Leute unterschieden, Heimische und Ausländer stark auseinanderdividiert und mit Vorurteilen diskriminiert. Ja, selbst Töne, die wir glaubten, sie gehörten endgültig der Vergangenheit der Schreckensherrschaft der Nazi an, werden in einer beängstigenden Form wieder wach.
Im EU-Wahlkampf müssen wieder Türkei und selbst Israel herhalten, um Gräben aufzureißen und sogar insgeheim Antisemitismus zu schüren. Das Kreuz, das Symbol der Versöhnung, wird zu einem Sinnbild eines „Tages der Abrechung", also ins genaue Gegenteil umgekehrt. Ich habe den Eindruck, jeder der Kandidaten für die EU-Wahl hebt eher nur die eigenen nationalen Interessen hervor, statt auch für das größere Ganze zu werben.
Freilich verstehe ich die EU nicht bloß als Wirtschaftsblock, wo alle schauen, das größere Stück des Kuchens zu bekommen, sondern als ein Friedensprojekt, in dem hoffentlich noch etwas vom Gründergeist vorhanden ist. Dieses Feuer des Anfangs wieder zum Glühen zu bringen, wäre fürwahr ein pfingstliches Wunder, denn dann würden wir nicht aneinander vorbei- oder gegeneinander reden – wie beim Turmbau zu Babel - , sondern einander verstehen, als Brüder und Schwestern und als Mitmenschen gleicher Würde aufeinander zugehen und einander verstehen.
Gottes Geist schert sich nicht um Grenzen, Kulturen und Nationalitäten. Er spricht vielmehr in allen Sprachen. Wenn zu Pfingsten alle in der Muttersprache verstehen, so heißt dies, dass Gottes Geist dem Fremden genauso nahe ist wie mir selbst. Jede nationale Arroganz, jede Überheblichkeit gegenüber anderen Kulturen verbietet sich. Für Gott ist niemand ein Ausländer!

Auch in der Kirche haben wir diesen Heiligen Geist nötig. Das Wort Pfingsten kommt vom griechischen „pentekoste", was wiederum zu Deutsch „fünfzig" heißt, in Anspielung an die fünfzig Tage zwischen Ostern und der Sendung des Geistes.
Es sind heuer genau fünfzig Jahre her, dass Papst Johannes XXIII im Jänner 1959 die Welt mit der Ankündigung überraschte, er wolle ein Konzil einberufen, nachdem die Kirche vier Jahrhunderte seit dem Konzil in Trient wie eine geistliche Festung erschien. Johannes XXIII wollte „die Fenster aufstoßen". Gottes Geist hat nämlich etwas gegen geschlossene Gesellschaften; er reißt Fenster und Türen auf und drängt zur Mitteilung und er zielt auf Verständlichkeit.
Verschiedene Ereignisse, so etwa die Rücknahme der Exkommunikation der lefebvrianischen Bischöfe, zumal auch des Holocaustleugners Williamson, restaurative Tendenzen in Liturgie und Gemeindeleitung, Zementieren der

Vergangenheit, mangelnder Dialog zwischen Lehramt, Theologen und dem Glaubenssinn des Volkes, konservative Bischofsernennungen, der Einfluss fundamentalistischer Kreise im Vatikan und manch anderes nähren eher den Eindruck einer Windstille, wenn nicht sogar einer Stagnation oder eines Rückwärtsganges. Bischof Helmut Krätzl befürchtet zu Recht, dass das letzte Konzil „Im Sprung gehemmt" (Buchtitel) sei, ja manche Glaubende sind eher rückwärtsgewandt statt nach vorne ausgerichtet. Da ist freilich die Gefahr, dass aus der stürmischen Taube des Heiligen Geistes ein flügellahmer Vogel wird.
Deshalb möchte ich zu diesem Pfingstfest an dieses Aufstoßen der Fenster im Zweiten Vatikanischen Konzil kurz erinnern, zumal ich es selbst 1963 bis 1965 live in Rom während des Studiums miterlebt habe – eine Erfahrung, von der ich bis heute zehre und die ich mir nie nehmen lassen werde!
Als die 3000 Bischöfe im Oktober 1962 aus aller Welt nach Rom kamen, lehnten die große Mehrheit der Bischöfe die von der römischen Kurie erarbeiteten Vorschläge ab und zog die bedeutendsten Theologen zur Mitarbeit heran, u.a. solche die kurz vorher noch als zu fortschrittlich gemaßregelt wurden. Offenbar entsprachen diese Vorschläge nicht dem, was Johannes XXIII. bei der Eröffnung des Konzils sagte (und was heute noch genau so gilt!): „Unsere heilige Verpflichtung besteht nicht allein darin, diesen kostbaren Schatz (unseres Glaubens) zu bewahren, als ob wir uns nur um das Vergangene zu kümmern hätten; wir wollen jetzt freudig und furchtlos ans Werk gehen und dieser uralten, ewigen Lehre eine Bedeutung geben, wie sie den Verhältnissen entspricht" (= aggiornamento). Paul VI hat nach dem Tod von Johannes XXIII. im Sommer 1963 sein Werk fortgesetzt bis zum Abschluss im Dezember 1965.
Vieles ist uns heute selbstverständlich, etwa in der Liturgie die Landessprache, die stärkere Betonung der Heiligen Schrift, die Möglichkeit der Kommunion unter beiden Sprachen, die Einfachheit der Riten und vieles mehr. Das beherrschende Kirchenbild wurde das des wandernden Volkes Gottes –mit der wichtigen tätigen Teilnahme der Laien. Es geschah die Öffnung hin zur Welt und die Anerkennung der Autonomie der weltlichen Bereiche, aber auch der Bedeutung der Caritas, denn Kirche ist da für den Dienst an der Menschheit.
Von epochaler Bedeutung sind die Erklärungen über die Religionsfreiheit, über die Beziehung zu den anderen Weltreligionen und deren auch positive Sicht, vor allem über die ganz besondere Verwurzelung unseres Glaubens im Judentum.
Hat der große Theologe Karl Rahner im Konzil nicht den Abschluss oder Höhepunkt einer Entwicklung gesehen, sondern den Beginn eines neuen Zeitalters, „den Anfang eines Anfangs", so steht heute die Frage im Raum, ob die Kirche Angst vor dem eigenen Mut bekommen hat.

Die Kirche darf sich vor der Moderne nicht verschließen, sondern muss ihre Botschaft in unsere Zeit hineinbuchstabieren, ohne modernistisch oder verwässert zu sein. Von Jesu Botschaft her ist ganz gewiss die Formulierung der Religions- und Gewissensfreiheit sowie das Plädoyer für den jüdisch-christlichen Dialog und die Öffnung zur Ökumene für die Entwicklung der Kirche unwahrscheinlich wichtig gewesen; all das gehört sozusagen zu ihrem Kerngeschäft und darf nicht mehr rückgängig gemacht werden.
Feiern wir Pfingsten und beten wir um diesen Geist für unsere Kirche. Holen wir Atem und setzen wir uns dem Geist Gottes aus, der weht, wo er will, ohne zu wissen, woher er kommt und wohin er geht. Er entlastet uns, dass wir selbst zu viel pusten und Wind machen mit noch mehr Anstrengung, Projekten, Sitzungen und Papieren. Dieser Geist führt jedenfalls aus der Enge in die Weite und macht lebendig und schafft neue Möglichkeiten.
Das Vertrauen auf das Wehen des Geistes heißt nicht, tatenlos zu sein. Wir hatten auch beim Segeln immer wieder alle Hände voll zu tun, damit das Spiel mit dem Wind gelingt – in der Gewissheit: auf den Wind ist Verlass. Als getaufte und gefirmte Christen sollten wir diese Seglerweisheit teilen. Amen.

Dreifaltigkeitssonntag

Röm 8,14-17; Mt 28,16-20 (Kulturhauptstadt „Linz 09: 7.6.2009)

Der heutige Dreifaltigkeitssonntag ist eine Herausforderung und Einladung zugleich, uns diesem schwierigen und doch ganz zentralen Geheimnis unseres Glaubens zu stellen. Wer ist dieser Gott, dem wir unsere Existenz verdanken? Wir könnten diese Frage beiseite lassen, wäre es nicht zugleich immer auch die Frage nach uns selbst. Wer sind wir eigentlich? - Lassen wir uns mit Jesus, wie es im Evangelium heißt, auf den Berg führen. Auch wenn uns im Alltag Zweifel und vor allem Fragen bleiben, vielleicht bekommen wir doch eine selige Ahnung von diesem Geheimnis Gottes, das sich auch im Menschsein widerspiegelt.
Wer ist Gott? Müssen wir in unserer modernen Zeit Gott nicht vielmehr als Zentralrechner des Universums sehen, als fehlerlose Elektronik, als ein namenloses, unpersönliches Naturgesetz? - Ist er dann aber nicht auch unbarmherzig, so wie etwa ein Computer den kleinsten Tippfehler etwa in einer Mailadresse, registriert und die Botschaft deshalb nicht an den Adressaten weitergibt? Denn die Elektronik kennt keine Gnade, keine Vergebung, vor allem keine Liebe!
Mit Dreifaltigkeit ist sicherlich keine höhere Mathematik gemeint, sondern sie besagt, dass Gott selbst ein persönliches Wesen ist, ein Du, das Gnade und

Erbarmen kennt, ein letztes liebendes mütterlich-väterliches Du, der/die die Sonne aufgehen lässt über Böse und Gute.
Dreifaltigkeit besagt, dass Gott selbst Beziehung, Kommunikation und Kommunion ist, weil Leben Beziehung ist. Beziehung aber ist nur dort echte Beziehung, wo sie Liebe und Freiheit beinhaltet.
In Gott selbst ist Einheit und Vielfalt: der eine Gott in drei Personen, wie die Theologie gleichsam stammelnd sagt. Wir haben deshalb für den heutigen Tag das Leitwort gewählt „ Die Vielfalt schätzen, die Einheit stärken."
Das Volk Israel musste sich in einer Umgebung von Vielgötterei vor allem um die Einheit Gottes, um den Monotheismus sorgen. Es bedarf damals und heute dieser Einheit, damit Gott und die Welt nicht zerfällt im Aus- und Gegeneinander, wie es sich im Turmbau zu Babel zeigt.
Damit jedoch diese Einheit nicht zum aggressiven, dialogunfähigen Absolutheitsanspruch, oder zur einsamen Monade wird, die alles vereinnahmt und aufsaugt, sozusagen, eine Mega-Ego-AG, hat er sich in seinem Namen als Beziehung offenbart „Jahwe" – d.h. ich bin der, der mitgehend, und schützend für Dich / Euch da ist. Darin kommt zugleich Gottes Wille zum Ausdruck, sich dem Menschen mitzuteilen und ihm nahe zu sein. In Jesus wird er zum aus Liebe zu uns herabgekommenen Gott, der uns als Bruder nahe ist und dessen Geist in unsere Herzen ausgegossen ist – der Geist, der uns zu Kindern Gottes macht, der Geist, in dem wir voll Vertrauen rufen: Abba, Vater!
Nicht ein Urknall und die daraus folgende Evolution sind es, die das Universum im Innersten zusammenhalten, sondern Gott, der in sich als liebende Beziehung Einheit und Vielfalt ist und dessen Schöpfung Einheit und Vielfalt als innerstes Geheimnis widerspiegelt.
Wo immer wir sind, gilt es deshalb auf der einen Seite die Einheit zu stärken – gegen konkurrierende und rivalisierende, also lebensverneinende Vielfalt, gegen tödliches Aus- und Gegeneinander – und auf der anderen Seite gilt es, die Vielfalt zu schätzen – gegen freiheits- und liebesfeindliche Uniformität, gegen ideologische Einheitlichkeit und militanten Gleichschritt. Überall, wo dieses Göttliche der notwendigen Einheit in der berechtigten und notwendigen Vielfalt zum Tragen kommt, dort wird die Welt gerade auch in ihrer Eigenständigkeit zu dem, was der große Theologe Teilhard de Chardin den „Göttlichen Bereich" (le milieu divin) nennt.
An ein paar Beispielen versuche ich es aufzuzeigen:
Im eigenen Leben wird die Einheit gestärkt, wo ich durch eine letzte bergende Mitte (wir nennen sie dreifaltigen Gott) immer wieder trotz mancher Brüche Sinn erfahren darf, sei es im Staunen, in der Freude am Dasein, in der Liebe zum Du oder in der Eingebundenheit in eine Gemeinschaft), zugleich kommt die Vielfalt zur Geltung, wo mein Dasein und Anderssein, selbst mein

gelegentliches Kantigsein wertschätzend in der Gemeinschaft ernst- und angenommen wird.
Auch in der Ehe und Familie gilt es, die Einheit zu stärken und zugleich die Vielfalt und Andersheit der Personen und Meinungen zu schätzen –mit den damit auch notwendigen Kompromissen.
In der Pfarre hier erleben wir, wie viele Menschen am gleichen Strange ziehen und sich zum Wohl des Ganzen einbringen, also die Einheit stärken. Zugleich sind wir dankbar für die Vielfalt, wie sie sich auch durch die verschiedenartigen Seelsorgstellen in unserem Pfarrgebiet ausdrückt. Wenn ich nun diese anderen Knotenpunkte unseres Seelsorgenetzes erwähne, so tue ich es verbunden mit einem herzlichen Gruß an all jene, die unsere Einladung angenommen haben und gekommen sind: die Elisabethinen vom Erholungsheim am Freinberg, die Vertreter des Caritas-Seniorenheimes St. Anna, des Sonnenhofes und des Caritasheimes St. Elisabeth, alle, die vom Betriebszentrum Mensch und Arbeit und vom Treffpunkt Pflegepersonal in der Sophiengutstrasse da sind. Die Jesuiten vom Freinberg konnten leider nicht kommen. Die Wertschätzung der genannten Vielfalt wollen wir in den Fürbitten heute zur Sprache bringen.
In der Kirche als „global player“, als Weltkirche bedarf es auch der Einheit durch den Dienst des Petrusamtes. Damit ist jedoch kein Zentralismus gemeint, in dem der Dialog zwischen Lehramt, Theologie und Glaubenssinn des Volkes unterdrückt wird und in überzogenem Gehorsam Uniformität statt der Einheit im Glauben verlangt wird. In diesem Sinn warnte auch Kardinal Walter Kasper schon vor 10 Jahren vor übertriebenem Zentralismus und forderte eine gewisse Flexibilität für eigenverantwortliche sach- und situationsgerechte Lösungen. „Ein Weniger an Dokumenten und an Einzelvorschriften Roms wäre in dieser Hinsicht ein Mehr an Autorität des Petrusamtes in den wirklich grundlegenden Frage, welche die Einheit der Kirche berühren.“ (W. Kasper, Zur Theorie u. Praxis des bischöfl. Amtes, in: Auf neue Weise Kirche sein, 47f) Auch die Kirche soll, um eine Bildwort von Altbischof Stecher zu verwenden, lieber eine bunte Bergweise sein als ein gleich geschnittener Rasen!
Auch die Ökumene der christlichen Kirchen kann nur in einer versöhnten Vielfalt liegen, indem wir also die Einheit stärken und zugleich die Vielfalt schätzen. Ich freue mich, dass die Mitfeier des evangelischen Superintendenten Dr. Lehner heute ein starkes und dankenswertes Zeichen in dieser Richtung ist.
Schließlich noch ein Wort zu Europa (auch anlässlich der Wahlen heute): Ich wünsche mir auch für unseren Kontinent, dass wir die Einheit stärken, nicht im Sinne einer sich vom Rest der Welt abschottenden Wirtschaftsbastion, sondern im Sinne des Gründergeistes als ein Friedensprojekt, in dem wir miteinander respektvoll und geschwisterlich umgehen und auch unsere Verantwortung gegenüber dem Rest der Erde nicht vergessen. „Frieden, Gerechtigkeit und

Bewahrung der Schöpfung“ müssen die Anliegen nicht nur des konziliaren Prozesses, sondern auch der Politik und Wirtschaft sein. Jede Nation möge dafür ihre nationalen Begabungen einbringen und zur berechtigten Vielfalt beitragen, statt zu schauen, das größte Stück vom Kuchen für sich allein zu erhaschen. Herzlich heißen wir bei uns EU-Bürger aus anderen Ländern und alle willkommen, die heute diesen Sonntag-Morgen mit uns feiern.
Was können wir uns Besseres wünschen als dass im eigenen Leben, in der Pfarre, in den Kirchen und auch in Europa mehr und mehr wirklich wird, was Augustinus sagte: „Im Notwendigen die Einheit, im übrigen die Freiheit, in allem die Liebe.“ Überall wo Einheit gestärkt und Vielfalt geschätzt wird, ist der Mensch Ebenbild des einen und in sich dreifaltigen Gottes. Da wird das Reich Gottes geerdet, da wächst der göttliche Bereich („milieu divin“.).
Tun wir das uns Mögliche in der entlastenden gläubigen Gewissheit der Zusage des Herrn:
„Ich bin bei euch alle Tage bis zum Ende der Welt.“ Amen.

12. Sonntag

Ijob 38,1.8-11; Mk 4, 35-41 (21.6.2009)

„Wir wollen ans andere Ufer hinüberfahren.“ Diese Aufforderung Jesu aus dem eben gehörten Evangelium ist eine alltägliche Szene aus dem Leben Jesu und seiner Jünger während seines fast dreijährigen Aufenthaltes am See Genezareth. Alle, die bereits im Heiligen Land waren, können sich das recht gut vorstellen, auch wenn sie wahrscheinlich keinen dort gefürchteten Fallwind miterlebt haben.
Für mich ist es aber nicht nur eine beiläufige Begebenheit, sondern dieses Fahren von einem Ufer zum anderen ist für mich doppelbödig und symbolisch bedeutsam: wir sind alle zwischen zwei Ufern unterwegs – Pilger zwischen Geburt und Tod. Der Weg ist nicht das Ziel, wie man heute oft sagt, sondern der Weg hat ein Ziel, das andere Ufer!
Auch für unsere Lebensüberfahrt gilt, dass sie oft eine ganz schön riskante und wackelige Angelegenheit ist. Das Leben ist immer wieder lebensgefährlich, wie es der Seesturm ausdrückt. Ja, manchmal schlägt eine todbringende Welle nach der anderen über unser Lebensboot hinweg und scheint es zum Kentern zu bringen. Man wird leicht seekrank!
Stellvertretend für alle Menschen, denen es dann schlecht geht und die verständlicherweise aufbegehren, wenn sie vor lauter Leid nicht schon mundtot sind, steht für mich der alttestamentliche Ijob mit all den Plagen, die über ihn

hereinbrechen. Er schreit die Frage aller leidgeprüfter Kreatur hinaus, eine Frage, die so alt wie die Menschheit ist: Warum? Warum?
Die heutige Lesung aus dem Buch Ijob ist auf die Klagen des Ijob und seine Auseinandersetzung mit Gott keine direkte Antwort auf diese Frage, aber es ist der Hinweis Gottes, dass er das gewaltige Meer beherrscht und deshalb letztendlich auch die Stürme und Wogen nicht nur des Meeres, sondern auch des menschlichen Lebens zur Ruhe bringt. Ijob kann sich an Gott festhalten, auch wenn aus menschlicher Perspektive keine Lösung mehr in Sicht ist. „Er ist mein Gott, der in der Not mich wohl weiß zu erhalten, drum lass ich ihn nur walten" (GL 294), haben wir gesungen.

Was vom Leben des einzelnen gilt, gilt auch vom „Schiff, das sich Gemeinde nennt", wie es in einem Lied heißt, von der Kirche. Auch da schlagen oft die Wellen hoch. Glaubt man der öffentlichen, vor allem der veröffentlichten Meinung, befindet sich die Kirche heutzutage in der Lage eines den Sturmwinden ausgelieferten Bootes. Verständlich, wenn die Mannschaft (es ist ja vielfach eine „Mann"-schaft am Steuer!) in Angst und Panik gerät, vor allem dann, wenn sie glaubt, sich selbst überlassen zu sein. Was ist unter solchen Umständen von einem schlafenden Kapitän zu halten? Interessiert ihn das Schicksal des Bootes und der Mannschaft nicht? - Liegt einem nicht der Vorwurf Israels an Gott in der Wüste nahe: „Hättest du uns doch in Ägypten gelassen (also an dem einen Ufer), wo wir wenigstens zu essen und trinken hatten! Hier aber gehen wir unter!"
Sind das nicht auch unsere Fragen im Schiff, das sich Gemeinde, das sich Kirche nennt?! Die Menschen reagieren darauf sehr verschieden.
Da gibt es die Menschen, die so lange im Boot bleiben, solange es nicht stürmisch ist. Das mit dem anderen Ufer ist doch eine recht unsichere Angelegenheit! „Nichts Gwiss weiß man nicht!" Außerdem gibt es bei dieser Überfahrt kein Bonus-Malus-System: Man kann sich noch so bemühen, und trotzdem geht's einem vielleicht schlecht und zahlt drauf. Andere wiederum, die keine Regeln einhalten, sprich, nicht die Gebote Gottes beachten, scheint's gut zu gehen; sie leben in Saus und Braus!
Und Jesus scheint die ganze Sache aus den Händen geglitten zu sein. Er hat`s wohl gut gemeint, aber die Realität ist stärker als sein Traum! Wie man von Luft und Liebe nicht leben kann, so auch nicht von seiner Devise „Liebe und Vertrauen". Die Kinder dieser Welt, die seiner Einladung nicht folgen, sind halt klüger. –Jesus selbst schläft – und auf sein Bodenpersonal ist wenig Verlass. Denen reicht das Wasser selbst bis zum Kragen und sie vermögen das Schiff nicht mehr zu steuern. Abgesehen davon, wollen einige nur ihre eignen Ziele erreichen!

Diese verschiedenen Reaktionen hat wohl auch Christophorus Kolumbus auf seiner Überfahrt vom bekannten Ufer Europas zu einem noch unbekannten Ufer einer wirklich neuen Welt erlebt.
Die einen steigen trotz Einladung überhaupt nicht ein in das wacklige Boot, denn sie vermissen das Festland unter den Füßen und scheuen das Risiko. Ihre Sehnsucht ist schon gestillt mit dem leicht Greifbaren, mit dem, was sie haben.
Andere fürchten sich, dass das Schiff sinke, und bringen ihre Haut in Sicherheit. Sie richten es sich allein mit ihrem Herrgott oder brauchen ihn nicht; es geht auch ohne ihn gut.
Andere wiederum sind wie der, von dem Dag Hamarskjöld sagt: „Er war einer auf der Karavelle des Columbus und er fragte sich ängstlich, ob er rechtzeitig zurück sein werde ehe ein anderer den alten Schuster verdrängte.“ –Obwohl auf der Fahrt an das andere Ufer einer neuen Welt, war sein Herz spießbürgerlich kleinkariert geblieben und hatte nie den Schritt des Mutes und echten Aufbruchs getan. Es genügte ihm sein Schrebergarten und seine Halbe Bier.
Wieder andere starten eigene Rettungsaktionen. Oft sehr fromm und fast fanatisch säubern sie das Boot von weniger Frommen, grenzen sie aus und werfen Sünder über Bord. Sie reißen das Ruder des scheinbar schlafenden Herrn an sich und steuern ihren eigenen fundamentalistischen Kurs. Nicht selten werden dabei die anderen als Unfromme und Ketzer an oberster Stelle verleumdet. Beispiele dazu gibt's genug!
Da gibt es auch jene so genannten Realisten, die an den Koch des Kolumbus erinnern. Er kommt eines Tages zu Kolumbus und sagt: „Die Speisevorräte sind halb aufgebraucht. Wenn wir jetzt umkehren, kommen wir noch zurück in den rettenden Hafen.“ Kolumbus mag die Tagesrationen gestreckt haben, aber der Tag blieb nicht aus, an dem er entscheiden musste –aller bloß menschlichen Berechnung und Absicherung zum Trotz – weiterzufahren zum anderen Ufer.
Menschen wie Kolumbus steigen wirklich ins Boot ein, auch in das Boot mit Jesus, um an das andere Ufer zu fahren - trotz aller Unsicherheit in der stürmischen See und anbetracht des scheinbar schlafenden Jesus.
Auch wir alle im Boot des Schiffes, das Kirche heißt, werden gelegentlich Angst haben und uns des öfteren hilflos vorkommen. Aber in unserer Not schreien wir zu Jesus „Herr, kümmert es dich nicht, dass wir untergehen?“ – und - das ist die Frohe Botschaft des heutigen Evangeliums – wir werden allem Augenschein zum Trotz die Erfahrung machen, dass Jesus Wind und Wellen, den Sturm und die tobende See besiegt, dass er die Todesfluten in die Schranken weist und uns sicher ans andere, von uns noch nie betretene Ufer bringt.
Die Frage gilt uns: „Warum habt ihr solche Angst? Habt ihr noch keinen Glauben?“

Auch dieser Bericht ist bereits von Ostern her geschrieben worden. Und unter dem österlichen Licht dürfen wir sagen: Jesus hat sich fürwahr nicht herausgehalten und nicht geschlafen, sondern er hat sich dem sintflutlichen Wasser, den Todesfluten übergeben. Er hat sich dem Toben der Völker und dem Sturm des Hasses ausgesetzt und deren tödliche Lanze hat ihn getroffen. Durch den Tod und die Abgründe der Hölle hindurch ist er im Vertrauen auf den mütterlich-väterlichen Gott ans andere Ufer gekommen. Durch die Angst und Enge des Todes ist er eingegangen in die Fülle des Lebens. Es gibt sie nach wie vor die Todesfluten, die keinen verschonen, aber es ist ihnen ihr Stachel genommen, denn „ihm müssen Wind und See gehorchen".
Auch jetzt ergeht an uns alle die Einladung, ins Boot Jesu zu steigen, bzw. darin zu verbleiben - in der Gewissheit, dass er trotz der scheinbar siegreichen Todesfluten uns aus aller Ausweglosigkeit ans andere gute Ufer rettet. Das feiern wir, wenn wir jetzt das Gedächtnis seines Lebens, Sterbens und Auferstehens feiern. Trotz aller Schwäche der Kirche und ihres Bodenpersonals sind wir aufgerufen zu vertrauen und zu glauben, also wie Kolumbus die Fahrt ans Ufer der Neuen Welt zu wagen, denn ER selbst ist mit im Boot und erwartet uns zugleich auch am anderen Ufer.
Dieses notwendige Vertrauen für unsere Lebensüberfahrt von diesem Ufer zum anderen kommt für mich in einem Gedicht von Ingeborg Bachmann zum Ausdruck:
Wenn einer fortgeht, muss er den Hut mit den Muscheln,
die er sommerüber gesammelt hat,
ins Meer werfen und fahren mit wehendem Haar,
er muss den Tisch, den er seiner Liebe deckte, ins Meer stürzen,
er muss den Rest des Weins, der im Glas blieb, ins Meer schütten,
er muss den Fischen sein Brot geben und einen Tropfen Blut ins Meer mischen,
er muss sein Messer gut in die Wellen treiben und seinen Schuh versenken,
Herz, Anker und Kreuz,
und fahren mit wehendem Haar!
Dann wird er wiederkommen. Wann?
Frag nicht. (Anrufung des Großen Bären, S 57f).

Fronleichnam

Hebr 9,11-15; Mk 14,12-16.22-26 (15.6.2006)

Das Christusereignis ist das Geheimnis unseres Glaubens. Ein Geheimnis kann letztlich nicht erklärt werden, aber es muss glaubwürdig sein. Der Mensch versucht deshalb, es in Worte zu fassen. Er muss sich dabei bewusst bleiben,

dass alle Worte zu kurz greifen, einseitig sind und durch andere korrigiert und ergänzt werden müssen.
Schon die Schreiber der neutestamentlichen Schriften ziehen aus verschiedenen Bereichen Vergleiche heran – auch auf die Gefahr hin, missverstanden zu werden. Wenn z.B. in der Sprache der Geschäftswelt gesagt wird, dass wir durch Christi Blut losgekauft worden sind, könnte man meinen, dass ein rachesüchtiger Gott nur um diesen großen Preis wieder versöhnt wurde, wie in manchen antiken Mythen, oder dass dem Satan ein Preis bezahlt werden musste. Dagegen muss man gleich sagen, dass niemandem ein Preis bezahlt wurde und dass Gott selbst es ist, der aus eigener Initiative den Menschen sucht und liebend umfängt.
Ein schwer verständliches Wort ist auch der Opfer-Begriff. Der Hebräerbrief, aus dem die heutige Lesung ist, erklärt das Christusgeheimnis vor allem in der Sprache des alttestamentlichen Opfers. Auch hier gibt es die Gefahr der Engführung und des Missverständnisses.
Im Zusammenhang mit der Eucharistie, also dem heutigen Festgeheimnis, gibt es gleichsam zwei Fronten: die einen versteifen sich auf die Messe als das Opfer und sehen die Betonung des Mahles als Fehlentwicklung, die anderen hingegen können das Wort „Opfer“ gar nicht mehr hören können und sprechen nur vom „Mahl“.
Tatsache ist freilich, dass „Opfer“ in der Bibel, vor allem im AT und auch in unserer liturgischen Sprache häufig vorkommt. Wir müssen uns also damit auseinandersetzen.
Bei vielen Religionen hatten Opfer tatsächlich die Bedeutung, durch die gewaltsame Tötung von Tieren oder gar von Menschen die Götter zu versöhnen. Die Geschichte von Abraham, der bereit ist, Isaak zu opfern, ist aber gerade nicht die Bestätigung von Menschenopfern, sondern das deutliche Zeichen, dass der Gott Israels das nicht wünscht.
Das Opfer ist aber in verschiedenen Religionen ein ganz wichtiger Ausdruck des Glaubens an Gott (oder Götter). Es wird etwas – meist sehr Kostbares – Gott dargebracht und damit dem menschlichen Gebrauch entzogen. Das geschah nicht selten durch Verbrennung der Gaben. Oft waren gerade Tieropfer mit einem Opfermahl verbunden, bei dem Teile des Geopferten verzehrt wurden. Die Teilnehmer glaubten, dadurch Anteil am Leben und an der Kraft der Gottheit zu erhalten.
Auch im Alten Testament finden wir teils noch solche Vorstellungen. Die uns oft grausam scheinenden Opfer- und Blutriten haben aber vor allem damit zu tun, dass das Blut als Träger des Lebens angesehen wurde. Was mit Blut besprengt wird, ist dem Leben geweiht und von allem gereinigt, was von Gott fern hält. Der Bund Gottes mit seinem Volke am Fuße des Berges Sinai durch

Mose wird auf diese Weise geschildert: „Da nahm Mose das Blut, besprengte damit das Volk und sagte: das ist das Blut des Bundes, den der Herr aufgrund all dieser Worte mit euch geschlossen hat."

Nicht die medizinische Zusammensetzung des Blutes zählt, sondern seine übertragene Bedeutung als Träger des Lebens.

Leben wiederum ist in der wachsenden Erfahrung Israels zutiefst liebende Beziehung. Israel hat also Opfer immer mehr als Geschenk Gottes verstanden, in dem die Menschen ihm begegnen können.

Vielleicht denkt jetzt mancher an Indianergeschichten, in denen Freundschaften mit Blut besiegelt werden. Darin spiegelt sich etwas von der Bedeutung des Blutes als Lebensträger und als Ausdruck der freundschaftlichen Verbundenheit wider.

Auf diesem Hintergrund ist die schwierige Sprache der heutigen Lesung aus dem Hebräerbrief etwas verständlicher. Der Opfergedanke des Alten Bundes wird nicht einfach abgelehnt, sondern auf Christus hin erneuert. Für den Schreiber des Hebräerbriefes ist Christus Opfer und Priester zugleich. Er ist Priester, denn er ist es, der uns zuerst geliebt hat. Und er ist Opfer, denn er gibt „sein eigenes Blut", d.h. sein Leben, nicht das „Blut von Böcken und jungen Stieren".

Der Schreiber folgert: Wenn nun schon - im damaligen Verständnis - die Besprengung mit Tierblut die Verbindung mit Gott bewirkt, um wie viel mehr bewirkt das Blut Christi volle Reinigung und ewige Erlösung. Christus ist deshalb „der Mittler eines neuen Bundes", d.h. er ist die unwiderrufliche Zusage der Liebe Gottes zu uns Menschen.

Wir tun uns wahrscheinlich mit diesem Zugang, über den Opfergedanken des AT das Christusgeheimnis in NT zu verstehen, nicht leicht. Dazu kommt, dass „Opfer" einen negativen Beigeschmack hat. Wer kennt nicht allzu fromme „Opferseelen", die unseren Glauben nicht anziehend machen? Opfer um des Opfers willen kann doch nicht sinnvoll sein! Solches Christsein vermehrt nicht die Freude, die Christus uns bringen wollte!

Opfer erinnert an Verzicht, etwas weggeben, nicht haben. Noch negativer wird dieses Wort im Zusammenhang von sinnlosen „Verkehrsopfern", „Mordopfern" oder ähnlichem.

Zu Recht tun wir uns mit einem bloß kultischen Opferbegriff schwer. Wir müssen vielmehr Anleihe nehmen beim Opfer-Begriff der Propheten.

Das wahre Opfer bei den Propheten ist das Leben nach dem Willen Gottes, nicht das Darbringen (und Zerstören) von Tieren oder irgendwelchen Dingen. Die Propheten verwerfen alle Opfer derer, die zugleich lieblos zu den Schwachen und Zukurzgekommenen sind. So wird auch Jesus zum großen Kritiker eines bloß kultischen Opfers ohne die Wandlung des Herzens. Jesus

sieht das wahre Opfer im Tun des Willens Gottes. Diesen Willen zu tun ist seine Speise. Aus Liebe zu Gott und den Menschen bringt er „Opfer“.
Zu diesem Verständnis von Opfer haben wir auch in unserem Alltag Zugang, wenn ich z.B. jemandem zuliebe auf etwas verzichte. Es kann die berechtigte Selbstliebe sein, die mich aufs Rauchen oder maßlose Essen verzichten lässt. Es ist vielfach die Liebe zum Nächsten, die mich motiviert, dem anderen zuliebe auf etwas u verzichten, also ein Opfer zu bringen. Es ist schließlich die Liebe zu Gott, dem Geber alles Guten, die mich die Zeit zum Gebet oder für den Gottesdienst anderem scheinbar so Wichtigem vorziehen lässt.
Es steht nicht der Verzicht, sondern das Gute, das ein anderer dadurch erfährt, im Vordergrund des Erlebens, die Liebe zu Gott, zum Nächsten und zu mir. Wer je Liebe in Freundschaft oder Partnerschaft erlebt hat – und es ist hoffentlich keiner, dem dies nie widerfahren ist! – der kennt solche Verzichte, also „Opfer“. Auch jede Vater- oder Mutterliebe weiß gewiss um solche gern gebrachte „Opfer“ – aus Liebe zu den Kindern!
So lässt sich auch das Leben Jesu als „Opfer“ verstehen, weil er sein Leben nach dem Willen Gottes in Liebe zu den Menschen gelebt hat. Sein Tod am Kreuz ist nicht ein vom Satan oder gar von Gott verlangtes Opfer im Sinne einer von Gott oder dem Teufel geforderten Wiedergutmachung, sondern dieser Tod ist vielmehr die (von Menschen verhängte) Konsequenz eines solchen Lebens der Liebe in einer Welt vielfacher Lieblosigkeiten, in der der Sündenbockmechanismus eine blutige Spur durch die Geschichte zieht. Weil Jesu Leben und Sterben in diesem Sinn der sich schenkenden Liebe ein „Opfer“ war, konnte sein Tod als „Opfertod“ gedeutet werden. Seine Liebe zu Gott und zu den Menschen ließ sich Jesus sein Herzblut kosten!

Was wir in der Eucharistie feiern ist die Vergegenwärtigung dieses „Opfers“ Christi, d.h. seiner Liebe bis in den Tod, die in der Auferstehung zur Vollendung kommt. Es ist die Feier seiner Liebe.
Sagen wir es in der Sprache des Evangeliums. Jesus gibt dem Paschamahl des AT eine neue und zugleich seine volle Bedeutung als Hingabe seines Lebens aus Liebe zu den Seinen. Er tut es in den Zeichen von Brot und Wein, in die er sich selbst ganz hineinschenkt als Speise für unseren inneren Hunger und Durst, als Kraft für den Lebensweg und als Verheißung der Erlangung des Ziele: „Nehmt, das ist mein Leib...Das ist mein Blut, das Blut des Bundes.“
Brot ist dazu da, sich ganz zu verschenken, mit dem anderen durch das Essen ganz Gemeinschaft zu werden (Kommunion) und so Kraft zu geben für den nächsten Lebensweg; es ist zugleich Verheißung, das Ziel zu erreichen und an der Fülle des Lebens, dem ewigen Gastmahl teil zu nehmen.

Wein will das Herz des Menschen erfreuen; er ist auch das Sinnbild für Liebe, die Leben in Fülle schenkt. Jesus schenkt im Zeichen des Weines sich selbst, sein Blut, d.h. sein Leben und lädt darin zum Fest mit ihm und untereinander, einmal zum Fest ohne Ende.
So verstanden ist für mich kein Gegensatz zwischen recht verstandenem Opfer und Mahl, denn im eucharistischen Mahl geschieht durch die darin geschenkte Liebe zugleich die innigste Gemeinschaft (also Kommunion) zwischen Gott und den Menschen und zwischen den Kommunizierenden untereinander. Wenn wir heute das Heilige Brot auch in einer Prozession im Freien um die Kirche tragen, so wollen wir der Welt Zeugnis geben von dieser alle Begriffe und Worte sprengenden, weil unfassbaren Liebe Gottes zu uns Menschen. Amen.

14. Sonntag

2 Kor, 12, 7-10; Mk 6, 1b-6 (9.7.2006)

Das Evangelium berichtet von der Ablehnung Jesu in seiner Heimatstadt Nazareth. Einerseits staunen die Menschen über seine Taten und Wunder, andererseits darf das alles nicht wahr sein, denn es sprengt ihren Rahmen und ihre Vorstellungskraft. Schließlich ist Jesus einer von ihnen: der Sohn Marias (bei Lukas heißt es: der Sohn Josefs); seine Verwandtschaft ist doch bekannt ... und die sind nicht anders und besser als sie alle. Jesus ist für sie ein beschriebenes Blatt; man kennt sozusagen den Stoff, aus dem er gemacht ist!
Wie er sich aber nun gibt und wer er vorgibt zu sein, das sprengt die Grenzen ihrer gewohnten Bahnen, die Schienen ihrer Selbstverständlichkeit und Vertrautheit. Das macht ihn eindeutig zum Fremdkörper, der hier keinen Platz mehr hat. Fremdkörper gehören entsorgt - und bist du nicht willig, so brauche ich Gewalt!
Bei Markus heißt es, dass Jesus abgelehnt wurde und Anstoß erregte, so dass er - also aufgrund der psychischen Gewalt, aufgrund von „Mobbing“ - von sich aus Nazareth verlässt und in die benachbarten Dörfer zieht. Bei Lukas sind ganz offene Aggression und physische Gewalt im Spiel; es heißt: „Sie gerieten in Wut, sprangen auf und trieben Jesus zur Stadt hinaus; sie brachten ihn an den Abhang des Berges, auf dem ihre Stadt erbaut war, und wollten ihn hinabstürzen. Er aber schritt mitten durch die Menge hindurch und ging weg.“ (Lk 4, 29f)
Macht hat zwei Seiten: eine dunkle und eine helle. Bei der Vertreibung Jesu aus seiner Vaterstadt scheinen beide Seiten auf: die dunkle Seite macht sich düster und angsterregend breit; wegen ihr gilt: „Nemo propheta in patria sua! Kein Prophet hat Ansehen in seiner Heimat!“ Diese dunkle Macht verhindert, dass

Jesus dort Wunder tun kann. Kurz blitzt aber auch die helle Seite auf: Jesus geht souverän durch die Reihen weg und zieht sich in die benachbarten Dörfer zurück und lehrt dort.
Was steht hinter dieser dunklen Seite der Macht? Wodurch wird sie auf den Plan gerufen? Mit Jesus ging offenbar nicht nur ein helles Aufatmen durch die Menschenmenge, zumal bei den Kleinen, Kranken und Randexistenzen, sondern zugleich wurde es als ein Aufwiegeln und Aufrühren gegen das bestehende System, gegen die herrschende Ordnung, gegen das immer Gewohnte und gegen die Mächtigen erlebt. So wie die Botschaft von der Geburt eines neuen Königs den herrschenden König Herodes und ganz Jerusalem erschütterte, so sind nun auch seine Vater- und Mutterstadt, seine Verwandtschaft und Provinz verstört. Dieser Jesus passte fürwahr nicht in ihr Konzept
- als einer, der sich von Eltern und Verwandten distanziert, also die Grenzen der Biologie sprengt,
- als einer, der bei Lukas in dieser Auseinandersetzung mit seinen Landsleuten Ausländer, den Syrer Naaman und die Witwe von Sarepta, als Vorbilder hinstellte, also die Grenzen der völkischen Auserwählung verwarf,
- als einer der keine Berührungsängste mit Frauen hatte, also jeden Patriarchalismus und Sexismus aus den Angeln hob,
- als einer, der keinen Unterschied machte zwischen Arm und Reich, ja letztere sogar bevorzugt behandelte, also alle sozialen Klassen relativierte.
Dieser Jesus redete so anders als man es gewohnt war. Diese Andersheit und Fremdartigkeit verursachte Angst und bestärkte die Vorurteile gegen den, der sich nicht anpasste und der trotz Kritik seine Meinung bewahrte, also Zivilcourage, oder sagen wir besser, Glaubenskraft bewies. Man konnte sich schließlich nur wehren, indem man diesen anderen, diesen fremd gewordenen Jesus ausschloss, und die Vorurteile des eigenen geschlossenen Systems als Argumente einsetzte, um nicht anzunehmen, was er zu sagen hatte.
Er wollte die Grenzen der spießbürgerlichen und kleinkarierten Provinz sprengen, aber ebenso die Barrieren der sozialen Schichte und die Unterbewertung der Frau. Er wollte alle in eine Gemeinschaft Gleichwertiger führen - gegen das Oben und Unten von Völkern, von sozialen Schichten und von Geschlechtern. Es begann sich die Revolution abzuzeichnen, die Paulus in die Worte fasst: "Es gibt nicht mehr Juden und Griechen, nicht Sklaven und Freie, nicht Mann und Frau, denn ihr alle seid 'einer' in Christus." (Gal 3,28)

Überall, wo Menschen aus diesem Geist Jesu bis heute an dieser gewaltfreien Revolution der Liebe beteiligen, werden sie auch die dunkle Seite der Macht (von psychischem Druck bis hin zur physischen Gewalt) erleben und in ihrer heilenden und gemeinschaftsstiftenden Tätigkeit gehindert sein. Wo solcher Widerstand und dadurch eigene Ohnmacht von uns Christen in Gesellschaft und Kirche, am Stammtisch und im Smalltalk, vielleicht auch im Gespräch über Caritas oder Ausländer noch nicht erlebt wurde, müssen wir uns ehrlich fragen, ob wir nicht selbst schon klein beigegeben haben oder gar als schweigende Masse willige Handlanger der dunklen Macht geworden sind. Wir müssen uns selbstkritisch fragen, ob wir in Gesellschaft und Kirche genügend gegen Rassismus, Sozialdiskriminierung und Sexismus auftreten oder ob wir uns den gängigen Trends in unserer 'Patria', in unserer Heimat und Umgebung angepasst haben.

Nehmen wir ein Beispiel: Toleranz und Akzeptanz werden zwar allgemein als Bestandteile einer demokratischen, westeuropäischen Kultur verstanden, geübt werden sie jedoch im Alltag, im Kleinen der Familie und im Großen etwa der EU, nur sehr mangelhaft. Vielfach finden sich Intoleranz, Vorurteile und Klischees gegenüber Einwanderern und 'Ausländern', ohne die damit verbundenen Probleme zu verharmlosen. Es gibt sicherlich eine Bring- und auch eine Holpflicht!

Die Vorwahlzeit hat ja praktisch vor allem mit diesen Themen begonnen und Rassismus und Fremdenfeindlichkeit werden von populistischen Politikern sicherlich missbraucht, um verallgemeinernd Ausländer zu stigmatisieren und dadurch auszugrenzen.

Im Fußball haben wir Österreicher bei der Weltmeisterschaft nichts zu bestellen. Man sagt uns freilich nicht ganz ohne Grund nach, dass wir im Raunzen Weltmeister wären. Ich frage mich nach den Gründen, warum gerade wir in Österreich, dem siebtreichsten Land der Erde, z.B. bezüglich EU-Zugehörigkeit das kritischste Land sind. Ist es nicht vielfach auch die Angst um den eigenen Reichtum, weil viele Menschen eine Ego-AG gegründet haben? Langjährige Wertestudien stellen fest, dass das Ich –etwa gegenüber der Familie oder dem Ja zum Kind - noch ständig wächst. Wo aber der eigene gute Lebensstandard Hand in Hand mit Entsolidarisierung geht, da besteht eine große Gefahr für den Einzelnen, für Österreich, für Europa und für die Erde als ganze.

Jeder Mensch ist für die dunkle Seite der Macht anfällig, aber dass ihre Versuchung vor allem eine typisch männliche ist, zeigen Geschichte, Politik und auch Psychologie. Selbst der Apostel Paulus spricht in der Lesung von der Anfälligkeit, sich zu überheben. Uns allen fällt es nämlich schwer, unser kleines Ich zu entthronen, unsere gemüthafte, nach innen und zugleich auf das Du ausgerichtete eher frauliche Beziehungsseite, unsere 'Anima' zu entwickeln und in Kirche und Gesellschaft zum Tragen zu bringen. Ob wir dadurch nicht auch

in Gefahr sind, den Heiligen Geist (den weiblichen 'Ruach'), der allein alles neu macht, auszusperren?
Paulus spricht in der damaligen mythologischen Sprache von einem Stachel im Fleisch und einem Boten Satans, wir würden sagen, von einer körperlichen Schwäche, die im Lauf der Geschichte mit allen möglichen Krankheiten identifiziert wurde. Er gesteht seine eigenen Ohnmachts- und Grenzerfahrungen ein und erkennt sie als Chance und Hinweis, dass unsere Bäume nicht in den Himmel wachsen; positiv gesagt, dass er gerade in seiner Schwachheit offen ist für Gottes Hilfe und Kraft. Statt Ohnmachts- und 'Grenzerfahrungen' auf alle Fälle zu vermeiden lädt er alle, aber besonders wohl die Männer ein, solche Erfahrungen der Schwachheit gegen die Gefahr der falschen Selbstermächtigung als 'Einbruchstor Gottes' dankbar anzunehmen (Gertrud von le Fort). „Erfolg ist nicht einer der Namen Gottes“ (Martin Buber).
Die dunkle Seite der Kraft hat schließlich Jesus nicht nur aus Nazareth, sondern auch aus Jerusalem hinausgeworfen und getötet; Jesu seine Ohnmachtserfahrung und sein Vertrauen auf die Gnade Gottes wurde zugleich zum unwiderruflichen und endgültigen Einbruch der grenzenlosen hellen Liebesmacht Gottes in diese Welt und zum Sieg des Lebens.

Wie soll Kirche hier und heute in der Nachfolge dieses ihres Herrn Macht und Autorität ausüben, m.a.W. wie soll die helle Seite der Macht aussehen?
Ich denke an einen Vortrag des Generalmeisters des Dominikanerordens (Timothy Radcliff), also jenes Ordens, der einst die Macht der Amtskirche mit dem Schwert der Inquisition durchsetzte und eines der dunkelsten Kapitel der Kirchengeschichte schrieb. Er warnte vor dem erhobenen Zeigefinger in der Verkündigung und sagte: „Jegliche externe Autorität, die mir sagt, was ich glauben oder tun soll, macht sich verdächtig.“ Er findet es falsch, die Autorität der Kirche immer stärker zu betonen und so andere zu unterwerfen, denn „die Leute werden entweder widerstehen oder einfach keine Notiz davon nehmen“. Die Lösung sieht er im Emmaus - Evangelium angedeutet (vgl. Furche v. 21. Okt. 99, S.6).
Wie erweist sich Jesus den Jüngern von Emmaus als erhellende und wärmende Macht und als echte Autorität? Nicht indem er Schweigegebote erteilt, sondern indem er ganz Ohr für sie ist und sie ihr Herz ausschütten können und frei von der Leber weg reden können, was sie bewegt, ohne sich genieren zu müssen. Nicht indem er ihnen ihre Menschenfurcht und Flucht bei der Kreuzigung nachträgt, sondern indem er sich von ihren enttäuschten Hoffnungen berühren lässt und ihre Sehnsucht ernst nimmt. Nicht indem er ihnen kraft seiner Unfehlbarkeit Ratschläge und Verordnungen gibt oder Sanktionen androht,

sondern indem er sich in sie einfühlt und sie dort abholt, wo sie mit ihren Tränen und Scherben stehen.
Jesus kehrt nicht den Lehrer und Rabbi hervor, obwohl er es war. Er gibt nicht Antworten auf nicht gestellte Fragen; er hält keinen Monolog; er drängt sich nicht auf; auf ihre Einladung hin geht er mit ins Haus und hält mit ihnen Mahl. Durch seine menschliche Nähe wird ihnen warm ums Herz. Indem er ihnen dient, erkennen sie ihn als ihren Herrn. Indem die Jünger ihn einfach verkünden und dementsprechend handeln, werden sie selbst zu Autoritäten.
Die Emmaus - Erzählung ist eine Herausforderung für jegliche Ausübung von Macht und Autorität, für die Amtskirche, aber auch für jeden Laien, ja für menschlichen Umgang miteinander überhaupt. Papst und Bischöfe, aber auch jeder Pfarrer und jeder Laie sind aufgefordert, für ihr Tun bei Jesus immer wieder Maß zu nehmen, und jede und jeder muss wohl gestehen, dass wir alle in dieser Schule Jesu erst Lernende sind und zeitlebens Nachhinkende bleiben.
Nachdem Jesus uns auch jetzt den Tisch des Wortes gedeckt hat, laden wir ihn nicht wie die Bewohner von Nazareth aus, sondern ganz bewusst wie die Emmaus - Jünger ein, bei uns zu bleiben, und auch den Tisch des Brotes zu decken. Amen.

15. Sonntag

Eph 1,3-10 ; Mk 6,7-13 (15.7.2000)

Das heutige Evangelium setzt dort an, wo es letzten Sonntag aufgehört hat: bei Jesu Aufenthalt in seiner Heimatstadt Nazareth.
Zuvor hatte Markus in den Kapiteln 4 und 5 im Licht des Glaubens an den Auferstandenen Jesus als den Herrn der Mächte und Gewalten geschildert, als den, der das Chaos bändigt, - so im Seesturm, als er Herr über Angst und Unglaube ist, - so in der Begegnung mit dem Besessenen von Gerasa, als er sich erweist als Befreier von allem, was Menschen knechtet und peinigt, - so in der Heilung der blutflüssigen Frau, die er dadurch wieder aus dem sozialen Out in die Gemeinschaft hereinholt, und schließlich - so in der Auferweckung der Tochter des Jairus, also sogar in der Gewalt über den Tod.
Die Frage stellt sich zurecht: Wer ist dieser Jesus? Woher hat er dies alles?
Jesus ging in seiner Heimatstadt Nazareth in die Synagoge und las dort aus der Heiligen Schrift und stellte Fragen, wie es einem Gast zustand; er wurde aber auch selbst in Frage gestellt: Ist das nicht der Sohn Marias? Wir kennen doch seine Sippe!
Sie trauen ihm nicht, ja sie nehmen Anstoß an ihm. Wo ihm aber nicht Vertrauen entgegen gebracht wird, sind auch seine Hände gebunden; ja er ist

kein Magier und Zauberer, dessen Wunder einfach ein Durchbrechen physikalischer Gesetze ist. Was er bewirkt, sind Zeichen, die durch das ihm entgegengebrachte Vertrauen möglich werden. Wahrscheinlich konnte es ein späterer Leser kaum glauben, dass auch Jesus so am Ende seiner Weisheit stand, so dass er doch noch einfügte, dass einige wenige geheilt wurden. Am Schluss hieß es vorigen Sonntag: "Jesus wunderte sich über ihren Unglauben. Und er zog durch die benachbarten Dörfer und lehrte dort."

Hier setzt das heutige Evangelium fort: "In jener Zeit rief Jesus die Zwölf zu sich und sandte sie aus, jeweils zwei zusammen."

Für mich sind hier zunächst zwei Dinge mehr als verwunderlich, und für alle, die in der Nachfolge Jesu stehen, eine Lektion, die zu lernen uns wohl nicht leicht fällt.

Zunächst einmal: Jesus bricht nicht in eine Schelte, in eine Publikumsbeschimpfung aus. Er verflucht niemanden und ist auch nicht bereit, Blitz und Donner auf Nazareth herabzurufen (wie es die Jünger einmal bei Lukas tun wollten, als die Dörfer Samarias sie nicht aufnehmen wollten, daran aber von Jesus gehindert wurden). Er verhängt keine Sanktionen über Nazareth, heizt aber auch durch eine Nachbarnbefragung über das Verhalten der Nazarener keine Stimmung an. Alles Verurteilen oder auch nur Polarisieren liegt ihm fern. Er respektiert deren Entscheidung und damit die Freiheit der Menschen, seine Einladung anzunehmen oder abzulehnen.

Das zweite, das mich frappiert: Obwohl Jesus abgelehnt wird, lässt er sich das Wort nicht verbieten und den Mund nicht verkleben; er lässt sich nicht klein kriegen, sondern geht in die benachbarten Dörfer und lehrt dort; ja noch mehr, seine Jünger, die das ganze miterlebt hatten, sendet er und gibt ihnen die Vollmacht, die er selber hatte.

Was ist gemeint mit den "Zwölf“? Mit den Zwölf ist nicht irgendeine beliebige Zahl gemeint, sondern in Fortsetzung der 12 Stammväter des Volkes Israel und zu dessen Erneuerung die 12 Stammväter des neuen Volkes Gottes. Diese 12 Männer stehen also symbolisch für die 12 Stammväter, weshalb keine Frau dabei sein kann. Leider glauben immer noch viele: was ein Symbol ist, ist auch ein Dogma – und sie ziehen daraus den (m.E. ungerechtfertigten) dogmatischen Schluss, dass eine Frau kein Amt in der Kirche haben könne.

Jesus sandte sie jeweils zwei zusammen aus; das wohl aus verschiedenen Gründen. Zunächst einmal ist es in der Bibel immer so, dass zwei miteinander die Wahrheit bezeugen (weshalb es in Israel bis heute zwei Oberrabbiner gibt). Außerdem ist die Wahrheit so reich, dass sie einer allein überhaupt nicht bezeugen kann. Schließlich unterstützen und helfen zwei einander im Bezeugen der Wahrheit (man spricht auch heute von kooperativer Seelsorge).

Jesus gibt den Zwölf die Vollmacht, die unreinen Geister auszutreiben, also die Menschen von Dämonen zu befreien, d.h. mit unseren Worten: ihnen alles wegzunehmen, was sie bedrückt und unterdrückt, was sie befangen und gefangen macht, ob das nun Angst, Leistungsdruck, Sachzwänge der Karriere, Hast und Hektik sind, - also alles, was den Menschen nicht leben lässt; alles, was mit Sucht zusammen hängt und den Menschen entmenschlicht. Es ist die Macht, die er selbst praktizierte, wann immer er die Menschen zu mehr Menschsein und mehr Menschlichkeit führte.
Im heutigen Evangelium folgen sodann einfache Regeln der ersten Wandermissionare, die die ersten kirchlichen Jahrzehnte maßgeblich prägten und aus denen bereits die Erfahrung des Markus (der sein Evangelium um 70 n.Chr. schreibt) durchscheint: Sie sollten nur mit Wanderstab - also unbeschwert - gehen und alles weglassen, was sie belasten und absichern könnte (Brot, Vorratstasche, Geld, ...). Man soll ihnen anmerken, dass sie Jesus vertrauen und sich nicht auf etwas stützen. Sie sollen in den Häusern bleiben, die sie aufnehmen, und von deren Gastfreundschaft leben. Gesichert sind sie in der Sendung durch Jesus, nicht in der eigenen Vorsorge. Diese Botschaft muss irgendwie hinüber kommen, auch heute noch!
Vieles hat sich seit der Zeit der ersten Wandermissionare geändert, aber es liegt ein Anspruch drinnen, der auch für die heutige Verkündigung bleiben muss: Auch wenn ich als Pfarrer (und andere kirchlich Gesandte und Beauftragte) heute ein fixes Gehalt bekomme, so muss ich mir bewusst bleiben, dass ich von der Gastfreundschaft der Menschen lebe, die diese in Form ihres Kirchenbeitrages zahlen und auch sonst spendenfreudig sind, und damit den Dienst eines Pfarrers und eines Kaplans ermöglichen.
Meine Sicherheit und Identität liegt nicht in meinem theologischen Wissen, nicht im akademischen Titel oder in der eigenen Tüchtigkeit, sondern in dem, der mich gesandt hat, und sie liegt in den Gemeinden, die mich aufnehmen, durch deren Gastfreundschaft (die sich sehr nüchtern im "Kirchenbeitrag" übersetzt). Für mich ist dies auch ein willkommener Anlass, allen, die durch ihren vielfältigen (aber auch finanziellen) Beitrag mir und den anderen Seelsorgern "Gastfreundschaft" gewähren, herzlich dafür zu danken.
Jesus trägt den von ihm Gesandten auf, die Gastfreundschaft nicht zu verletzen, denn das fällt auf die Verkündigung zurück. Eine solche Verletzung wäre es, wo der von Jesus Gesandte Unzufriedenheit verbreitet (bei Markus und Lukas heißt es: er solle das, was ihm vorsetzt, essen) oder mit Machtallüren und Ellbogenpolitik auftritt (also "Pfarrherr" mit negativem Beiklang ist).
Schließlich sollen die von Jesus Ausgesandten bei Ablehnung und Misserfolg so handeln wie er in Nazareth: keine Schelte und Publikumsbeschimpfung herabrufen, kein moralisches Donnerwetter beschwören, ja nicht einmal drohen

oder die Rute ins Fensterstellen. Sie sollten also alle Aufdringlichkeit und jeden moralischen Druck vermeiden, denn das Evangelium garantiert Freiheit: die Freiheit der Entscheidung, der Zustimmung oder der Ablehnung.
Es gab und gibt Leute, die sagen "Nein. Danke!" Das ist auch ohne Groll und Hader zu respektieren. Der Kern des Evangeliums ist Liebe! – und dazu kann niemand genötigt werden! Selbst das Kirchenrecht besagt, dass alles, was in Unfreiheit geschieht (etwa eine Ehe), ungültig sei. Lang hat es gedauert, bis das 2. Vatikanische Konzil diese Weisung des Herrn in der Gewissens- und Religionsfreiheit öffentlich proklamiert hat.
In diesen Tagen habe ich ein Buch gelesen, aus dem ich mir einen Satz zu eigen machen möchte: "Ich wünsche mir eine Kirche, die Menschen aufnehmen kann und Menschen gehen lassen kann; eine Kirche, die es erträgt, gebraucht und abgewiesen zu werden." (F. Steffensky, Das Haus, das die Träume verwaltet, 27) Vielleicht kommen auch wieder mehr Menschen freiwillig in unsere Gemeinden, wenn sie diese als Ort der Freiheit entdecken (wie es die Menschen in der ehemaligen DDR zur Zeit des kommunistischen Regimes getan haben).
Am Schluss der heutigen Frohbotschaft heißt es: " Die Zwölf machten sich auf den Weg und riefen die Menschen zur Umkehr auf. Sie trieben viele Dämonen aus und salbten viele Kranke mit Öl und heilten sie." Was heißt "umkehren“? Das ist nicht eine moralische Umkehrspirale, die es zu erklettern gilt, nicht ein asketisches Hochleistungsprogramm, sondern das heißt: sich darauf einstellen, dass die Zeit erfüllt ist und Gottes Reich da ist, dass also Gottes Erbarmen und Heilsbotschaft da sind, dass Gott mit seiner Zuwendung bei uns ist und wir aus dieser Liebeszusage Gottes leben dürfen.
"Gott ist für uns. Wer ist dann gegen uns?" (Röm 8, 31) Oder sagen wir es mit den herrlichen Worten aus der heutigen Lesung im Epheserbrief: "Gott, der Vater unseres Herrn Jesus Christus, hat uns mit allem Segen seines Geistes gesegnet durch unsere Gemeinschaft mit Christus im Himmel. Denn in ihm hat er uns erwählt...und uns aus Liebe im voraus dazu bestimmt, seine Söhne und Töchter zu werden durch Jesus Christus und zu ihm zu gelangen nach seinem gnädigen Willen." (Eph 1,3ff)
Lesung und Evangelium berichten im Grunde vom ungekündigten Bund Gottes mit den Menschen. Ob der Mensch die Einladung annimmt oder nicht, Gottes Angebot bleibt immer aufrecht! Das zu verkünden, darin allein dürfen die Gesandten unnachgiebig sein, denn Gott hat sich ein für allemal mit seiner Liebe an uns gebunden, und die Menschen sollen durch die Verkünder Gottes Herzschlag hören. Die von Jesus Gesandten haben allein Gottes Herzensanliegen durch ihre Verkündigung unter die Menschen zu bringen: Alle sollen das Heil erlangen!

Es ist wie die ungekündigte Liebe von Eltern zu ihren erwachsenen Kindern, die vielleicht andere Wege gehen - wobei wir nicht vergessen sollen, was Gott beim Propheten Jesaja dazufügt: "Kann denn eine Frau ihr Kindlein vergessen, eine Mutter ihren leiblichen Sohn? Und selbst wenn sie ihn vergessen würde: Ich vergesse dich nicht!" (Jes 49,15) Amen.

17. Sonntag

2 Kön 4,42-44; Joh 6,1-15 (26.7.2009)

In den nächsten fünf Sonntagen hören wir mitten im so genannten Markus-Jahr das lange sechste Kapitel vom Evangelisten Johannes mit der ausführlichen Brotrede. Es können immer nur ein paar Aspekte dieses hoch theologischen Abschnitts bei Johannes angedeutet werden.

Das sei vorweg gesagt: Auch hier geht es nicht um ein Mirakel, also ein Schauwunder jenseits physikalischer und biologischer Gesetze; es ist auch kein himmlisches Pflasterspektakel, sondern es geht, wie Johannes sagt, um ein „Zeichen" der anbrechenden Gottesherrschaft. In einer langen Argumentation werden die Zuhörer von einer rein materiellen Sichtweise des Brotes und einem bloß körperlichen Hunger zu einem tiefen Verständnis menschlichen Hungers hingeführt und das Ziel der Brotrede ist über alles menschliche notwendige Teilen hinaus Jesu Wort und Angebot: „Ich bin das Brot des Lebens", das allein den tiefen Hunger des Menschen zu stillen vermag, denn „alles ist zu wenig" (I. Bachmann).

Ähnlich hatte Johannes bereits bei der Wasserrede im Gespräch mit der Frau am Jakobsbrunnen diese bei ihrem menschlichen Durst abgeholt und sodann weitergeführt zur Aussage, dass er allein das den Durst stillende Lebens-Mittel sei: „Wer von dem Wasser trinkt, das ich ihm geben werde, wird niemals mehr Durst haben." (Joh 4,14). Letztlich steht also hinter all dem die von Johannes an jeden von uns gestellte Frage: Wer ist Jesus für mich? Ist er für mich das Lebens-Mittel schlechthin?

Dem Evangelium ist ein Speisungswunder des Gottesmannes Elischa aus dem Ersten Bund im Buch der Könige vorgeschaltet. Es wäre ein Missverständnis, würde man daraus ableiten wollen, dass das Wunder im Neuen Bunde viel größer sei: Elischa speist 100 Man mit zwanzig Broten, während Jesus doch 5.000 Menschen mit fünf Broten und zwei Fischen speist. Alles Konkurrenzdenken, alles Ranking ist dort, wo es um Brot gefehlt, ausgeschlossen. Brot ist immer Ausdruck der Zuwendung Gottes zu seinem Volk und darf nie in einander abwertender Weise verwendet werden, in unserem Fall Altes und Neues Testament gegeneinander ausspielend. Vom

Manna des Alten Bundes wissen wir, dass alle satt werden, wenn die zwei Bedingungen beachtet werden, unter denen dieses Brot vom Himmel geschenkt wird. die erste Bedingung ist, dass man es miteinander teilt und sich nicht bloß selbst den Bauch voll schlägt; die zweite ist, dass man es nicht hortet (außer für den Sabbat), sondern täglich neu vertrauensvoll von Gott erwartet. Es sind die zwei Bedingungen, die ja bis heute in der zentralen vierten Bitte (von den sieben) des Vaterunsers enthalten sind: „Gib uns unser tägliches Brot". Im Übrigen gilt im jüdischen und im christlichen Glauben dasselbe: „Gebt ihr ihnen zu essen!"

Nun zum Evangelium: Im Gegensatz zu den drei anderen Evangelisten, die auch dieses Speisungswunder berichten, heißt es bei Johannes, dass Jesus genau wusste, was er wolle, nämlich letztlich zu sich als das Brot des Lebens hinführen. Die Jünger Philippus und Andreas machen eine menschlich sehr verständliche Kosten-Nutzen-Rechung, wie es jeder ökonomisch Denkende wohl tun wird: Fünf Brote und zwei Fische – allein was ist das für so viele?!

Ich bin überzeugt, es ist kein Zufall, dass der, dem diese Speisen gehören, ein kleiner Junge, also ein Kind ist. Ein Kind hält in seinem Urvertrauen an nichts fest und macht aus dem Brot keinen Brotraub. Beim Kinde gilt nicht, dass das Mehr des einen vom Weniger des anderen lebt, denn Kinder kalkulieren und rechnen noch nicht, sondern vertrauen sorgenlos auf die vorsorgende Güte der Eltern und geben bereitwillig her. Nicht von ungefähr hat Jesus Kinder uns Erwachsenen, die wir den Brotkorb einander hoch hängen, als Vorbild hingestellt. „Wenn Ihr nicht werdet wie die Kinder, könnt ihr nicht am Reich Gottes teilhaben..." Kinder verfügen nicht über die nötigen Mittel und Möglichkeiten; sie sind offen für die Liebe der Eltern als Lebens-Mittel schlechthin, offen für das, was Segen heißt!

Wo dieses neue Gesetz des Reiches Gottes – zu vertrauen statt zu beherrschen, zu dienen statt zu kontrollieren, loszulassen statt zu besitzen – nicht angenommen wird, da kann Jesus auch keine Zeichen dieser anbrechenden Herrschaft Gottes tun. Da kann Jesus keine Wunder tun!

Auch jetzt merkte Jesus, dass es den Gesättigten nur um oberflächliche Sättigung ging, dass sie aber das dahinterliegende Gebot der Liebe nicht verstanden haben und sich darauf nicht einlassen. Auch sie wollten so wie die römische Bevölkerung von ihren Kaisern nur „panem et circenses", Brot und Zirkusspiele". Das ist gemeint, wenn wir lesen: „Da erkannte Jesus, dass sie kommen würden, um in ihre Gewalt zu bringen und zum König zu machen. Daher zog er sich wieder zurück."

In diesem Satz liegt für mich eine sehr aktuelle Anfrage und Kritik an uns alle, an jeden von uns, wie sehr er/sie bereit ist, Lebensmittel für andere zu sein und

zu teilen statt zu horten und zu besitzen. Fehlt es deshalb unserem Glauben an innerer Überzeugungs- und Strahlkraft?
Es ist aber auch eine Frage an die Kirche von heute! Fehlt es uns in der Kirche nicht an dieser Vertrauenshaltung, wenn die Mutter Kirche zu ängstlich an ihrer Autorität festhält und zentralistisch so manchen Dialog unterbindet, wenn dadurch dem Volke Gottes das Vertrauen entzogen wird und die Liebe ihr untrennbares Geschwister - die Freiheit- zu verlieren in Gefahr ist?
Sind nicht auch kirchliche Obere versucht, das in der Soziallehre verkündete Gesetz der Subsidiarität durch übertriebenen Zentralismus und mangelnden Dialog mit der Theologie und dem Glaubenssinn des Volkes zu untergraben? Würde nicht Jesus oft auch heute sagen: „Bei euch soll es nicht so sein!“
Schließlich ist dieser kritische Rückzug Jesu, um nicht zum Brotkönig zu werden, eine massive Anfrage an unsere Gesellschaft und ihr Finanz- und Wirtschaftssystem.
Wohin es führt, wenn die Märkte sich selbst überlassen sind und wenn Manager Maß und Verantwortung verloren haben, zeigt uns die derzeitige weltweite Krise. Aber auch breite Teile der Bevölkerung sind der Gefahr des schnellen Geldes verfallen. Wenn es oberster Sinn und Zweck allen Tuns ist, den Wohlstand der Gesellschaft und die Wohlfahrt der Menschen nur in materiellen Größen zu messen, wird die Gesellschaft zwar insgesamt reicher, aber die Menschen nicht automatisch glücklicher. Es bestätigt sich die alte biblische Erkenntnis: Der Mensch lebt nicht vom Brot allein.
Wer nur eine reine Kosten-Nutzen-Rechnung macht, ist stets in der Gefahr, das auszuschließen, wofür man jetzt selbst in der Finanzwelt wieder wirbt und was das Leben erst menschlich macht: Vertrauen. Wer den Sinn des Lebens auf Konsum verkürzt, nimmt dem anderen das ihm Zustehende weg und wird auch selbst nicht glücklich.
Der Papst gibt in seiner neuesten Enzyklika „Veritas in caritate“ keine konkreten Problemlösungen. Das ist auch nicht seine Aufgabe. Aber er warnt unmissverständlich davor, „den gesamten Entwicklungsprozess allein der Technik zu überlassen“, und er plädiert für die Perspektive der Liebe, die auch hinter dem heutigen Speisungswunder steht. Für die Wirtschaft heißt dies, dass „wahrhaft menschliche Beziehungen in Freundschaft und Gemeinschaft, Solidarität und Gegenseitigkeit auch innerhalb der Wirtschaftstätigkeit und nicht nur außerhalb oder `nach` dieser gelebt werden können“. Zu Recht verweist der Papst darauf, dass die bedrängenden gesellschaftlichen Fragen der Gegenwart Ausdruck eines fundamentalen Defizits an Ethik sind. Der Mensch und seine Würde müssen der Maßstab alles Tuns sein!
Die heutige Frohbotschaft besagt: Die Welt kann sich diesem paradiesischem Bild satt gewordener Menschen annähern, wenn wir anfangen, füreinander

„Lebens-Mittel“ zu sein. Meine Aufgabe als Seelsorger ist und bleibt es, die Welt offen zuhalten für diese göttliche Perspektive der Liebe, die ein geglücktes Dasein für alle ermöglicht, und meine Aufgabe ist es, damit wir mehr Brot füreinander werden, das Brot auszuteilen, in dem Gott selbst sich uns als Lebens-Mittel schenkt. Unsere Aufgabe als Pfarrgemeinde ist es, Freude und Hoffnung, Trauer und Angst miteinander zu teilen und so immer mehr füreinander Brot zu sein.
Wenn wir heute am Ende des Gottesdienstes gebeten sind, unsere Spende für die MIVA im Rahmen der Christophorus-Sammlung zu geben, so ist das für uns heute ein konkreter Ausdruck der Einladung Jesu zu geben, was wir haben, und sei es auch wenig. Letztlich werden nicht die Milliarden und Billiarden für die angeschlagenen Banken oder für Rüstung die Welt heilen, sondern alles, was aus Liebe gegeben wird. Wenn das scheinbar Wenige bereitwillig gegeben wird, ist genug für alle da und es bleibt noch übrig. Dazu freilich braucht es zuerst die Mobilität und Mobilisierung unseres Gewissens, die Veränderung unseres Herzens.
Das Wunder des Teilens feiern wir jetzt in der Eucharistie. Jesus ist das heilige Brot, das gebrochen wird. Und er ruft uns zu: Tut dies zu meinem Gedächtnis. Teilt. Dann ist genug für alle da. Amen.

19. Sonntag

1 Kön 19,4-8; Joh 6,41-51 (9.08.2009)

Auch an diesem Sonntag ist es das Brot, das beide biblische Lesungen miteinander verbindet. Ähnlich wie das Volk Israel mit dem Manna machte, so wird der Prophet Elija in der Wüste von Gott mit Brot gesättigt. Und es ist Jesus, der sich als Brot den Menschen zur Speise gibt. Die Bibel wird nicht müde, im Alten und Neuen Bund aufzuzeigen, dass der Mensch von Gott gesättigt wird, wenn er seinen Hunger nicht mit irdischen Dingen zu stillen versucht, d.h. wenn er seine eigene Bedürftigkeit anerkennt und für Gott offen ist. In einer Gesellschaft, in der nicht der Mensch, sondern Gott im Mittelpunkt steht, erhalten Menschen das, was sie zum Leben brauchen; sie werden gesättigt und in ihrer Würde geachtet.
Damit steht die Frage im Raum: Steht Gott in der Mitte unserer Gesellschaft? Die neue Europäische Wertestudie, die erst vor ein paar Wochen vorgestellt wurde, zeigt in Hinblick auf uns Österreicher nicht unbedingt erfreuliche Tatsachen auf: Die traditionelle Kirchlichkeit ist in Österreich stark im Schwinden, vor allem in der Jugend und im ländlichen Raum. Das christliche Segment der Gesellschaft ist in den letzten Jahren von einem Drittel auf ein

Sechstel geschrumpft. Die Gruppe der so genannten „Säkularen“, deren Lebensbild kaum durch einen Gottesglauben geprägt ist, ist von gut einem Drittel auf bald die Hälfte der Bevölkerung gestiegen. Zusammenfassend heißt es, dass das „ererbte christlich-kirchliche Feld“ schrumpft, während ein „atheisierendes Feld mit einem hohen Anteil unbekümmerter Alltagspragmatiker“ wächst. Immer mehr Menschen scheinen also ohne Gott auszukommen und leben ohne Glauben an Gott. (Vgl. Furche vom 18.6.09, 25)
Ob vielleicht auch deshalb so manches aus dem Lot geraten ist? Etwa die Demokratie: angeblich sehnt sich in Österreich ein Viertel der Menschen nach einer starken Hand in der Politik; oder die Wirtschaft, die durch den markanten Defizit an ethischen Maßstäben in die weltweite Krise geschlittert ist. Vieles spricht dafür.
Müssen nicht wir, die wir in diesem „atheisierenden“ Umfeld leben, nicht - wie damals der Prophet Elija gegen die heidnischen Priester - gegen das moderne Heidentum mit vollem Einsatz kämpfen. Elija heißt: Gott ist Jahwe; Jahwe war sein Programm. Wir heißen Christen: Muss nicht Christus unser Programm sein? Ich meine damit freilich nicht eine Partei, die sich anmaßend „Die Christen“ nennt.
Ja, für Gott sollen wir uns einsetzen – in der Überzeugung, dass der Glaube an Gott zu des Menschen Heil führt, denn „Alles ist zu wenig“ (Ingeborg Bachmann). Aber zunächst müssen wir selbst uns bekehren und im Glauben etwas Wesentliches dazulernen. Das können wir am Propheten Elija, diesem ganz großen Gottesmann, sehen.
Es ist für mich tröstlich, dass auch die größten Gottesmänner begrenzt, schwach und lernfähig sind. Es ist aber auch eine besondere Herausforderung, in die Schule Gottes zu gehen und bei Gott selbst gleichsam Nachhilfeunterricht zu nehmen, denn gerade religiöse Menschen – und ich meine damit uns alle – sind in Gefahr zu meinen, schon richtig zu glauben und, je religiöser sie sich dünken, Gott gleichsam gepachtet zu haben.
Worin hat Elija umkehren müssen? Was musste er dazulernen? Mit großem Eifer und mit Leidenschaft hat er die 450 Baalspriester im berühmten Opferstreit am Berge Karmel besiegt und sie nachher alle töten lassen. - Ist es wirklich Gottes Wille, dass der Feind besiegt und niedergemetzelt wird und der Gottesmann über sie triumphiert? War es nicht viel eher sein eigenes Temperament, sein Sturm und Drang, sozusagen die eigene heiße Luft, die ihn dazu veranlasst haben? Hat nicht auch für den Gottesmann Elija damals schon gegolten, was Jesus später zu Petrus sagte: „Stecke dein Schwert in die Scheide!“ War es nicht das durch sein Temperament überhöhte Sendungsbewusstsein, das ihn zu diesem Vernichtungskampf verführte?

Da gibt es später bei Jesaja der Knecht Gottes, der wie ein Schaf zur Schlachtbank geführt wird und der den Mund nicht auftut?! Wir dürfen in ihm bereits Jesus erkennen, der völlig gewaltlos lebte und den Sündenbockmechanismus der Welt nicht mitgemacht hat!
Wer aber so auf sich selbst baut wie Elija, der muss vom hohen Pferd stürzen und sich seiner Erbärmlichkeit bewusst werden: „Nun ist es genug, Herr. Nimm mein Leben!“ Elija erlebt in seiner Schwachheit, dass die Kraft – das Brot zum Weitergehen – allein von Gott kommt und Gottes Gnade ihm genügt. Gott schaut auf die Niedrigkeit seines Knechtes und hebt ihn empor. So geht Elija weiter – 40 Tage und 40 Nächte – das heißt, eine intensive Zeit der Umkehr und der Reifung – bis zum Gottesberg Horeb, um dort eine der größten biblischen Gotteserfahrungen zu machen:
Gott ist nicht im Sturm, also er ist kein Gott, der äußerlich eingreift, der einschüchtert und verängstigt und womöglich dabei Freiheit zerstört.
Gott ist nicht im Erdbeben, weder in Elijas tötenden Schwert noch in der Macht der ihn verfolgenden Königin Jesebel; nicht in äußeren Machterweisen, die das Leben erschüttern oder gar zerstören, nicht in Schlagzeilen.
Gott ist auch nicht im Feuer, nicht in verbrannter Erde noch im religiösen Fanatismus.
Gott ist im sanften leisen Säuseln - im Unauffälligen, Unbemerkten, Verborgenen, im Alltäglichen – wie im täglich notwendigen Brot. Darin ist er bis heute – auch jetzt wieder im heiligen Brot der Eucharistie.
Was hat Elija dazugelernt? Was müssen wir alle dazulernen?
Ich nenne es die ganz wichtige Unterscheidung zwischen Glaubensgestalt und Glauben. Elija hat zunächst seine von der eigenen Leidenschaft geprägte Glaubensgestalt mit dem Glauben selbst verwechselt, er wurde zu tieferer Erkenntnis Gottes geführt.
Jede/r von uns hat aufgrund seiner Gene, seiner Erziehung, seines Temperaments, seiner geschichtlichen Umstände und der Umwelteinflüsse seine je eigene Glaubensgestalt. Man kann den Glauben nicht steril herausdestillieren aus unserer Persönlichkeitsstruktur, sozusagen „Glaube pur“. Das eigene Ich ist immer auch zugleich der Resonanzboden, der dem Glauben eine je persönliche Farbe und Form gibt. Das ist einerseits eine Bereicherung, denn z.B. ein Choleriker glaubt anders als ein Phlegmatiker. Es ist freilich immer auch eine gewisse Einseitigkeit und ein Defizit. Wohl gemerkt, dabei geht es nicht um Dogmen oder ähnliches.
Es besteht die Gefahr, meine Glaubensgestalt zur Norm auch der anderen, also zum Monopol machen zu wollen und auch andere zu dieser Gestalt verpflichten zu wollen. Diese Gefahr ist umso größer, je gläubiger man sich dünkt. In der festen Überzeugung, Gott so auf meiner Seite zu haben, wie es meine Gestalt

ist, neigen besonders ängstlich Glaubende dazu, sich jedem Dialog zu verweigern, weil sie ja die Wahrheit schon haben.
Ich bin überzeugt, dass unser aller Umkehr wesentlich darin besteht, die Gestalt des eigenen Glaubens nicht anderen aufzudrängen, sondern die verschiedenen Formen gelten zu lassen. Jeder soll um die Stärken und Schwächen seiner Glaubensgestalt wissen, die Gestalt selbst aber auch relativieren in Hinblick auf das einzig Notwendige, nämlich den Glauben an Gott! Dieser Prozess hat meist – wie bei Elija - mit Krisen unseres Glaubensweges zu tun.

Wenn gelegentlich von den Konflikten in unserer Diözese die Rede war, so bin ich überzeugt, dass sie sich eher auf der Ebene der verschiedenen Glaubensgestalten abspielen und die Diskussion darüber, wenn überhaupt, eher in das Gebiet der Psychologie gehört als in das der Theologie, d.h. es geht um die Frage, warum ein Mensch so oder so aufgrund seiner Herkunft glaubt. Erst wo wir alle in unserer je eigenen Gestalt durchlässig werden für Gott selbst, stoßen wir zum eigentlichen Glauben durch. Gerade in den verschiedenen Gestalten sollen wir großzügig sein, denn in der katholischen Kirche haben alle Glaubensgestalten Platz, solange jemand nicht seine Glaubensgestalt zum Monopol für alle macht. Ein Vergleich: Ob Schwarz- oder Weißbrot, Krusten- oder Bauernbrot und wie viele Sorten es geben mag; alle mögen berechtigt sein. Verfehlt ist jeder Streit, ob nur dieses oder jenes das richtige sei. Wichtig ist, dass es Brot ist! Die Gestalt ist ein Teil eines jeden von uns, das Brot ist Gott.
Auf Gott und auf den Glauben an ihn allein kommt es an. Diese beiden hat niemand gepachtet, weder Konservative noch Liberale noch sonst jemand. Bei Gott müssen wir uns alle treffen, welche verschiedene Wege und Gestalten uns auch dorthin führen mögen. Nicht die Wege sind das Ziel sondern die Wegen haben das eine und selbe Ziel: den Glauben an Gott. Für alle gilt Jesu Wort aus dem Evangelium: „Wer glaubt, hat das ewige Leben. Ich bin das Brot des Lebens. Wer von diesem Brote isst, wird in Ewigkeit leben.“ Amen.

Maria Himmelfahrt

1 Kor 15,20-27a; Lk 1, 39-56 (15.8.2003)

Manche marianische Frömmigkeit scheint auf den ersten Blick vielleicht allzu abgehoben. Das heutige Fest liefert dafür scheinbar den tieferen Grund, denn Maria ist nicht nur zur Ehre der Altäre erhoben, sondern auch in den Himmel aufgenommen worden.
Mir kommt dabei eine Begegnung vor zwei Wochen beim Rückflug vom Madrid nach Österreich in den Sinn. Vor uns standen zwei Frauen mit

Rucksäcken. Als ich sie fragte, ob sie auch Jakobspilger seien, meinte eine schnippisch: „Nein, wir gehören nicht zu diesen Erleuchteten!“ Vielleicht war es eine Anspielung auf das Buch von Pablo Coelho „Der Jakobsweg“, das tatsächlich sehr esoterisch ist. Dem weiteren Dialog war die spitze Bemerkung jedenfalls nicht sehr förderlich. Ich sagte allerdings noch: „Beim Pilgern ist keine Gefahr, dass man abhebt, denn man bleibt gerade bei dem vielen Gehen sehr geerdet.“ Im Stillen dachte ich auch an meine Erfahrung, wie unwahrscheinlich sensibel und wichtig gerade die Füße sind. Der Apostel Paulus würde sagen. Die Füße sind fürwahr kein minderwertiger Teil unseres Leibes. Noch nie in meinem Leben habe ich sie so verspürt und deren ganzheitliche Wichtigkeit erfahren, denn es ist alles andere als selbstverständlich, dass es, wie unsere Sprache tiefsinnig sagt, mir gut „geht“. Das heißt auch, dass Gutgehen über das eigene Tun hinaus, über die eigene Leistung hinaus immer auch vor allem Geschenk ist.

Lädt aber das heutige Fest Maria Himmelfahrt nicht doch zum Abheben von dieser Erde ein? Ist es gar eine Vertröstung auf den Himmel? Ist dies vielleicht auch der Grund, dass einige meinen oder uns vorwerfen, wir würden Maria sogar anbeten?

Damit freilich wäre unser Fest gänzlich missverstanden, denn auch Maria ist vor allem ein ganz geerdeter Mensch, der einen Fuß vor den anderen gesetzt und die Wege dieser Erde mit allen Höhen und Tiefen beschritten hat. Maria ist eine Frau, die weder "verkopft" noch sonst irgendwie abgehoben war, sondern die als Schwester aller Menschen die Wege dieser Erde gegangen ist: z.B. als Schwangere den anstrengenden Weg übers Gebirge zu ihrer ebenfalls schwangeren Verwandten Elisabeth (das heutige Evangelium berichtet davon) und den mühsamen Weg zur Volkszählung nach Bethlehem, als Mutter ging sie mit Josef und Kind den Fluchtweg nach Ägypten, sie beschritt die Alltagswege in Nazareth, sie beging mit Jesus und seinen Jüngern das Fest der Hochzeit in Kana, aber auch schließlich den leidvollen Weg auf den Ölberg und auf Golgatha - bis unter das Kreuz ihres Sohnes.

Maria hat weder wörtlich noch übertragen abgehoben! Sie hat zu einem Weg Ja gesagt, dessen Kurven und Dunkelheiten, Höhen und Tiefen sie nicht kannte und dessen Ziel ihr nicht von Anfang an klar war. Es waren weniger unbekannte Örtlichkeiten als unvorhersehbare schmerzliche Kehren des Weges, die ihr zu schaffen machten. Der Weg verursachte auch bei ihr Wunden, die ihr Ja zu Gottes Plan ihr abverlangten. Die Volksfrömmigkeit spricht von den sieben Schmerzen Mariens, etwa in der Maria-Pöstlingberg-Kirche hier in Linz, die Theologie nennt sie Schwester im Glauben.

Auf dem Jakobsweg begegnet Maria häufig wie der Apostel Jakob den Pilgern in vielen Statuen als Maria Peregrina, als Pilgerin Maria mit Pilgerstab und Pilgermuschel. Sie ist also solidarisch mit den Pilgern unterwegs, teilt deren Freud und Leid, gibt Mut und Zuversicht, nicht aufzugeben, sondern weiterzugehen, wenn es schwer ist. Auch ihr Stock und Stab geben Geleit. In unseren Breitengraden ist wohl dasselbe in den Schutzmantelmadonnen ausgesagt: „Maria, breit den Mantel aus, mach Schirm und Schild für uns daraus; las uns darunter sicher stehn, bis alle Stürm vorübergehn."
Maria war es auch, die Jesus das Gehen gelehrt hat, ihn als Erwachsenen auch durch die Abnabelungsschmerzen hindurch seinen eigenen Weg ziehen ließ, freilich ihm zugleich verbunden blieb bis unter das Kreuz!
Eine Erfahrung habe ich auch auf meinem Weg gemacht: Pilger verstecken ihre Wunden nicht aus Angst, jemand könnte ihre Verletzlichkeit missbrauchen und gerade auf die wunden Stellen zielen; man zeigt sich vielmehr, wo es einem weh tut, und der andere hilft, wo er kann. Es entsteht so eine tiefe Solidargemeinschaft und Hilfsbereitschaft untereinander; so habe ich es erlebt. Gerade diese Geerdetheit und tiefe Verbundenheit setzt gegenseitige Zuwendung frei, die Kraft gibt und tiefer heilt als die besten Medikamente.
Auch und gerade angesichts des heutigen Festes wäre es zutiefst unchristlich, dieses Gehen auf Erden zu überspringen, ob es uns nun gut oder schlecht geht oder ob wir einmal gefesselt an das Totenbett gar nicht mehr gehen können.
Der innerste Kern unseres Glaubens ist die Inkarnation, d.h. die Menschwerdung Gottes, die Tatsache also, dass Gottes Liebe Hand und Fuß, Fleisch und Blut angenommen hat. Jesus ist sozusagen Gottes „Umgang" mit uns. Der entscheidende Maßstab darüber, ob unser Leben gelingt, ist, wie wir miteinander „umgehen".

Auferstehung Jesu Christi ist nicht die Versetzung in einen geistigen Himmel, sondern heißt, dass wörtlich und übertragen alle Engpässe, Ausweglosigkeiten, Sackgassen und Fallen, alles, was wir wie Odyssee und Labyrinth erfahren, letztlich gesprengt sind zu einem neuen Weg, zur Offenheit und zur Fülle des Lebens. Auferstehung und Himmelfahrt bedeuten: Alles Ende dieser irdischen Welt ist durch Jesu Mitgehen zu einer Vollendung geworden.
Diese Vollendung ist kein Destillat einer von der Erde und der Geschichte unberührten unsterblichen Seele, sondern die Vollendung all unserer Wege auf Erden und unseres Umganges miteinander. Himmelfahrt ist die Heilung der zerbrochenen und gestörten Wege zueinander und die Vollendung alles gelungenen und geglückten Umgangs miteinander - in die ewige Liebesbeziehung Gottes hinein.

Diese Vollendung wird heute nicht als antlitzloses Prinzip oder kaltes Dogma behauptet, sondern sie wird von Maria als Frohbotschaft und als Zeichen der Hoffnung für uns alle verkündet. Es will besagen: So mühsam die Wege unseres Lebens sind, so sehr sie oft zu scheitern scheinen und uns wie eine Odyssee oder Labyrinth vorkommen, sie sind letztlich erlöst. Ob es uns gut oder schlecht geht oder ob wir einmal überhaupt anstehen, unser aller Lebensweg hat als Pilgerweg ein gutes, heiles und voll-endendes Ziel.
Diese Hoffnung, die sozusagen an Maria als Schwester im Glauben für uns alle aufgezeigt ist, will uns gerade nicht abheben lassen, sondern darin bestärken, dass jede Himmelfahrt mit den mühsamen Schritten hier auf Erden beginnt. Wer aber ein so lohnendes Ziel vor Augen hat, überwindet auch steinige Wegstrecken.
So will uns dieses Fest der Aufnahme Mariens in den Himmel als Fest unser aller Hoffnung in der Haltung bestärken, die Augustinus in die Worte fasst:
- das Ziel nicht vergessen, - den Weg nicht verlassen, - den Mut nicht verlieren. Amen.

20. Sonntag

Spr 9,1-6; Joh 6,51-58 (16.8.2009)

Es wird erzählt, ein Amerikaner hätte gefragt, warum die Österreicher vor jedem Essen „Mozart" sagen. Da merkte der gefragte Österreicher erst, dass das schlampig ausgesprochene „Mahlzeit" in den Ohren des Amerikaners wie „Mozart" klang.
„Mahlzeit" heißt das Thema der heurigen Landesausstellung, die sicherlich schon viele gesehen haben. Es ist äußerst interessant, wie in verschiedenen Zeiten die Menschen ihre Mähler zubereitet haben, welche Gefäße und Rituale sie dabei angewandt haben usw.
So sehr verschiedene Tische und das Zubehör wichtig für das Essen sind, das Wichtigste fehlte: die Speisen selbst. Alles mehr oder wenig edle Zeug auf dem Tisch ist wichtig, aber es hat keinen Selbstzweck; es ist allein dem Essen – der Mahlzeit – dienlich. Man wird nämlich von der besten Menukarte nicht satt und kein Glas ohne Inhalt löscht den Durst. So haben auch wir beim pfarrlichen Betriebsausflug unseren Durst und Hunger in der Stiftstaverne gestillt.
Auch über beiden biblischen Lesungen dieses Sonntags wird das Thema Brot der letzten Sonntag weitergeführt, oder anders gesagt: es steht über beiden das einladende Wort „Mahlzeit". Was hat die Kirche mit dieser „Mahlzeit" zu tun?
Die Kirche ist ein wichtiges Gefäß, denn weder die Bibel gibt es im freischwebenden Raum noch ist das christliche Credo etwas, was im Kopf

zusammenrinnt, wenn man ihn schief hält; auch die Sakramente sind der Kirche anvertraut.

Kirche selbst ist aber kein Selbstzweck, sondern es geht allein um das Reich Gottes. Letztlich geht es allein um das, was in diesem Gefäß und auf diesem Tisch der Kirche durch Gott selbst serviert und den Menschen geschenkt wird, freilich mittels der Tischdiener und Tischdienerinnen, zu denen eigentlich alle Getauften und Gefirmten in ihrer je verschiedenen Berufungen und Aufgaben gehören.

Im Blick auf die Streitigkeiten in der Kirche hat man allerdings oft den Eindruck, als ob das Wichtigste das Besteck oder das Geschirr, die Tischplatte oder die Gläser sind. Der eine wünscht eher ein farbiges, der andere ein barockes, der dritte ein modernes Design in seinem Glas. Ist das nicht eigentlich zweit- und drittrangig? Müsste es uns nicht allen um die Speisen selbst gehen, um das gemeinsame Mahl und um die Zeit gehen, die wir darin mit dem einladenden Gastgeber und mit den anderen Tischgenossen verbringen, statt schnell sich den eigenen Bauch voll zu schlagen? Müsste es uns allen nicht um Gott selbst gehen?

Noch etwas Wichtiges zu dem Gefäß, das die Kirche ist: Sie ist notwendig (wie sollte man etwas trinken, ohne ein Gefäß zu haben?), aber sie ist grundsätzlich, weil sie aus uns besteht, ein „zerbrechliches Gefäß“, so wie Paulus sag: „Diesen Schatz tragen wir in zerbrechlichen Gefäßen“ (2 Kor 4,7). Vorher hatte Paulus gesagt: „Wir verkündigen nämlich nicht uns selbst, sondern Jesus Christus als den Herrn, uns aber als eure Knechte um Jesu willen“ (2 Kor 5,4) Weil Kirche auch in Gefahr ist und bleibt, sich selbst zu verkünden, bleibt sie immer auch eine schwache und sündige Kirche. Selbst wenn die besten Reformen, wie immer sie sein mögen, geschehen, wird sie immer eine „ecclesia semper reformanda“ sein und bleiben!

Eine konkrete Schwäche der Kirche war wohl auch über lange Zeiten - und es bleibt eine ständige Versuchung -, sich mit der weltlichen Macht zu sehr zu verbinden. Es mag manchmal in der Missionierung anderer Völker gut gemeint gewesen sein, aber die zu starke Nähe von Thron und Altar hat der Kirche letztlich nie gut getan, weil dadurch Menschen in ihrer Freiheit beschränkt wurden und nicht selten unter Druck missioniert wurden.

Ich bin überzeugt, dass wir noch heute deshalb z.B. die Nachwehen des Jahres 1934 in der Kirche spüren.

Wir wehren uns dagegen, dass Druck ausgeübt wird und dadurch aus der Frohbotschaft Jesu eine Drohbotschaft wird. Nicht wenige wenden sich heute noch von der Kirche ab, weil sie sich in ihrer Erziehung von ihr bevormundet erfahren haben. Wir regen uns zu Recht auf, wenn Ehepartner verkuppelt werden und wir legen Widerspruch gegen Zwangsehen ein, denn Liebe und

Freiheit sind nach christlicher Vorstellung ein untrennbares Geschwisterpaar. Muss deshalb nicht auch die Frohbotschaft eines liebenden Gottes in völliger Freiheit verkündet werden?! Die Erklärung des Zweiten Vatikanischen Konzils über die Religionsfreiheit ist ein kaum zu unterschätzender wichtiger Meilenstein, mit dem sich noch viele bis heute schwer tun, nicht nur die Pius-Brüder.
Dazu kommt das Ende der so genannten konstantinischen Era, d.h. der Zeit seit Kaiser Konstantin bis ins 20. Jahrhundert, in der Kult und Kultur, Kirche und Gesellschaft eins waren. Auch mit diesem soziologischen Umbruch tun wir uns schwer, denn die Kirche hat kein Monopol mehr; sie ist ein Sinnanbieter unter anderen. Die Trauerarbeit dieses Umbruchs ist vielfach noch zu leisten, auch von uns Pfarrern, denn auch ein Pfarrer würde gerne die Kirche voller sehen und ist traurig über manche, die sich still und leise verabschieden.
Die heutigen biblischen Lesungen bezeugen, dass Gott keinen Druck auf Menschen ausübt, er überredet nicht Menschen zu etwas, was sie nicht wollen. Gott lädt Menschen ein und wirbt um sie, freilich mit einer leidenschaftlichen Liebe.
Der Prophet Hosea sagt von dieser großen Liebe Gottes: „Als Israel jung war, gewann ich ihn lieb... Ich war es, der Ephraim gehen lehrte, ich nahm ihn auf meine Arme... Mit menschlichen Fesseln zog ich sie an, mit den Ketten der Liebe. Ich war für sie da wie die (Eltern), die den Säugling an ihre Wangen heben. Ich neigte mich ihm zu und gab ihm zu essen (Hos 11,1-4).
„Zu essen geben“ steht auch im Mittelpunkt der Lesung aus dem Buch der Sprichwörter. Die Weisheit, das ist Gott selbst, zwingt die Menschen nicht; er geht aber auf sie zu und lädt alle ein zu essen und zu trinken. Niemand wird aufgrund mangelnder Bildung oder fehlender finanzieller Möglichkeiten ausgeschlossen. Nicht die Gefäße, nicht die Tischsitten, nicht die Etikette sind entscheidend, sondern allein Gottes sättigende Speisen und Getränke, in denen er selbst ihnen Leben gibt. Alle sind eingeladen, vor allem jene, die es besonders nötig haben!

Wir reden vom Gratiskindergarten ab Herbst; richtiger müsste man vom beitragsfreien Kindergarten sprechen, denn das Geld kommt von unseren Steuern. Gottes Einladung ist aber wirklich gratis als Ausdruck seiner Liebe zu uns, die er in Jesus Christus einfürallemal besiegelt hat. Alle – Jude und Grieche, Sklave und Freier, Mann und Frau (vgl. Gal 3,28) – sind unterschiedslos eingeladen. Jesus schenkt nicht bloß ein Andenken für den Herrgottswinkel, sondern er legt sich aus Liebe in einer für uns unvorstellbaren Weise selbst in das Geschenk des Brotes (das ist es, was der Glaube auch Opfer nennt), damit er uns als Lebensmittel zur Mitte des Lebens wird, eines Lebens,

das nie mehr aufhört. Dieses Geheimnis des Glaubens, das wir jetzt wieder feiern, ist zutiefst ein Geheimnis der Liebe.
Vergessen wir freilich nicht, dass die Wandlung in der Messe zugleich uns verwandeln möchte zu Menschen, die Christus immer ähnlicher werden: Wir sollen vom Geist des Vaters erfüllt werden und uns an der Schöpfung freuen, wir sollen aber auch an der Sympathie und Empathie Christi mit allen Leidenden teilhaben, also an der Ungerechtigkeit leiden und leidenschaftlich lieben, denn es stimmt, was einer sagte:
„Wer Christus im verwandelten Brot anbetet, aber nicht bereit ist, sich selbst verwandeln zu lassen, der hat noch nicht begriffen, was Christus will." (Adolf Exeler) Nehmen wir die Einladung Jesu an und lassen wir uns verwandeln! Amen.

21.Sonntag

Jos 24,1-2a.15-17.18b; Joh 6,60-69 (23.8.2009)

Ein Linzer wollte Urlaub auf einem Bauernhof im Mühlviertel machen und dabei zum Zeitvertreib auch dem Bauern helfen. Dieser schickte ihn in den Keller und bat ihn, die keimenden Kartoffeln von den nicht keimenden zu trennen. Als der Bauer nach einer halben Stunde nachschaute, wie es dem Linzer ging, traf er ihn schweißgebadet an und auf die Frage, was ihm denn so zusetze, meinte er: „Die verdammten Sofort-Entscheidungen!" So wie letzten Sonntag man über beide biblische Lesungen „Mahlzeit" schreiben konnte, so diesmal „Entscheidung!", freilich eine ganz andere Art von Entscheidung, die für viele nicht schweißtreibend, aber von größerer Tragweite ist.
Eltern haben meist eine Vorentscheidung durch die Taufe getroffen, eine Entscheidung, die eigentlich durch die Firmung zur eigenen werden sollte, die aber heute nicht mehr vom Milieu und von der Mitwelt mitgetragen wird, sondern zur persönlichen Entscheidung werden muss. Der Trend trägt nämlich aus verschiedensten Gründen eher davon weg und allzu leicht schwimmt man mit dem Strom dessen mit, was man so tut. Es ist also keine Sofort-Entscheidung, sondern oft viel eher eine schleichende Defacto-Entscheidung mangels einer echten Entscheidung.
Im Bildwort vom Anfang gesagt, wenn Kartoffel für Kirche steht: Oft hatte diese Menschen schon lange mit Kartoffeln überhaupt nichts mehr zu tun oder sie haben sich nur über die Kartoffelpreise geärgert, anstatt sie zu verkosten. Dahinter steht nicht selten die Unverbindlichkeit, die Friedrich Dürrenmatt die Krankheit unserer Zeit nennt. Das Gegenteil davon - Entscheidung - ist unser Thema heute!

In der Lesung stellt Josua das Volk Israel vor die Entscheidung, sich für den Gott Jahwe oder für die heidnischen Götter zu entscheiden, denn man kann offenbar nicht zwei Herren dienen.
Anzeichen dafür war etwa, wenn man z.B. mehr auf die eigene militärische Stärke vertraute als auf Gott oder wenn die einmal selbst unterdrückten Israeliten vergaßen, sich für andere Unterdrückte einzusetzen.
Im Evangelium erlebt Jesus selbst, dass sich viele Menschen abgewandt haben. Zum Brotkönig hätten sie ihn gerne gemacht, er sollte die Besatzungsmacht der Römer hinauswerfen und Israel zu neuer militärischer und wirtschaftlicher Macht verhelfen. Was jedoch Jesus sagt, war unerträglich: eine Lebens- und Schicksalsgemeinschaft, wie es das Einverleiben Jesu als Brot des Lebens andeutete, wollten sie offenbar mit ihm nicht eingehen. Die Leute murrten und nahmen an ihm Anstoß, so dass selbst viele Jünger nicht mehr mit ihm wanderten. Da stellt Jesus die entscheidende, die zur Entscheidung aufrufende Frage an die Zwölf: „Wollt auch ihr gehen?"
Es ist für mich tröstlich, dass die Bibel keine Hofberichterstattung ist, denn sonst würde sie über diesen Misserfolg Jesu nicht berichten. Dass Menschen von der Wahrheit des Glaubens nichts mehr hören wollen, passiert nicht nur wegen des oft auch zu Recht gescholtenen „Bodenpersonals"; es passiert Jesus selbst – damals und auch heute.

Die Frage „Wollt auch ihr gehen?" ist höchst aktuell, nicht nur, aber auch in der Kirche!
Jemand meinte, heute wäre vielfach eine Zeit des Davonlaufens. Wir sehen es an der steigenden Zahl derer, die in Alkohol, in Drogen oder gar in den Suizid flüchten, aber auch an der hohen Scheidungsrate, wo man es nicht mehr miteinander aushält. Auch die Lebensumstände im eigenen Land sind für viele Migranten und Flüchtlinge zum Davonlaufen. Vielleicht haben auch Sie schon eine Situation im eigenen Leben erfahren, wo Sie am liebsten davongelaufen wären oder sind.
Liest man in den Zeitungen vor drei Tagen die Meldungen, so hat man den Eindruck, dass vielen in der Kirche Österreichs zum Davonlaufen ist: Der Anteil der Katholiken an der Gesamtbevölkerung ist von 1951 bis 2007 von 89 Prozent auf 67 Prozent gesunken; unabhängig von Anlassfällen, die nicht beschönigt werden sollen, ist als Folge einer längeren Entfremdung jährlich mit 37.000 bis 40.000 Kirchenaustritten zu rechnen; auch in unserer Pfarre sind es heuer schon 51, die der Kirche den Rücken gekehrt haben.
Ich möchte dazu ein paar Bemerkungen machen.

Ich bin überzeugt, dass jeder Mensch in einem sehr weiten Sinne „glaubt". Das heißt, dass er, oft unreflektiert, sein Leben nach Werten und Orientierungen ausrichtet, die er nicht wie das kleine Einmaleins beweisen kann. De facto richtet er sein Leben nach seinen Maßstäben aus, ob nun der höchste Maßstab etwa ein ruhiges Leben vor dem Fernseher und mit einem Schrebergarten ist oder der immer bessere materielle Lebensstandard oder die Karriere; für andere sind die wichtigsten Perspektiven humane und soziale Werte; das alles bejahend ist wiederum für andere der letztgültige Maßstab die religiöse Glaubensüberzeugung; für uns, für mich ist es der christliche Glaube.
Anders gesagt: Ich bin überzeugt, dass jeder Mensch unheilbar religiös ist, also nach etwas mit bleibendem absolutem Wert sucht. Für den einen ist es de facto das Bankkonto, für den anderen das schöne Leben, für den dritten das soziale Engagement, für den religiös Glaubenden der Glaube an Gott, denn Gott allein heilt alle Wunden, und stillt allein die Sehnsucht des Menschen. „Gott allein genügt" (Teresa von Avila).

Jeder mag überlegte oder oft unüberlegte Gründe für die grundsätzliche Ausrichtung und damit die Entscheidung seines Lebens haben. Ich persönlich muss mich fragen: Was begründet meine Entscheidung, mich zum Gott der Bibel und zu Jesus Christus zu bekennen? Was macht meine Entscheidung glaubwürdig? Ich kann dafür keinen technischen oder naturwissenschaftlichen Beweis liefern.
Es ist derselbe Grund, der das Volk Israel und Petrus dazu bewogen hat. Die Antwort Israels auf die Aufforderung Josuas sich zu entscheiden lautete: „Der Herr, unser Gott, war es, der uns und unsere Väter aus dem Sklavenhaus herausgeführt hat... er hat uns beschützt auf dem ganzen Weg, denn wir gegangen sind... Ihm wollen wir dienen." (Jos 24)
Für mich heißt dies: Indem ich den Weg des Glaubens konsequent zu gehen versuche, habe ich die ganzheitliche Erfahrung gemacht, dass Gott mit mir gegangen ist und mir immer wieder ein guter Hirt war, der mir den Tisch des Wortes und des Brotes gedeckt und mir Kraft für die nächsten Schritte gegeben hat. In Ihm und mit Ihm habe ich das Leben sinnvoll erfahren. Er allein schenkt mir das volle Vertrauen, dass nicht nur der Weg das Ziel ist, sondern dieser Wege ein gutes und vollendendes Ziel hat. Er allein gibt mir Antwort auf die Fragen: Woher komme ich? Wohin gehe ich? Was ist der Sinn des Lebens?
Ich habe in meinem Leben vielfach erfahren, wie wenig nur militärische Stärke und nur wirtschaftliche Macht (dafür steht das Goldene Kalb!) das Leben sinnvoll machen. Die derzeitige Krise macht es wieder deutlich, dass das goldene Kalb des Habens allein nicht glücklich macht. Der nicht nur Wissende und Habende, sondern der Weise erfährt, wie schnelllebig zeitgeistige Moden

sind und wie wenig eine als Willkür verstandene Freiheit oder eine bloße sexuelle Befreiung tatsächlich dem Menschsein dienen.

Auf die Frage Jesu an die Zwölf „Wollt auch ihr gehen?“ möchte ich mit Petrus antworten: „Herr, zu wem soll ich gehen? Du allein hast Worte des ewigen Lebens.“ Mit Jesus erhält mein Leben Weitblick und eine Tiefendimension, die selbst Raum und Zeit sprengt. So wie im Alten Bund beim Dekalog der Prolog das Wichtigste ist, die Erfahrung der Befreiung aus der Knechtschaft, so ist es auch im Neuen Bund Gottes zuvorkommende Liebe, die auch uns einlädt: Willst Du auch in Zukunft und für immer die Erfahrung von Freiheit und Vertrauen haben, wie es die Bergpredigt aussagt, so halte dich an meine Lebensregeln ...

Das ist sicherlich nicht gerade ein Lustwandel, sondern in der Welt, wie sie nun einmal ist, wird ein aufrechter Gang der Nachfolge Jesu auch immer wieder mal zum Kreuzweg, aber er führt in letzter Konsequenz zur Auferstehung und zur Fülle des Lebens. Für mich ist es deshalb trotz aller menschlichen Schwächen der Kirche nicht eine Zeit des Davonlaufens, sondern der immer neuen Entscheidung, in Jesu Nachfolge zu bleiben.

Noch ein Wort zum Glauben: Alle Rechtgläubigkeit freilich würde nichts nützen und hätte ihren Sinn verfehlt, wenn sie nicht – wie bei Jesus selbst - immer wieder gepaart ist mit Liebe. Der Glaube muss immer zur Liebe, zur Caritas führen. Sie ist eine unaufgebbare Säule der Kirche, denn „der Glaube ohne Werke ist nutzlos“ (Jak 2,20). Die heutige Augustsammlung der Caritas ist eine Einladung, die Entscheidung zu unserem Glauben in Werken der Liebe für die Notleidenden, diesmal besonders im Kongo, zu zeigen. Für dieses in der Liebe wirksame Glaubenszeugnis herzlichen Dank! Amen.

22. Sonntag

Jak 1,17-18.21b-22.27; Mk 7,1-8.14-15.21-23 (30.08.2009)

„Das gehört sich nicht!“ - Wer von uns hat das nicht als Kind oft gehört? Und sagen wir es nicht auch selbst zu den Kindern? Denken wir es uns oft nicht beim Verhalten anderer Mitmenschen?

Und doch fehlte manchmal eine wichtige Unterscheidung? Es ist nämlich ein wesentlicher Unterschied, ob es darum geht, sich vor dem Essen die Hände zu waschen und beim Essen nicht alle andere hören zu lassen, dass es einem schmeckt, oder nicht zu lügen und andere nicht zu übervorteilen. Manchmal wurde auf Tischmanieren und Etikette mehr Wert gelegt als auf die innere Einstellung den jeweiligen Tischgenossen gegenüber. Die äußere Ordnung, die

durchaus ihre Berechtigung hat, war oft wichtiger als die innere Haltung, die jedoch viel entscheidender ist. Die Moral ist nämlich wichtiger als der „Gute Ton“, der Knigge!
Vom Händewaschen vor dem Essen ist im Evangelium die Rede. Es ist aus hygienischen Gründen sinnvoll, auch wenn uns das Verständnis für die traditionellen jüdischen Reinigungsvorschriften vielleicht fehlt. Die Reinigung bei den Juden hatte auch noch einen tieferen symbolischen und rituellen Sinn, der über hygienische und gesundheitliche Aspekte hinausging: durch die rituelle Waschung erinnert sich der fromme Jude daran, dass Gott heilig ist (Lev 11,45) und dass auch er heilig ist, dass er also zum heiligen Volk Gottes gehört und dementsprechend leben soll.
Vielleicht war das Nicht-Waschen auch ein Hinweis für neue Jünger, die aus dem Heidentum kamen, um ihnen in der damaligen Gemeindesituation zu sagen, dass sie auch ohne Reinigung mit Gott Gemeinschaft haben können, also nicht erst Juden werden müssen, um Christen werden zu können.
Auch wir vollziehen ja in gewisser Weise diese rituelle Reinigung, wenn wir in die Kirche kommen, meist zum eucharistischen Mahl: Wir bekreuzen uns mit dem Weihwasser, das uns an die Taufe, also an die Zugehörigkeit zum Volk Gottes erinnert und zugleich daran, dass wir entsprechend leben und handeln sollen. Das Weihwasser wird zum leeren und bedeutungslosen Zeichen, wenn es nicht Ausdruck unserer Gesinnung ist, nicht bloß Taufscheinchristen zu sein, sondern auch als Getaufte leben zu wollen. Im Wort der Taufe wurde uns Gottes unbedingte Liebe geschenkt, auf dass auch wir einander lieben. So steht im 1. Johannesbrief: „Wir wissen, das s wir aus dem Tod in das Leben hinübergegangen sind, weil wir die Brüder (und Schwestern) lieben.“ (1 Joh 3,14) Oder wie es in der heutigen Lesung aus dem Jakobusbrief heißt: „Nehmt euch das Wort zu Herzen, das in euch eingepflanzt worden ist (das ist in der Taufe geschehen!) und das die Macht hat, euch zu retten. Hört das Wort nicht nur an, sondern handelt danach; sonst betrügt ihr euch selbst.“ (Jak 1) Auf solchen möglichen Betrug macht Jesus mit unmissverständlichen Worten seine jüdischen Zuhörer damals und auch uns heute aufmerksam!

Rituale sind sehr wichtig und geben im Leben Halt und Orientierung. Es gibt neuerdings sogar den Beruf der Ritualbegleiter. Wir müssen uns freilich einer großen Gefahr bewusst bleiben: wo der tiefere Sinn der Rituale aus dem Blick gerät, werden sie religiöse Ersatzhandlungen und setzen sich menschliche Vorschriften leicht an die Stelle der Gebote Gottes. Dann werden gerade religiöse Handlungen nicht selten zum Ärgernis für andere und kehren sich oft ins Gegenteil dessen um, wofür sie ursprünglich stehen. Statt Liebe zu verbreiten kann gerade der religiöse Mensch äußerst lieblos werden, etwa auch im Vernadern und Anschwärzen von anderen. Dazu kommt die Versuchung, sich durch frommes Getue vor sich und anderen und Gott reinzuwaschen. Was muss erst für negative Erfahrung mit so genannten an Gott glaubende Menschen dahinter stehen, wenn Jean Paul Sartre einmal sagt: „Man kann auf Erden nur gegen Gott lieben!"

Dabei bringt es gar nichts, wenn wir mit dem Finger auf andere zeigen. Auch wenn wir es nicht gerne hören: die Psychologen bestätigen immer wieder, dass jeder Mensch zum Bösen fähig ist, wenn die entsprechenden Umstände gegeben sind. Wer stellt sich nicht im guten Licht da und zeigt sich nicht von der besten Seite? Bei Problemen und Schwierigkeiten haben immer die anderen Schuld: Im Staat macht man einen Untersuchungsausschuss, im persönlichen Leben gibt es auch bald Schuldige, sodass der eigene „Unschuldswahn unserer Zeit" (Friedrich Dürrenmatt) aufrecht erhalten bleibt.

Jesus geht nicht um Bakterien und Schmutz unter den Fingernägeln; er ist nicht der himmlische Hygiene-Beauftragte, der uns mit himmlischen Weichspülern und paradiesischem Duschgel strahlend weiß macht und den äußeren Schmutz im Griff hat. Da haben wir es ja fast zur Perfektion gebracht, denn „Der Dreck muss weg!" – und er ist weg!", wie es uns täglich die Werbung anpreist. Bei Jesu Putzaktion geht es nicht um schmutzige Hände, sondern um schmutzige Gedanken. Es geht ihm um die innerliche Reinheit des Menschen vor Gott, nicht um gesäuberte Hände, sondern um das gesäuberte Herz. Jesu geht es um die Umkehr des ganzen Menschen, um sein Denken, Fühlen und Handeln, d.h. um den Glauben, der in der Liebe wirksam wird. Da tun wir uns alle schwer, denn sonst täten wir uns nicht so schwer mit der Vergangenheitsaufarbeitung oder mit dem aus der Mode gekommenen Sakrament der Versöhnung!

Jesu Worte sind eine Verurteilung jeder bloß äußeren und quantitativen Frömmigkeit, die meint, Gott allein mit vielen Worten beeindrucken zu können, ohne dass diese Worte Ausdruck der Liebe und des Vertrauens sind. Er nennt es an anderer Stelle „Plappern wie die Heiden". Jesu Worte sind ein Urteil gegen jede Frömmigkeit, die nur die eigene Seele retten will. Bei Jesus gilt: Indem ich andere rette, rette ich mich selbst. Gottesdienst und Menschendienst sind untrennbar, wie Gottes- und Nächstenliebe untrennbar sind. Die Worte aus der Lesung sind deutlich: "Ein reiner und makelloser Dienst vor Gott, dem Vater, besteht darin: für Waisen und Witwen zu sorgen, wenn sie in Not sind".

Das alte Sprichwort „Kleider machen Leute!" besagt, dass oft das Äußere mehr zählt als das Innere, der Schein mehr als das Sein. Unsere Zeit ist dafür besonders anfällig, dass die Verpackung wichtiger ist als der Inhalt, das Make-up entscheidender als das wahre Antlitz – bis hin zum Extrem: „Außen hui, innen pfui!" Die mögliche Palette der Sünden, die Jesus aufzählt und die aus dem Herzen kommen - angefangen von der Unzucht über den Neid bis zum

Hochmut - sind im Grund nur Variationen der fehlenden Liebe zu Gott, zum Nächsten und zu sich selbst.
Jesu Worte sind, sagen wir es positiv, eine Einladung zur Liebe zu Gott, zum Nächsten und zu sich selbst, weil allein die Liebe zählt, - eine Einladung zu einem Leben, das der Logik des Herzens folgt und allein unser aller Leben sinnvoll und glücklich macht. Jesus lebt es selbst vor, er tut es auch in dieser Feier, damit wir in der Liebe zueinander gestärkt werden. Manchmal, wie heute im Evangelium, weist er drastisch auch auf die Gefahren hin und zeigt auch die Schattenfolie auf, ähnlich wie der Dichter F. Dostojewski in dem Roman „die Brüder Karamasoff" in einer bildlich ausdrucksstarken Geschichte vom Zwiebelchen.
Dostojewski erzählt von einer sehr bösen alten Frau, die in ihrem Leben keine einzige gute Tat vollbracht hatte. Als nun der böse Feind kam und sie in den ewigen Feuersee warf, erinnerte sich ihr Schutzengel einer einzigen guten Tat, die er Gott berichtete: einmal hatte sie aus ihrem Gemüsegarten ein Zwiebelchen herausgerissen und es einer Bettlerin gegeben. Darauf wies Gott den Engel an, der Frau das Zwiebelchen hinzuhalten, sodass sie es ergreifen und sich herausziehen kann, so dass sie ins Paradies kommen kann. Der Engel, der der Frau das Zwiebelchen hinhielt, begann vorsichtig zu ziehen – und er zog sie beinahe schon ganz heraus. „Als aber die anderen Sünder im See bemerkten, dass sie herausgezogen wurde, klammerten sie sich alle an sie, damit man auch sie mit ihr zusammen herauszöge. Aber das Weib war böse, sehr böse und stieß mit ihren Füßen zurück und schrie: Nur mich allein soll man herausziehen und nicht euch; es ist mein Zwiebelchen und nicht eures. Wie sie aber das ausgesprochen hatte, riss das kleine Pflänzchen entzwei. Und das Weib fiel in den Feuersee zurück ... Der Engel aber weinte und ging davon." Amen.

23. Sonntag

Jak 2,1-5; Mk 7,31-37 (10.9.2000 – Bergmesse)

Nach der heutigen Lesung aus dem Jakobusbrief versteht man das Sprichwort 'Kleider machen Leute' recht gut. Zunächst heißt das durchaus positiv, dass Kleider ein Kulturgut sind und vor allem von Festen nicht wegzudenken. Sie charakterisieren auch den Unterschied zwischen Alltag und Fest. Zugleich aber ist in diesem Sprichwort ein negativer Beiklang, denn Kleider können auch die Person zudecken, die bloße Rolle hervorkehren und die sozialen Klassen, also oben und unten, scheiden. Kleider können zur bloßen Fassade werden und den Schickimickis einen Quotenplatz in den Medien einbringen. Es besteht

jedenfalls die Gefahr der Manipulation. Das Kleider-Makeup kann die Schere zwischen arm und reich noch weiter auseinander gehen lassen.
Im Gegensatz dazu kann man sagen: 'Berge machen Menschen'. Unsere Bekleidung heute ist einfach und zweckgebunden; niemand möchte den anderen ausstechen. Wir haben allen Schmuck und sonstigen Ballast daheim gelassen und nur das Notwendige und - etwa bei einem Schlechtwettereinbruch - das Not-wendende - mitgebracht. Unsere Kleider sind irgendwie einander ähnlich. Nicht die Kleidung steht im Vordergrund, sondern der Mensch.
All das hat fürwahr Rückwirkungen auf unser Menschsein.
Das ist die Chance der Berge: wir begegnen einander ohne Fassade, ohne gespitzte Förmlichkeiten, ohne Titel. Ab einer gewissen Höhe der Berge sind deshalb die Menschen auf Du und Du. Als ich mich eben beim Wirt vorstellte, sagte er: 'Ich bin der Franz', und die Wirtin: 'Ich bin die Karin', und ich antwortete: 'Ich bin der Walter.' Die Anrede auf Du lässt uns menschlicher, herzlicher und geschwisterlicher begegnen. Wer weiß nicht um die Erfahrung von Bergkameradschaft!
Die größere Nähe zum Himmel über uns lässt aber auch spontaner mit 'Grüß Gott' grüßen und uns die Erfahrung als 'Volk Gottes unterwegs' machen. Abraham hat bei der Trennung von seinem Neffen Lot die Berge gewählt und damit den Weg des Glaubens und Vertrauens, während Lot die fruchtbare, selbst überschaubare Ebene rund um Sodom und Gomorrha wählte. Die Gleichheit im Volk Gottes lässt uns mehr als sonst unsere grundsätzliche Gleichwertigkeit vor Gott erahnen, denn alle sind wir, wie das Konzil sagt, gleich an Würde und Tätigkeit, trotz aller Verschiedenheit.
'Gott hat die Armen auserwählt' (Lesung) und er kleidet uns in andere Kleider, wie es bei Jesaja heißt: 'Von Herzen will ich mich freuen über den Herrn. Meine Seele soll jubeln über meinen Gott. Denn er kleidet mich in Gewänder des Heils, er hüllt mich in den Mantel der Gerechtigkeit.' (Jes 61,10-11) Diese Gewänder des Heils, angedeutet im Taufkleid, bedeuten unsere vorbehaltlose Annahme als Gottes geliebte Kinder, mit all unseren Licht- und Schattenseiten.
Das Evangelium berichtet von der Heilung des Taubstummen durch Jesu Berührung.
'Er nahm ihn beiseite.' - von der Menge weg, weg von den Gaffern und Sensationslüstlingen, von den Schlagzeilen der Medien, von den Quotenbringern, Populisten und Demagogen, weg von den Voyeurs menschlichen Unglücks (wie z.B. in Lassnig oder Galtür). Jesus schenkt diesem kranken Menschen die Diskretion der Vertraulichkeit und der persönlichen Beziehung. Es zählt vor ihm der einzelne, er allein steht im Mittelpunkt; er wird so erst wieder Jemand, herausgehoben aus dem Man, der Herde und der Menge.

'Er legte ihm die Finger in die Ohren'; er berührt ihn und heilt ihn. Das Ohr wird wieder hellhörig, ganz Ohr, denn es hört eine gute Botschaft, eine Frohbotschaft, während es sonst heißt: good news no news. Nach vielen Verwundungen, bei denen es ihm die Ohren verschlagen hat, hört er das absolut gute Wort, dass er geliebt und angenommen ist so wie er ist. - Der Lärm, die Propaganda, die Marktschreier sind weg. Der ehemals Taubstumme ist offen für das stille leise Säuseln, in dem sich Gott offenbart (1 Kön 19). Das beflügelt die Seele. So kommt es zu einer Beziehung, zu einer Begegnung mit Gott, der ihn von der Wurzel her, also radikal heilt. Liebe Bergfreunde, es ist nicht die Frage, ob es Gott gibt, sondern ob es uns gibt, offen oder verschlossen.
'Er berührte dann die Zunge des Mannes mit Speichel'. - Wahrscheinlich hat es ihm oft die Stimme verschlagen und er wurde mundtot gemacht. 'Eines Tages kam einer, der hatte einen Zauber in seiner Stimme ...' Zunge und Speichel deuten auf eine große Intimität, die nicht missbraucht und preisgegeben wird, sondern in dieser Vertrautheit der tiefsten Sehnsucht des Menschen entspricht. So löst sich die Zunge aus ihren Fesseln und es entsteht Offenheit für den Himmel. Der Himmel kann wieder hereinbrechen und zwischen ihm und Gott tanzen (Kahlil Gibran).
Mit dem Blick nach oben, dem Blick des Vertrauens, spricht Jesus das 'Effata', 'Öffne dich!' Der Mann kann sich fallen lassen ohne Angst, Jesu Vertrauen überträgt sich auf ihn und der Geheilte erfährt zutiefst: 'Er hat alles gut gemacht.' Alles Nicht-reden-können und alles Nicht-sprechen-können, aller Wahnsinn und aller Unsinn werden befreit zu neuem Sinn.
Uns allen ist dieses 'Effata' grundsätzlich für immer in der Taufe wirksam zugesprochen. Wir müssen aber gestehen, dass sich darüber leicht das Grau des Alltags. der Nebel der Vergesslichkeit oder die dunklen Wolken des Zweifels legen.
Berge sind gleichsam eine Tauferneuerung, ein neues 'Effata'
über den Niederungen der Menge, der Masse, des Herdentriebs und der Verführbarkeit (politisch oder religiös),
- über den Tälern des ohrenbetäubenden Lärms, der Kulisse der Medien und über den Parolen der Propaganda,
-über den täglichen Sagern der Populisten, derer, die nach dem Munde reden und doch das eigene Interesse suchen, oder derer, die immer Recht haben und das letzte Wort stets für sich beanspruchen,
- über der Banalität, in der Intimität auf den Markt gezerrt wird und Intimstes lauthals dem schrägen Geschmack ausgeliefert wird.
Berge, die ein solch neues Effata ermöglichen, sind ein Blick zum Himmel, von dem herab die Stimme zu jedem und jeder von uns spricht: 'Du bist mein geliebtes Kind; an dir habe ich Wohlgefallen'.

Ich wünsche uns allen, dass wir auch heute etwas von diesem Effata als Atmen für Leib und Seele erfahren und in diesem tiefen Sinne einander 'Berg Heil' (an Leib und Seele) wünschen können. 'Er hat alles gut gemacht'. Möge es für uns alle ein guter Tag sein, an dem manches in uns wieder gut und besser, hellhöriger und feinstimmiger wird und wir aus dieser Offenheit für Gottes leise Stimme Kraft schöpfen für das neue Arbeits- und Schuljahr! Amen.

24. Sonntag

Jes 50,5-9a; Mk 8,27-35 (13.9.2009 Bergmesse)

Vielen von Euch wird noch das Evangelium vom letzten Sonntag in Erinnerung sein, als Jesus zu einem gehörlosen und sprechbeeinträchtigten Menschen „Effata“ spricht, also „Tu Dich auf! Öffne Dich!“ Es ist nämlich wirklich so, dass der Mensch nur durch seine Sinne auch den Sinn des Lebens zu finden vermag.
Hier im Freien – unter dem Altar des Himmels, auch wenn er heute durch den Regen getrübt und bedeckt ist - haben wir alle gleichsam meditativen Anschauungsunterricht der Schöpfung. Hier bedürfte es gar nicht vieler Worte; wir sind mit unseren Sinnen (Sehen, Hören, Riechen, Schmecken, Tasten) eingeladen zum Betrachten und Staunen. Dass auch Jesus sich sehr gerne an einem See aufhielt, wissen wir, denn der See Genezareth in Galiläa war gleichsam die Heimat seines Wirkens.
Und wir wissen auch, wie sehr er die Berge liebte und dass vom Berg her uns die wesentlichen Begegnungen Gottes mit dem Menschen und die wichtigsten Inhalte unseres Glaubens geschenkt sind (angefangen vom Berg der Seligpreisungen und der Bergpredigt über den Berg der Verklärung bis hin zum Berg Golgatha und zum Berg der Himmelfahrt, dem Ölberg).Berge sind Einladung zu und Erfahrung von Stille, Offenheit, Kameradschaft und Vertrauen.
Viktor Frankl, der Begründer der Logotherapie, war ein großer Bergsteiger und er wusste um die Herausforderung der Berge, aber auch deren Lehrmeisterschaft für das Finden des Lebenssinnes.
Oft hört man sagen: Viele Wege führen zu Gott, einer über die Berge. Da ist viel Wahrheit und Weisheit drinnen. Ich gehe selbst auch sehr gerne in die Berge. Aber ist das alles? Ist das genug?
Die herrliche sinnlich erfahrbare Welt und die wunderbare Bergwelt laden zum Wandern, Bergsteigen, Klettern ein und wir sind dafür sehr dankbar. Aber sind sie allein Antwort auf unsere tiefsten Fragen? Was ist, wenn die uns erwärmende Sonne zur versengenden Glut wird und zu Dürre und zu

Erderwärmung mit katastrophalen Folgen führt? Was ist, wenn der zunächst erfrischende Regen zur Sturzflut und zur vernichtenden Überschwemmung wird, wie wir es in diesen Tagen wieder von Istanbul oder Niederösterreich hörten? Auch der Apostel Paulus spricht vom Stöhnen der ganzen Schöpfung (wie von Geburtsschmerzen – in Röm 8). Franz von Assisi hat uns nicht nur den Sonnengesang geschenkt, sondern er hat als von Stigmatisierter auch die tiefen Wunden dieser Schöpfung erfahren und erlitten.

Was ist, wenn der Mensch alles nicht genießen kann, weil er z.B. nicht gehfähig oder schwer krank ist oder weil er vor lauter Schmerz mundtot geworden ist, weil ihm Hören und Sehen vor Leid und Ungerechtigkeit vergangen sind oder weil ihm nichts mehr schmeckt vor Frust und Sinnlosigkeit? Was helfen dann die schönen Stunden und die herrlichen Berge, wenn er keinen Freund hat, der bei ihm bleibt, es bei ihm aushält und ihn erträgt?

Der bloße sonntägliche Spaziergang, und sei es der Spaziergang Goethes am Ostertag, wird den Menschen in Not und Leid nicht heilen und trösten. Es genügt auch nicht eine bloß äußere Schönheit des Menschen, die durch Make-up oder durch Operationen wieder hergestellt wird. Der Artikel in der Zeitung „Die Furche“ (vom 3.9.09) zeigt auf, „warum so viele Menschen mit ihrem Körper unzufrieden sind und vieles tun um besser auszusehen“. Aber der äußere Body-Kult allein hilft letztlich nicht, innere Wunden zu heilen. Das Verarzten der Wunden von außen allein genügt nicht, wie auch Make-up den von innen kommenden Charme nicht zu ersetzen vermag. Auch von großen philosophischen Gedankenwelten allein lässt sich nicht leben. Antworten auf die hellen und guten Seiten des Lebens vermag bald jemand zu geben, aber wer gibt Antwort, wenn der Sinnbogen des Lebens angeknackst oder gar zerbrochen ist?

Hier setzen die beiden heutigen biblischen Lesungen ein.

In der Lesung, einem Knecht-Jahwe-Lied aus dem Propheten Jesaja, wie wir es eher in der Karwochen zu hören gewohnt sind, öffnet Gott Jahwe seinem Knecht dessen Ohr für das Leid des Menschen. Dieser Knecht, in dem sich Gott selbst ausspricht und mitteilt, wird zum „Kumpel“ (cumpanis), der dasselbe harte Brot mit uns isst und dessen Ohr geöffnet ist – empathisch und sympathisch – für die Geschlagenen, Zukurzgekommenen, Geschmähten, Angespukten und Verlassenen. Sein einziger Halt ist Gott: „Seht her, Gott, der Herr, wird mir helfen.“

Für mich ist das die tiefste Selbstoffenbarung Gottes im Ersten Testament, die für uns Christen seine Entsprechung im wehrlosen, hilflosen und schutzbedürftigen Kinde von Bethlehem findet, in der Solidarität Jesu, in dem Gottes Liebe bis ans Äußerste geht. Gott hat uns das Effata zugesprochen, also uns das Ohr geöffnet für die Schönheit der Natur, aber auch für deren Stöhnen,

Zerstörung und Bedrohung – und er ruft uns, das uns Mögliche zu tun für die Bewahrung der Schöpfung und für Nachhaltigkeit. Er hat uns das Ohr geöffnet für die Schönheit des Menschen, die eigenen und die der anderen, aber auch für dessen durch Wunden und Schmerzen entstelltes Antlitz und für die Ungerechtigkeit, unter der sie zusammenzubrechen in Gefahr sind.

Im Evangelium begegnen wir Jesus in Caesarea Philippi im Norden Israels an einer der Jordanquellen, im Grenzgebiet zwischen Judentum und Heidentum mit einem Heiligtum des Gottes Pan und des Kaisers. Der Kaiser ließ sich dort als Sohn Gottes verehren. Jesus hält „Umfragen", so wie heute die Meinungsforschungsinstitute es tun, zumal vor Wahlen. Das Ergebnis ist eher sehr ernüchternd, denn die meisten halten ihn für jemand anderen. Die Frage Jesu an seine Jünger „Ihr aber, für wen haltet ihr mich?" heißt Farbe bekennen.
Petrus antwortet völlig richtig: „Du bist der Messias." Zugleich zeigt sich jedoch, dass Petrus noch einen gewaltigen Lernprozess durchmachen muss, denn sonst würde ihn Jesus nach dessen Unverständnis für das Leiden Jesu nicht so scharf zur Rede stellen und in die Schranken weisen. Denn die Frage heißt ja, welcher Messias Jesus ist.
Es lagen die verschiedensten Vorstellungen und Erwartungen in der Luft: ein Schönwettermessias, ein Wohlstandsmessias, ein politischer Messias, der die Römer hinauswirft, ein Brotkönig, der „Brot und Zirkusspiele" bietet, einer der auf das Diesseits vertröstet, ...?
Das Schweigegebot Jesu hat anbetracht dessen den tieferen Sinn, das Missverständnis eines triumphalistischen oder politischen Messias zu verhindern, einen Messias abzuwehren, der bloß für die Inländer, die Tüchtigen und Anständigen, die Frommen und den Mittelstand oder die oberen Zehntausend da ist.
Jesus Christus ist der Messias aller, auch der Ausländer und Migranten, der Arbeitslosen und Minderleister, der Untüchtigen und selbst der Sünder. Um das allerdings sein zu können und allen eine Chance zu geben und die ganze Schöpfung heimzuholen in das Reich des Vaters, muss er die „Karriere nach unten" gehen, wie es im Philipperbrief heißt „Er, der Gottes Gestalt hatte, hat sich entäußert und ist Mensch geworden ... bis zum Tod am Kreuz." (Phil 2)
So und nur so wurde Jesus Christus zum Erlöser und Messias aller Menschen. Es genügt deshalb für uns Christen nicht der Spaziergang in die schöne Natur, auch nicht das Wandern in den Bergen, so schön und erholsam es sein mag. Wir feiern mitten in dieser Natur mit den schönen Seen und Bergen, über die wir uns freuen, Eucharistie, das Gedächtnis von Jesu Leben, Sterben und Auferstehen, denn nur so gilt die Erlösung wirklich allen und wird das Stöhnen der Natur und

des Menschen zu Geburtsschmerzen der Erlösung für wirklich alle und alles! Amen.

25. Sonntag

Jak 3,16-4,3; Mk 9,30-37 (20.9.2009)

Wenn sich Jesus mit seinen Jüngern zurückzieht - wie eben im Evangelium -, dann geht es nicht um etwas leicht Verständliches und sofort Einsichtiges, sondern eher um die Hinführung zu etwas schwer Nachvollziehbarem: Kein Wunder: es ist Jesu Ankündigung seines Leidens und seines gewaltsamen Todes. Es heißt deshalb auch: „Aber sie verstanden den Sinn seiner Worte nicht, scheuten sich jedoch, ihn zu fragen."

Gibt es überhaupt jemanden, der sich mit Leid und Schmerzen, mit Not und Tod leicht tut?

Wenn der Bogen des Lebens richtig gespannt ist, wenn es uns also gut geht, stellt sich die Sinnfrage des Lebens meist gar nicht. Sie bricht erst auf, wenn dieser Bogen einen Knacks hat oder gar zerbrochen ist, d.h. wenn wir anbetracht von Leid das Leben als sinnlos erfahren und wir hilflos rufen „Warum? Warum?"

Die heutige Lesung aus dem Jakobusbrief stellt die Frage nach den Ursachen von Leid und Not, wenn es heißt: „Woher kommen die Kriege bei euch, woher die Streitigkeiten?" und sie gibt auch gleich die Antwort „Doch nur vom Kampf der Leidenschaften in eurem Innern".

Als konkrete negative Leidenschaften nennt der Schreiber Eifersucht und Ehrgeiz. Wenn es an einer anderen Stelle im selben Brief heißt, dass die Habsucht die Wurzel allen Übels ist, so könnte man das den biblischen Kommentar zur heutigen Finanzkrise nennen, denn vor allem steht menschliche Gier hinter den unmäßigen Spekulationsgeschäfte, die schließlich wie eine Seifenblase geplatzt sind.

Es sind also die Leidenschaften im Innern des Menschen, die zu Rivalität und Konkurrenz, zu Streit und Eifersucht, zu Ellbogenpolitik und Mobbing, ja selbst zu Kriegen führen. Und das fürwahr nicht nur in der „Welt", sondern auch in der Kirche – damals und auch heute.

Die Bibel ist keine Hofberichterstattung. So berichtet sie heute, dass die Jünger auf die Frage Jesu, worüber sie unterwegs nach Kafarnaum gesprochen haben, beschämt schwiegen, denn sie hatten untereinander gestritten, „wer von ihnen der Größte sei".

Dass es auch in der Kirche in diesem Sinne bis heute sehr „menschelt", ist uns bekannt und sollte uns nicht wundern, denn Kirche setzt sich nun mal aus uns

Menschen als „zerbrechlichen Gefäßen" zusammen. Mit den Zwölfen im Evangelium müssen auch wir selbst immer wieder in die Schule Jesus gehen, bevor wir anderen Vorhaltungen machen, denn sonst predigen wir Wasser und trinken selbst Wein.

Alle Religionen befassen sich mit der Frage des Kampfes der Leidenschaften, die unsere Welt zu Stätten des Leids und der Kriege machen, und sie möchten Antwort geben, wie wir von Not und Tod erlöst werden. Die Antworten sind verschieden.

Manche eher fernöstliche Religionen möchten den Menschen zur Leidenschaftslosigkeit erziehen. In unseren europäisierten Formen der Yoga- oder Zen-Meditation werden durchaus auch vergessene Schätze der christlichen Mystik wieder aufgegriffen werden und sie tun uns hektischen Europäern gut. Bei den authentischen fernöstlichen Meditationen geht es freilich letztlich darum, sich aller Leidenschaften zu entledigen, ja selbst das eigene Ich los zu werden. Entweder löst sich der Mensch durch ständige Wiedergeburten aus dem Kreislauf der Welt gleichsam heraus oder er gelangt durch seine Meditationen zur Erleuchtung und zur seinsmäßigen Einheit mit Gott und der Welt. Selbst die Spannung zwischen Subjekt und Objekt wird schlussendlich aufgehoben und alles mündet in eine Einheit des Seins oder in das Nichts: Alles ist eins; ich bin du. Man nennt es Nirwana oder Brahma.

Indem dem Menschen immer mehr alles gleich-gültig wird, verliert er alle Leidenschaften, wird ganz ruhig und verschmilzt schließlich in eine totale Einheit mit Gott und dem All.

Ist es wirklich wünschenswert, ein solch leidenschaftsloser und allem gegenüber gleich-gültiger Mensch zu sein? Wird man dadurch nicht zum teilnahmslosen Beobachter, der alle Verhältnisse sein lässt, wie sie sind? Gibt es dann noch ein berührendes Mitleid oder können wir dann noch weinen mit den Weinenden und lachen mit den Lachenden?

Die fernöstlichen Religionen sind, könnte man etwas vereinfacht sagen, auch in ihrer Weise zu meditieren eher in der Beckenschale, dem „Hara", angesiedelt – eine Dimension, die allein für sich auch Gefahren und fragwürdige Folgen haben kann.

Die westliche Hemisphäre, also wir im Westen, haben den Akzent dagegen eher auf die Hirnschale gelegt (symptomatisch sagt der Philosoph Descartes: „Cogito ergo sum – Ich denke, also bin ich"). Es kam dadurch zum großartigen naturwissenschaftlich technischen Siegeszug des Westens. Freilich kennen wir auch inzwischen die Schattenseiten, wenn z.B. nicht mehr gefragt wird, ob wir alles dürfen, was wir technisch können. So kommt es leicht zum Zauberlehrling, der die Geister, die er rief nicht mehr loswird. Beispielhaft gesagt: Die Atombombe hängt wie ein Damoklesschwert über unserem Haupt.

Vor 2.000 Jahren ist zwischen westlicher und östlicher Erdhälfte in Palästina dieser Jesus geboren, von dem wir Christen glauben, dass er beide genannten Dimensionen gut integriert, die meditative und dem Unterbewussten nähere Ebene der Beckenschale und die kognitive reflektierende Ebene der Hirnschale. Jesus blieb dem eigenen Urgrund verwurzelt und zugleich war er wissend und weise.
Dieser Jesus wollte die Leidenschaften nicht aus der Welt schaffen, denn für ihn sind sie eine große Begabung des Menschen – eines vorausgesetzt, dass Leidenschaft nicht den eigenen Vorteil sucht, habgierig und ehrgeizig, rivalisierend und andere unterjochend nur sich selbst sucht, also selbstsüchtig ist. So kommen, wie die Lesung sagt, die Kriege und die Streitigkeiten vom Kampf dieser Leidenschaften in unserem Innern und solche Taten schaffen tatsächlich viel Leiden.
Die Antwort, die Jesus auf die Frage gibt, wie wir erlöst werden, ist nicht das Auslöschen der Leidenschaften, wodurch alles gleich-gültig wird, auch nicht die Beherrschung der Welt durch Wissenschaft und Technik. Wenn man damit keine anatomisch-medizinischen Ausdrücke, sondern Symbole meint, kann man sagen: Jesu Person-Mitte liegt nicht im Becken und nicht im Hirn, sondern im Herzen. Er, der am Herzen Gottes ruhte, war ein von der göttlichen Liebe zutiefst beseelter und deshalb ein leidenschaftlich liebender Mensch.
Er hat uns Kunde von dem mütterlich-väterlich liebenden Gott gebracht und wenn am Kreuz aus seinem durchbohrten Herzen Wasser und Blut fließen, so ist das die Frohbotschaft, dass wir durch das Wasser der Taufe und durch das Blut der Eucharistie an dieser Liebe teilhaben.
Jesus war kein teilnahmsloser abgehobener Beobachter, sondern die Liebe bewegte ihn zum leidenschaftlichen Engagement für die anderen – bis dahin, dass es ihm sein Herzblut kostete. Er lebte vor, wie Rangstreitigkeiten in der Welt und Kirche, Eifersucht, Ehrgeiz und Gier, ja die Wurzeln allen Leids und selbst des Todes besiegt werden können: im leidenschaftlichen liebenden Engagement für andere. In seiner Nachfolge sagte Augustinus „Amor ergo sum –Ich werde geliebt, also bin ich!“ An Jesus können wir ablesen, wie wir leidenschaftlich Menschen füreinander sein sollen.
Er möchte auch jetzt, wenn er Brot und Wein zu seiner Gegenwart unter uns verwandelt, uns und unsere Sinne verwandeln:
- unser Sehen möge ein Sehen mit einem guten Herzen sein statt mit Blicken zu töten oder bloßzustellen;
- unser Greifen möge ein heilendes und aufbauendes Berühren sein statt jemand in den Griff bekommen zu wollen oder niederzuhalten;

- unser Mund möge „benedicere", also Gutes sagen und so zum Segen werden statt jemanden niederzuschreien oder mundtot zu machen;
- unser Hören möge auch auf die feinen Töne des anderen horchen und seinen Hilferuf hören statt für Gerüchte und Tratsch offen zu sein;
- unser Geschmack und Geruch mögen offen bleiben für die tieferen Sehnsüchte des Herzens nach Gott und seinen Gaben statt uns mit dem „Großem Fressen" aufkosten anderer zu befriedigen.

Ich weiß: Wir sind alle am Wege und hinken nach. Lassen wir uns immer wieder beschenken von Gottes leidenschaftlicher Liebe, um davon angesteckt dem selbstbezogenen Teufelskreis von Eifersucht, Hass und Streit zu entrinnen.

Indem Jesus und damit das Christentum wie keine andere Religion ein Kind als Vorbild in die Mitte stellt, zeigt er die spezifisch christliche Antwort auf die Frage nach der Erlösung vom Kampf der negativen Leidenschaften:

In der Welt lebt das Mehr des einen vom Weniger des anderen. Daraus entstehen Rivalität und Eifersucht und in Folge Missgunst und Neid. Jesus stellt dem die Haltung des Kindseins entgegen: die Haltung des Vertrauens und des Glaubens. Ganz gleich wie alt wir sind: Wer dem Himmel nahe sein will, muss von seinem Sockel herunterkommen, denn wir sind „Kinder Gottes", nicht Damen und Herren Gottes. Was unsere Beziehungen bestimmen soll und allein diese Welt zum Guten hin ändern kann: Es ist die uns in Jesus geschenkte göttliche Liebe, die unsere Beziehungen immer mehr prägen soll. Die damit erhaltene Wärme und Zärtlichkeit mögen wir im Einsatz für andere leidenschaftlich weitergeben, damit die in der Lesung genannte Weisheit von oben zum Tragen kommt, so da sind: Frieden, Erbarmen und Gerechtigkeit. Amen.

27.Sonntag

Gen 2,18-24; Mk 10,2-16 (8.10.2006 Erntedank)

Das Erntedankfest gehört wohl zu den ältesten Festen der Menschheit überhaupt; es findet sich in allen Kulturen und Religionen. Es wäre ein trauriges Zeichen der menschlichen Verarmung, wenn es dieses Fest eines Tages nicht mehr gäbe. Trotz aller möglichen Sicherungen und Versicherungen haben wir das Leben letztlich nicht im Griff und sind wir nicht Herren der Natur, wie uns Katastrophen, aber auch persönliche und wirtschaftliche Krisen immer wieder vor Augen führen.

Freilich freuen wir uns über alle modernen Errungenschaften, aber trotz Überfluss und Überproduktion, trotz unserer Hände Arbeit haben die Bitte um das tägliche Brot und der Dank dafür ihre Bedeutung nicht verloren.

In der agrarisch geprägten Gesellschaft war verständlicherweise der Dank eher einseitig auf die gute Ernte am Lande gerichtet. Die Früchte unserer Arbeit und der darin wieder gefundene Segen von oben gedeihen auch in Fabriken, Büros, Schulen und in vielen anderen Orten. Wir sind wenigstens genau so dankbar für den Arbeitsplatz und die Fähigkeiten, die wir darin einsetzen können, für das gute Zeugnis in der Schule, für eine erfolgreiche Berufslaufbahn, für Gesundheit und Frieden, für den Reifeschub, den jede/r selbst im letzten Jahr gemacht hat.

Wir haben heute bewusst in den Fürbitten verschiedene Berufe in den Mittelpunkt gestellt, die zurzeit in unserer Kirche zu deren Erneuerung beitragen. Es soll auch ein Zeichen unserer Dankbarkeit für deren Arbeit sein, und zugleich eine Bitte, dass sie das Werk gut zu Ende führen, und eine Erinnerung an jede und jeden von uns, für die je eigene persönliche und berufliche Begabung dankbar zu sein.

Das Erntedankfest erinnert uns daran, dass menschliches Leben letztlich immer Geschenk ist und bleibt, und dass wir es Gott, dem Freund des Lebens und dem Geber alles Guten, verdanken. Ein paar konkrete Punkte der Dankbarkeit möchte ich heute ansprechen.

In besonderer Weise wollen wir heute dankbar sein für alle Freunde und Lebenspartner. Ich habe sehr bewusst die laufende Lesung dieses Sonntags belassen, weil in dieser bekannten mythologischen Erzählung von der Erschaffung Evas etwas ganz Wesentliches über unser Menschsein ausgesagt wird: es ist nicht gut, dass der Mensch allein bleibt; er bedarf zu seinem Glück und zu seiner Erfüllung der Mitmenschen; ja zum innerweltlich wohl größtmöglichen Glück eines gleichwertigen und doch anderen Partners. Von dieser Schöpfungsordnung, also der Ebenbürtigkeit von Mann und Frau und deren seligen Verwiesenheit aufeinander spricht ja auch das Evangelium.

Die anderen Geschöpfe, Pflanzen und Tiere, können diese Stelle nicht einnehmen. Adam bekommt einen gleichen und zugleich anderen Partner – Eva -, damit sie füreinander Ergänzung, Hilfe, Bereicherung und gegenseitige Entfaltung sind. Eine Erklärung dieses mythologischen Bildes besagt: Eva ist nicht aus dem Fuße Adams geschaffen, damit sie nicht unter ihm sei, nicht aus seinem Kopf, damit sie nicht über ihm sei, sondern aus seiner Seite, damit sie gleichwertige Partnerin an seiner Seite sei. Ist dies nicht auch ein Appell, dass Mann und Frau, Gatte und Gattin einander in ihrer gleichen Würde schätzen und ihre Liebe alles andere als selbstverständlich nehmen? Folgende Worte von Dietrich Bonhoeffer gelten von jeder gelingenden Beziehung, vor allem aber für die Beziehung von Mann und Frau:

„Im normalen Leben wird es einem gar nicht bewusst, dass der Mensch unendlich mehr empfängt, als er gibt, und dass Dankbarkeit das Leben erst reich macht. Man überschätzt leicht das eigene Wirken und Tun in seiner Wichtigkeit gegenüber dem, was man durch andere geworden ist."

Ein weiterer Gesichtspunkt der Dankbarkeit: Während wir im Anschluss eine Kindermesse feiern, stehen die meisten (oder zumindest viele) von uns im Herbst des Lebens, also in der Zeit der Ernte des Lebens. Die vier Jahreszeiten des Jahres wiederholen sich immer wieder, jede Jahreszeit im eigenen Leben ist jedoch einmalig und unwiederholbar. Im Herbst des Lebens stehen bedeutet, ein großes Stück des Lebens schon gelebt zu haben, und dies auch manchmal wehmütig zu verspüren, etwa auch im Nachlassen der eigenen Kräfte. Es ist wohl auch ein Zeichen der Reife, wenn zugleich die Fähigkeit wächst, von manchem sich zu verabschieden und loszulassen, angefangen von den nun erwachsenen Kindern und deren Familien über das Berufsleben durch die Pensionierung bis hin zu manchem Hab und Gut.

Ist es nicht Grund zu danken, wenn dies gelingt, ohne griesgrämig zu werden, und wenn wir wieder tiefer hineinwachsen in das kindliche Vertrauen der Bergpredigt, sich nicht so viele Sorgen zu machen Ich bin immer wieder dankbar, wenn ich bei meinen Geburtstagsbesuchen solchen älteren reifen Menschen begegne, die Gelassenheit und Humor ausstrahlen.

Ein anderer Aspekt der Dankbarkeit, der erst in diesen letzten Jahrzehnten angesichts der gefährdeten Ressourcen unserer Erde bewusster wurde, ist das Wahrnehmen der Schöpfung, also der Gabe der Erde mit ihren vielen nachhaltigen und erneuerbaren Energien; aber damit zugleich verbunden die Aufgabe der Bewahrung der Schöpfung. Franz von Assisi, dessen Fest wir diese Woche feierten, war in diesem Sinn jener, der den biblischen Schalom, den ganzheitlichen Frieden, auch mit den Tieren und Pflanzen, ja mit der ganzen Schöpfung lebte. Zu Recht haben die christlichen Kirchen die Bewahrung der Schöpfung neben Frieden und Gerechtigkeit im sogenannten konziliaren Prozess, dessen nächste Station 2007 in Hermannstadt in Rumänien ist, als Gebot der Stunde auf ihre Fahnen geheftet.

Dankbarkeit hat also eine politische und kulturelle Bedeutung: sie verlangt in einer weltweiten Sorge und Solidarität nicht nur die Fürsorge für den Menschen, sondern auch für Tier und Natur.

Ich möchte meine Gedanken zum Erntedankfest mit zwei Texten beschließen, die noch andere Sichtweisen ins Gespräch bringen. Der erste ist ein Text, der uns dem Evangelium entsprechend neu das Geschenk unserer Kinder bewusst machen will: Kinder sind ja die besonderen Freunde Jesu, denn Menschen wie ihnen gehört das Himmelreich. Sie sind nicht Störenfriede, Karriereknick und ökonomische Nichtsnutze, sondern eine kostbare Ernte der Liebe der Eltern und eine ganz große Bereicherung, von denen wir alle viel lernen können. Diese Zeilen wollen auch ein Dank für die Kinder in unserer Gemeinde sein – ein

Dank an Gott, an die Kinder selbst und indirekt natürlich auch an die Eltern, die sie das Licht der Welt erblicken haben lassen:

Kinder
Sie sind klein, deshalb sind sie auch den unscheinbaren Dingen nahe.
Sie sind neugierig, deshalb entdecken sie ständig Neues.
Sie sind begeisterungsfähig, deshalb ist für sie jede Minute spannend.
Sie haben keine Vorurteile, deshalb gehen sie offen auf andere Menschen zu.
Sie lachen oft, deshalb sehen sie die Sonne.
Sie weinen leicht, deshalb laden sie Lasten wieder ab.
Sie können Gefühle zeigen, deshalb sind sie ehrlicher.
Sie haben leuchtende Augen, deshalb gibt es für sie mehr Licht in der Welt.
Sie haben ein offnes Herz, deshalb haben sie viele Freunde.
Sie sehen den Augenblick, deshalb leben sie wirklich.

Der zweite Text ist vom deutschen Dichter Hans Magnus Enzenberger mit dem Titel: „Empfänger unbekannt". Vielleicht mag sich mancher, der sich in seiner tastenden Gottsuche schwer tut oder der nicht weiß, wofür er danken könnte, doch diesen Worten an den scheinbar unbekannten Gott, von dem ja auch der Apostel Paulus auf dem Areopag in Athen spricht, anschließen:

Empfänger unbekannt – Retour à l'expéditeur
Vielen Dank für die Wolken.
Vielen Dank für das wohltemperierte Klavier
Und, warum nicht, für die warmen Winterstiefel.
Vielen Dank für mein sonderbares Gehirn
Und für allerhand andre verborgne Organe,
für die Luft, und natürlich für den Bordeaux.
Herzlichen Dank dafür, dass mir das Feuerzeug nicht ausgeht,
und die Begierde, und das Bedauern, das inständige Bedauern.
Vielen Dank für die vier Jahreszeiten,
für die Zahl e und das Koffein,
und natürlich für die Erdebeeren auf dem Teller,
gemalt von Chardin, sowie für den Schlaf,
für den Schlaf ganz besonders,
und, damit ich nicht vergesse,
für den Anfang und das Ende
und die paar Minuten dazwischen
inständigen Dank,
meinetwegen für die Wühlmäuse draußen im Garten auch.

Allerheiligen

Offb 7,2-4.9-14;Mt 5,1-12 (1.11.2009)

Anlässlich des heurigen Allerheiligenfestes schweifen meine Gedanken nicht irgendwo in himmlische Höhen, sondern bleiben bei drei Erfahrungen der letzten Tage.

Am vergangenen Sonntagabend war ich bei der "Papa Gruber" - Gedächtnisfeier in St. Georgen an der Gusen. Es wurde dort in sehr würdiger Form des Priesters, Pädagogen und Märtyrers Dr. Johann Gruber gedacht. Er war ein für die damalige Zeit sehr aufgeschlossener Priester, der durch seine moderne Pädagogik bei vielen Anstoß erregte. Er wurde am Karfreitag 1944 im Lager Gusen von den Nationalsozialisten grausam ermordet.

Durch verleumderische Anschuldigungen kam er ins KZ Gusen, eines der schlimmsten überhaupt. Dort wurde er zum „Engel in der Hölle von Gusen". Unter lebensbedrohlichen Umständen organisierte er für kranke und halbverhungerte Mithäftlinge verschiedener Nationalitäten regelmäßig Medikamente und die legendär gewordene „Gruber-Suppe". Der inzwischen 88-jährige Herr Brusson aus Frankreich berichtete als Zeitzeuge am Sonntag, wie er selbst die Hilfe von „Papa Gruber", wie ihn die Mithäftlinge vertrauensvoll nannten, erfahren durfte und dadurch überlebte.

Unser Landeshauptmann sagte in seiner Rede über diesen Priester, der den Gräueln seiner Zeit entschieden die Stirn geboten hat, wörtlich: „Für mich ist er ein Heiliger."

Ich bin überzeugt, er gehört zu „allen Heiligen" in ganz besonderer Weise, ob er nun je selig oder heilig gesprochen wird oder nicht. Er ist einer jener, die aus der großen Bedrängnis kommen und ihr Gewand, das in seinem Martyrium blutig geworden ist, im Blut des Lammes, also im Blute Jesu Christi weiß gemacht hat, wie es heute die Lesung sagt. Es ist kein Heiliger, der über den anderen schwebt, ganz im Gegenteil, der zutiefst mit ihnen solidarisch wird und der auch von Kirche und Gesellschaft nachher 50 Jahre vergessen wurde, weil es vielleicht nicht opportun war, zu ihm zu stehen.

Warum nenne ich Johann Gruber heute? Er ist nicht aus einem finsteren Mittelalter, sondern er ist einer aus dem wandernden Volke Gottes des 20. Jahrhunderts. Mir wird immer wieder erschreckend bewusst, dass ich genau in diese Zeit hineingeboren wurde und ein Jahr alt war, als er starb. Der Gekreuzigte auf unserem Altarbild ist auch kein Nazarenerbild des 19. Jahrhunderts, sondern er trägt – 15 Jahre nach Ende des Krieges – zurecht eher die Züge eines ausgemergelten KZ-Schergen aus Gusen oder Mauthausen, denn so sah der leidende Christus vor 2000 Jahren und vor 65 Jahren aus. Man nannte Johann Gruber auch „Christus in der Hölle"; er ist mit Christus

abgestiegen in die Hölle des KZ und mit ihm auferstanden in die Gemeinschaft der Heiligen.
Die Zeit ist also für mich gar nicht so weit weg und keineswegs schon bewältigt, wenn man sich anschaut, wie schwer sich Österreich getan hat und tut, sich nicht nur als Opfer darzustellen, sondern auch die Täter-Rolle zuzugeben.
Wir haben Gottseidank seither Frieden, doch wir haben ihn nicht gepachtet und wir wissen um manche demokratiemüde und rechtsradikale Tendenzen, die neues soziales Konfliktpotential schaffen.
Heilige sind Vorbilder. Worin kann Papa Gruber uns in Friedenszeiten Vorbild sein?
Ganz allgemein gesagt, geht es immer um die Liebe zum Nächsten, die man in Extremsituationen wohl nur durchtragen kann, wenn man selbst aus der Liebe Gottes lebt und zehrt. Johann Gruber fragte nicht nach der Nationalität dessen, der der Hilfe bedurfte. In Zeiten, in denen wir wieder strenger als früher zwischen Inländer und Ausländer, zwischen unseren und den anderen Leuten unterscheiden, in denen Sozialhilfe wieder eher an die Geburt hier gebunden ist, haben auch wir durchaus Möglichkeiten, unseren Mund zum Wohle aller aufzumachen, gegen vorschnelle Vorurteile am Stammtisch etwas zu sagen und dort und da auch selbst etwas dagegen zu tun.
Mancher wird sich denken: Warum lässt man nicht endlich die Vergangenheit Vergangenheit sein? Ich zitiere einen für mich wichtigen Satz vom vergangene Sonntag: „Denn das Vergessen des Bösen ist die Erlaubnis zu seiner Wiederholung und das Erinnern des Guten ist die Ermutigung zum Widerstehen." Lassen wir uns ermutigen!
Nun zu einer zweiten Betroffenheit der vergangenen Tage: Am Samstag, 24. Oktober, war ich im Schloss Puchberg, wo beim Diözesantag der Männer der Grazer Pfarrer Wolfgang Pucher über seine Vinzi-Werke (benannt nach dem Heiligen Vinzenz von Paul) berichtete. Pfarrer Pucher, dieser „Armenpriester" oder „Rebell der Nächstenliebe", wie er auch genannt wird, ist seit vielen Jahren in unermüdlichem Einsatz für Obdachlose, Bettler, Drogensüchtige und andere Menschen in Not. In Graz gibt es seither keine Obdachlose mehr. Er hat z.B. mit dem Dogma gebrochen, Alkoholiker vor die Wahl zu stellen „Flasche oder Bett zum Schlafen", denn jemandem mit Würde zu begegnen, bedeutet für ihn nicht, ihm vorzuschreiben, wie er zu leben hat. Das von Fachleuten befürchtete Chaos im Vinzi-Dorf hat sich nicht eingestellt. In Vinzi-Märkten werden Lebensmittel für Bedürftige günstig abgegeben; der Vinzi-Bus verteilt Abendbrote an Obdachlose und schenkt menschlichen Zuspruch. Für mich ist Pfarrer Pucher ein Heiliger.

Heilige sind Vorbilder. Was kann ich von ihm lernen? Natürlich ist es auch hier die Liebe zum Nächsten, unabhängig von seinem äußeren Schein. Was mich betroffen gemacht hat, war seine Aufforderung, mich zu fragen, warum ich in Österreich geboren bin – und auch Du - und nicht etwa in einer Favela Südamerikas oder einem Slum Indiens. Dass dies so verschieden ist, sei eine Ungerechtigkeit wie etwa auch die Verschiedenheit der Begabungen.
Diese vorgegebene Ungerechtigkeit ist aber auch ein „Stachel im Fleisch". Ich darf für die Gabe meines Geburtsortes oder meiner guten Gene dankbar sein, aber ich muss daraus auch die Aufgabe verspüren und annehmen, nämlich mich für die einzusetzen, deren Geburtsstart von Anfang an ungünstig bis miserabel ist oder deren Begabungen zu vielem nicht ausreichen. Ich darf mich nicht auf die faule Haut legen, sondern eine heilige Unruhe muss mich bewegen, nicht nur, wie Pfarrer Pucher es nannte, manch schöner Armut zu helfen, etwa durch eine Spende bei „Licht ins Dunkel", sondern auch der hässlichen Armut eines sozialen Absteigers aus der Nähe und Nachbarschaft.
Ich bin überzeugt, dass dadurch die uns von Gott in der Taufe geschenkte Heiligkeit im Sinne der Bergpredigt Hand und Fuß, Fleisch und Blut zum Wohle anderer bekommt. Ich gestehe, dass ich auch oft ratlos bin und ein schlechtes Gewissen habe, wenn ich mit Menschen, die an die Pfarrhoftür um Hilfe anklopfen, allzu schnell fertig bin!
Eine dritte Begebenheit aus den letzten Tagen: Am 26.Okt., unserem Nationalfeiertag, war ich abends beim „TeDeum der Tausend" in unserem Mariendom. Mehr als durch Worte und moralische Appelle ist es dem gottesfürchtigen Musiker Anton Bruckner wohl gelungen, uns in diesem großartigen Werk (er nannte es selbst den „Stolz seines Lebens") eine Ahnung zu schenken von dem, was wir Himmel nennen. Er will uns in seiner aus der Tiefe kommenden und die Tiefe des Herzens berührende Musik ein leises Horchen ermöglichen und im Raum des Domes einen Blick in die unzählige Gemeinschaft der nach manchen Zweifeln am Ziele angelangten Heiligen schenken, denn sein von tiefer Gläubigkeit durchdrungenes TeDeum ist gleichsam die Vertonung des Lobpreises Gottes, wie wir es in der Lesung aus der Geheimen Offenbarung hörten: „Amen, Lob und Herrlichkeit, Weisheit und Dank, Ehre und Macht und Stärke unserem Gott in alle Ewigkeit. Amen."
Als dieses „TeDeum" im tausendstimmigen Chor in die Worte mündete „Et non confundar in aeternum" (Ich werde in Ewigkeit nicht enttäuscht), so ist es Ausdruck unseres unerschütterlichen Vertrauens, dass wir alle einmal in der Gemeinschaft mit Gott und mit allen Heiligen die Erfüllung unserer Sehnsucht finden.
Wer zählt zu den Heiligen? Sind unter den 144.000 die 1.000 wichtigsten Österreicher, nach denen in diesen Tagen eine österreichische Zeitung sucht?

Ich bin sicher, dass diese Suche nicht nach den Kriterien der Bergpredigt geschieht. Das einzige Kriterium ist und bleibt die Liebe. Sie allein verbindet die Erde und den Himmel, die Heiligen hier und dort; sie allein führt von hier nach dort. Überall, wo geliebt wird, meist unscheinbar und unauffällig, ob in der Pflege alter Menschen, in der Treue des Alltags in Ehe und Familie, im Neuanfang nach Scheitern und Bruchstücken, in der Zuwendung zu den Geringsten der Brüder und Schwestern, überall wo Menschen aufeinander zugehen und Freud und Hoffnung, Trauer und Angst miteinander teilen, wächst das Reich Gottes und es entsteht eine Brücke von hier nach dort.
Eines sei der Finanz- und Wirtschaftskrise ins Stammbuch geschrieben: Während das Geld-Kapital schon hier auf Erden immer wieder mal den Bach hinuntergeht und sich keiner etwas über den Tod hinaus mitnehmen kann, ist die Liebe, wenn Sie wollen, das Sozialkapital, eine Währung, die keine Verluste schreibt, sondern ewiges Leben gewinnt. Allerheiligen will uns einladen, in diese Währung der Liebe zu investieren. Amen.

Allerseelen

1 Thess 4,13-14.17b-18; Mk 15,33-41 (2.11.2009)

Mitten im Jahr, das weltweit durch die Finanz- und Wirtschaftskrise geprägt war, haben Sie durch den Tod eines Ihnen nahestehenden lieben Menschen einen schmerzlichen Verlust erlitten, der unvergleichbar mehr weh tut als mancher Verlust an der Börse.
Die Wunden bluten noch; Sie stehen ja mitten im Trauerjahr. Sie haben erfahren, dass weder Besitz noch Geld oder Ansehen uns vom Tode loskaufen können und dass auch die beste Medizin an ihre Grenzen kommt. Geldkapital hilft weder vor dem Tode noch nachher, denn keiner kann sich vom Tode loskaufen und keiner kann auch nur einen Cent mit hinüber nehmen. Wir sterben alle als Bettler.
Was Sie freilich auch anbetracht des Todes Ihrer Lieben hoffentlich erfahren haben: Sie sind menschlich näher zusammengerückt; sie haben einander in diesen Tagen und Monaten Halt und Stütze gegeben und spendeten einander Trost. Es sind die Beziehungen, in denen wir leben, die uns angesichts des Todes unserer Lieben Halt geben: die Familie, Freunde, unsere Kontakte in der Nachbarschaft, unsere Verankerung in der Pfarrgemeinde. Mit einem Wort: nicht das Geldkapital hilft, sondern nur das Sozialkapital, d.h. die liebende Verbundenheit miteinander.
So sehr das soziale Netzwerk, in dem wir stehen, uns eine seelische Tankstelle ist, wenn uns der Tod lieber Menschen erschöpft und deprimiert zurücklässt,

bleibt die Tatsache des Todes. Gilt also doch nicht, was ein Philosoph sagt: „Jemanden lieben heißt zu ihm sagen: Du wirst nicht sterben“? (Gabriel Marcel) Liebe möchte stärker sein als der Tod! Sie ist es aber offenbar nicht!
Wir sind und bleiben endlich – und uns ist, ob wir wollen oder nicht, der „Umgang mit Endlichkeit“ aufgetragen. Vor vier Wochen hörte ich einer Diskussionsrunde zu, die genau dieses Thema „Umgang mit Endlichkeit“ hatte. Da war zu meiner Verwunderung u.a. ein Schweizer evangelischer Pastor, der dem Verein „Exit“ angehört, einem Verein, die den selbstgewählten Freitod propagiert. Er begleitet solche Menschen in ihren letzten Stunden. Die etwas idyllische Darstellung seinerseits wurde zu Recht von den anderen Podiumsteilnehmern sehr hinterfragt. Möchte nicht jeder Mensch lieber an der Hand eines Menschen sterben als durch eine Hand, und sei es die eigene?!
Der ärztliche Leiter einer Palliativstation führte dies glaubwürdig aus und zeigte, wie Menschen in liebevollem Getragensein durch die Nächsten zum Sterben schlussendlich Ja sagen und in Frieden und Würde meist schmerzfrei sterben.
War früher eher die Gefahr der Vertröstung auf das Jenseits gegeben, so zeigten die Redner die gegenteilige Tendenz heute auf, die Vertröstung auf das Diesseits, denn heute wird alles geboten und getan, um bis ins hohe Alter fit und gleichsam ewig jung zu bleiben. Der inzwischen aus dem Hinduismus abgeleitete Glaube an die Reinkarnation ist bei uns im Westen auch ein Versuch, die Endlichkeit durch eine Vielzahl von Leben hintereinander zu verdrängen, da man ja die ganze Fülle gar nicht auf einmal ausleben könne.
Es gibt wohl noch viele andere Wege, der Tatsache aus dem Wege zu gehen, dass alles Leben einmal sein Ende finden wird – das Leben von geliebten Menschen und auch das eigene.
Die eine Seite ist also unsere Endlichkeit und auch die Schwierigkeit, sie anzunehmen. Und doch trifft gerade auf diese Tatsache des Todes der Satz von Ingeborg Bachmann zu: „Die Wahrheit ist dem Menschen zumutbar.“ Man könnte auch den Evangelisten Johannes zitieren: „Die Wahrheit macht frei.“
An einer anderen Stelle bringt die große Dichterin auch eine uns zumutbare Wahrheit zum Ausdruck, die gleichsam die Kehrseite unserer Endlichkeit ist: „Alles ist zu wenig.“
Ist der Wunsch der Vater des Gedanken, dass unser durch alles auf Erden unstillbare Hunger doch erfüllt werde? Gehen die Sehnsüchte des Menschen etwa nach Gerechtigkeit ins Leere und sind die Opfer für immer verloren, während die Täter triumphieren? Werden unsere Fragen „Warum?“ nie beantwortet? Landen alle unsere Hoffnungen und wir selbst auf dem Müllhaufen der Geschichte? Fragen, die so alt wind wie die Menschheit! Ist unser Glaube sinnlos und nichtig?

Bei dem erwähnten Gespräch über den „Umgang mit Endlichkeit“ haben die Diskussionsteilnehmer nur sehr verhalten und indirekt vom Leben nach dem Tode gesprochen. Sie wollten offenbar damit verhindern, dass die notwendige Trauer nicht zugelassen werde und vorschnell eine religiöse Vertröstung geschehe. Wie ist es nun mit der Trauer?

Liebe Angehörige der im letzten Jahr Verstorbenen! Sie trauern zu Recht und es wäre traurig, wäre dem nicht so. Die Bibel selbst spricht Ihnen dieses Recht zu, denn das Leben mit Gott lässt viele Fragen offen. Vierzig Prozent der Psalmen sind Klagepsalmen, also Gebete, in denen sich Menschen gegen Gott auflehnen. Hiob ist lange der Rebell – auch vor Gott- und er stellt ihm radikal die Frage des „Warum?“, bevor er zu dem wird, der sich in Gottes Größe und Weisheit fallen lässt und geborgen weiß. Er geht sozusagen beispielhaft für alle vom Leid Betroffenen die notwendigen Phasen der Trauerarbeit durch. Die Sprache der Bibel ist keineswegs eine moderate, allzu fromme Sprache. Keine Angst: Gott hält unser Trauern und Klagen aus, ja er rechnet damit. Alle Klagen, die nicht in dieser Welt erhört werden, greifen üben den Tod hinaus. Gott ist uns gleichsam die Auferstehung schuldig, damit die Klage einmal endgültig verstummt.
Jesus selbst spricht am Kreuz den Klagepsalm 22, in dem es heißt: „Du legst mich in den Staub des Todes“. Jesus steht auf der Seite der Klagenden gegenüber Gott. Er hat stellvertretend geklagt für alle, die den Mund nicht mehr aufbringen. Vom Geist Gottes sagt Paulus im Römerbrief: „Der Geist selber tritt für uns ein mit Seufzen, das wir nicht in Worte fassen können... Wir wissen, dass Gott bei denen, die ihn lieben, alles zum Guten führt.“ (Röm 8, 26.28)
Gottes und unsere Liebe verschonen uns nicht vom Tod, aber sie ist seit dem Tode Jesu eine Liebe, die stärker ist als der Tod. Der Todesschrei Jesu wandelt sich nämlich zum ersten Geburtsschrei der Auferstehung.
Es gibt in der Bibel keine Erklärung auf die Frage des Leids. All die Erklärungsversuche der Freunde Hiobs werden abgewiesen. Es gibt nur die „Antwort“, dass Gott selbst sich nicht aus dem Leiden heraushält und dass Gott selbst den tiefsten Abgrund menschlichen Daseins mitgelitten hat. Gott führt keine Regie über den Sternen, sondern er ist dem Menschen immer nahe und er lässt sich seine „Antwort“ etwas kosten, sich selber. „Durch seine Wunden sind wir geheilt.“ (Jes 53,5)
Mögen auch wir wie der Hauptmann, der Jesus auf diese Weise sterben sah, sagen können: „Wahrhaftig, dieser Mensch war Gottes Sohn!“ (Mk 15,39)
Ich wünsche uns allen, dass auch wir angesichts der vielen Fragen, die der Tod unserer Lieben uns stellt, uns nicht mit vorschnellen nur menschlichen, esoterischen oder säkularen Antworten zufrieden geben, aber auch nicht mit vorschnellen frommen religiösen Zurufen, sondern ich wünsche uns, dass wir

wie der Apostel Thomas nach einem Heiland mit den Wundmalen unseres menschlichen Daseins fragen, also nach einem mit uns zutiefst solidarischen Gott und dann in seine Todes-Wundmale unsere eigene Trauer und Wunden, ja unsere lieben Toten bergen und dass wir darin Gottes bergende Liebe ahnen, die stärker ist als der Tod, und dass wir dann mit Thomas gläubig bekennen. „Mein Herr und mein Gott!“ (Joh 20,28)
Wir dürfen und sollen trauern und wir tun es trotz des gesellschaftlichen Trauerverbotes. Von gestern haben wir noch die Seligpreisung im Ohr: „Selig die Trauenden, denn sie werden getröstet werden“ (Mt 5,4). Unser Trost über allen zwischenmenschlichen Trost hinaus heißt Jesus Christus – oder wie Paulus es in der Lesung heute sagt: „Trauert, aber trauert nicht wie die anderen, die keine Hoffnung haben. Wenn Jesus - das ist unser Glaube – gestorben und auferstanden ist, dann wird Gott durch Jesus auch die Verstorbenen zusammen mit ihm zur Herrlichkeit führen. Dann werden wir immer beim Herrn sein. Tröstet also einander mit diesen Worten!“ (1 Thess, 4, 14.17b-18) Amen.

33. Sonntag

Hebr 10,11-14.18; Mk 13,24-32 (19.11.2006) Hinführung zur Weiheliturgie am 3.12.2006

Die Lesung des heutigen Sonntags ist aus dem Hebräerbrief. Der Verfasser hebt gegenüber den alttestamentlichen Opfern die Neuheit und Andersheit des neutestamentlichen Opfers in Jesus Christus hervor. Bei aller Wertschätzung der Opfer des Alten Bundes im Tempel zu Jerusalem mussten diese täglich neu wiederholt werden und haben doch nicht die endgültige Versöhnung des Menschen mit Gott bewirkt.
Christen deuteten von Anfang an Jesu Leben, Sterben und Auferstehen in Analogie dazu auch als Opfer – allerdings Opfer nicht in dem Sinne, dass dem erzürnten Gott ein Opfer dargebracht werden müsste, so wie man durch Opfer die heidnischen Götter versöhnte, schon gar nicht so, dass Jesus etwa dem Satan als Lösegeld gezahlt werden musste, um die Menschen aus dessen Bann zu befreien. Das Christusereignis ist nur insofern als Opfer verständlich und zugänglich, dass Gott selbst in Jesus in äußerster Solidarität und Liebe zu den Menschen sein Leben hingibt – nicht um des Leidens und Todes willen, sondern Jesu Kreuzweg und Tod waren die äußerste Konsequenz seiner radikalen Liebe, die er auch nicht zurückzog, als er als Sündenbock ans Kreuzgenagelt wurde. Er hat gelitten, weil er uns, wie die Sprache sagt, gut leiden kann!

Ein für allemal sind wir deshalb mit Gott versöhnt und Christus ist der einzige Priester des Neuen Bundes; er ist der Eckstein des Volkes Gottes, der Kirche, und das Haupt jeder Gemeinde. Alle Getauften sind lebendige Steine dieser Kirche, die zunächst nicht ein Gebäude, sondern die Gemeinschaft der Glaubenden ist. Die Taufe ist unser aller Grunddatum, unser aller gleicher Würde, denn es gilt von allen: „Ihr aber seid ein auserwähltes Geschlecht, eine königliche Priesterschaft, ein heiliger Stamm, ein Volk, das sein besonderes Eigentum wurde, damit ihr die großen Taten dessen verkündet, der euch aus der Finsternis in sein wunderbares Licht gerufen hat." (1 Petr 2,9f)
Es ist deshalb verständlich, dass jede Pfarrkirche ein eigenes Taufbecken haben muss und dass der Taufbrunnen als Initiationsort unseres Christseins einen ganz hohen symbolischen Stellenwert hat und einen besonderen Ort im Kirchenraum einnimmt.
Das Taufbecken steht in unserem erneuerten Kirchenraum dort, wo früher der Altar stand und es wird bei der Weiheliturgie am 3. Dezember gleich zu Beginn von Bischof Maximilian gesegnet und damit seiner Bestimmung übergeben.
„Aus Jesu Seite flossen Blut und Wasser." (Joh) Der Evangelist Johannes meint mit dem Wasser das Wasser der Taufe, diese grundsätzliche Liebeserklärung Gottes an jeden Menschen, die Gott in Christus als letztes und endgültiges Wort ausgesprochen hat und die uns in der Taufe im Wasser als Symbol des Lebens und im Heiligen Geist wirksam zugesprochen wird. Dem Wort Gottes entspricht unsere Antwort, der Gabe unsere Aufgabe. Vom Bischof gefragt erneuern wir deshalb - wie in der Osternacht - unser Taufversprechen. Und während im Credo der Chor das Glaubensbekenntnis singt, lassen wir uns vom Bischof zum Zeichen der Tauferinnerung und der Bußgesinnung mit dem gesegneten Wasser besprengen.
In der Bischofsmesse folgt als nächstes die Segnung des Ambo, des Pultes der Verkündigung. Es ist, sagt das Konzil, der Tisch, der gedeckt wird mit dem Wort der Bibel und dessen Auslegung in der Predigt. Verkündigungen aller anderen Art haben an diesem Ort eigentlich nichts verloren. Gottes Wort ist Licht auf unserem Pfad – inmitten der Schlagworte und Headlines unserer Zeit, inmitten des Geschwätzes und der Propaganda auf den Märkten dieser Welt, inmitten der Schreihälse, aber auch der Mundtoten.
Wohin sollen wir gehen? Der Herr allein hat Worte ewigen Lebens. Deshalb hat auch dieser Ort in der Liturgie seine besondere Würde und wird vom Bischof mit dem geweihten Wasser gesegnet.
Der wichtigste Ort des ganzen kirchlichen Raumes ist der Altar, den er symbolisiert Christus selbst. Deshalb küsst ihn er Priester. Das Blut, das aus der Seite Jesu floss, deutet auf die eucharistische Gabe. Am Altar wird die Eucharistie als Quelle und Höhepunkt unseres christlichen Seins und Handelns

gefeiert wie das 2. Vatikanische Konzil sagt. Christus selbst ist der Priester und die Opfergabe zugleich, also der Hirt, der sein Leben gibt für seine Schafe. Die Weihe des Altares ist deshalb auch der Höhepunkt der Weiheliturgie. Die Priester des Neuen Testaments feiern kein neues Opfer, sondern sie vollziehen gemeinsam mit allen im Namen Jesu seinen Auftrag „Tut das zu meinem Gedächtnis!“ Auch wenn sie in besonderer Weise im Namen Jesu sprechen, feiert die ganze Gemeinde mit den jeweils besonderen liturgischen Diensten den Gottesdienst.
Die Allerheiligenlitanei erinnert uns an unsere Raum und Zeit überschreitende Gemeinschaft, an unsere Einheit in Christus, unabhängig von rassischen, sozialen oder geschlechtlichen Unterschieden, zugleich auch an unser gemeinsames Unterwegsein als Volk Gottes.
Die im Altar enthaltenen Reliquien (es sind die vom alten Altar, darunter vor allem Reliquien unseres Pfarrpatrons, des hl. Bruder Konrad) setzen uns in Beziehung zu denen, die uns aus der Verbundenheit mit Christus bleibende Vorbilder und Helfer sind.
Es folgen einige Rituale, die sichtbare Zeichen für das von Gott gewirkte unsichtbare Heil sind (so wie etwa der Ring der Eheleute Symbol ihrer Liebe ist). Wenn der Bischof den Altar mit Wasser besprengt, so mag dies an das Gespräch Jesu mit der Frau am Jakobsbrunnen und an seine Verheißung erinnern, dass er selbst lebendiges Wasser ist, das den tiefsten Durst des Menschen nach Liebe und Anerkennung stillt. Die darauf folgende feierliche Salbung des Altares veranschaulicht, dass Christus allein der Gesalbte ist, also der von Gott als Priester, König und Prophet Erwählte, an dessen Berufung und deshalb Salbung (d.h. als ChristInnen) teilhaben. Wenn sodann auf dem Altar an fünf Stellen Weihrauchkörner verbrannt werden, sehen wir darin die fünf Wunden Christi, aber auch unser Gebet, das wie Weihrauch zu Gott aufsteigen solle, damit sein Geist dieses Haus erfülle.
Nach dem feierlichen Weihegebet, durch das der Altar für immer Christus geweiht wird, folgt als großer Lobpreis Christi das Gloria der Messe erst an dieser Stelle.
Die Eucharistiefeier, die darauf folgt, ist der Tisch des Brotes, um den uns Christus als seine Freunde ruft, sich selbst als Stärkung auf unserem Lebensweg schenkt und die Kommunion (die Gemeinschaft mit ihm) auch zur Gemeinschaft untereinander werden lässt. Christus selbst verbürgt sich darin, dass wir alle teilhaben am Sieg des Lebens und der Liebe in seiner Auferstehung. Mit ihm loben und preisen wir den mütterlich-väterlichen Gott mit dankbarem Herzen.

Das heutige Evangelium lenkt unseren Blick auf die Zukunft und Jesu Wiederkehr, deren Zeitpunkt jedoch niemand kennt. Genau diese Erwartung lässt uns aber den Augenblick ernst nehmen und hier und jetzt das Notwendige tun: durch Christus in der Eucharistie gestärkt die Caritas im Alltag zu leben, denn Eucharistie und Caritas gehören untrennbar zusammen. Deshalb passt auch die Caritas-Sammlung zutiefst hierher. „Liebt einander wie ich euch geliebt habe."
Unsere Wegkirchen - wie auch die unsrige in ihrer bisherigen Gestalt - haben vor allem den Blick nach vorne in der räumlichen Anordnung anschaulich gemacht. Sie haben dabei nicht selten vernachlässigt, dass Gottes Reich hier und jetzt schon da ist und der Herr mitten unter uns ist. Die drei Leitworte „Wärmer – Heller – Kommunikativer", die uns bei der Kircheninnenraum-Neugestaltung geleitet haben, lassen uns gleichsam rund um den Tisch des Brotes Rast machen und Kraft holen aus seiner Gegenwart und der Gemeinschaft mit ihm und untereinander. Christus ist nämlich schon in vielfacher Weise mitten unter uns gegenwärtig: In der Gesamtheit der feiernden Gemeinde, im Vorsteherdienst als Zeichen dafür, dass der eigentliche Vorsteher Christus allein ist (deshalb wird auch der Vorstehersitz zu Beginn am Anfang gesegnet); vor allem ist er gegenwärtig in seinem Wort und im Sakrament, also in den eucharistischen Gaben von Brot und Wein.
Wenn wir am 3.Dezember unsere Kirche wieder eröffnen und den Altar feierlich weihen, die Sedes, das Taufbecken und den Ambo segnen, so denken wir bei Kirche nicht an Amtskirche, Kirchenrecht, Kirchenbeitrag oder was immer, auch erst an zweiter Stelle an das neugestaltete Kirchengebäude, sondern an unsere Pfarrgemeinde mit dem Herrn in unserer Mitte, denn überall dort, wo Christinnen und Christen zusammenkommen, ihr Leben teilen, ihren Glauben feiern und ihre Hoffnung auf das Reich Gottes zum Ausdruck bringen, ist Kirche. Kirche ist ja die Versammlung aller, die von Christus zu einem neuen Leben berufen wurden und von dieser Fülle des Lebens in Wort und vor allem in der Tat der Liebe in der Gesellschaft Zeugnis geben.
Ich bin überzeugt: Wir dürfen uns freuen auf unseren neugestalteten Kirchenraum, durch deren Eingangstore wir die Schwelle des Alltags überschreiten, in dem wir Gemeinschaft mit Gott und untereinander, aber auch Einkehr, Stille und hoffentlich ein bisschen Staunen erfahren, und bei dessen Verlassen wir neu Orientierung und Kraft für unseren Alltag und für die Hilfe am Nächsten mitnehmen.
Die künstlerische Gestaltung der liturgischen Orte durch Maria Moser zielt gerade auch im Material des Glases auf eine "Durchsicht". Das heißt, diese Orte mögen uns helfen, hinter die Außenseite der gottesdienstlichen Handlungen und der darin verwendeten Bildworte zu sehen; sie mögen uns in ihrer Symbolkraft

Hilfe sein für die Wahrnehmung der Nähe und Gegenwart Gottes! Mögen wir alle etwas ahnen und erfahren von dem, was jemand in die Worte gefasst hat: „Kirchen als Räume des christlichen Glaubens sind ein Fünfstern-Angebot – nicht nur im Urlaubsreiseführer.“ Amen.

Christkönigssonntag

Offb 1,5b-8; Joh 18,33b-37 (26.11.2006)

Wir sind am Ende des Kirchenjahres angelangt und es stellt sich die Frage: Was zählt letztlich und hat deshalb am Schluss das Sagen? Worauf kommt es wirklich an? Oder anders gesagt: Wer ist der/ die Stärkere, der Mächtigere und setzt sich letztlich durch?
Wahrscheinlich denken wir bei der Frage der Macht sofort an Kaiser oder Könige, an Präsidenten und Regierende, an Wirtschaftsbosse und Tonangebende? Diese sitzen tatsächlich an den größeren Hebeln der Macht, aber jede und jeder von uns vermag etwas, kann etwas, hat ein Vermögen und deshalb auch Macht.
Wer dies leugnet, ist am ehesten in Gefahr, schuldig zu werden, die Macht, die er / sie hat, zu vergraben oder zu missbrauchen. Macht ist zunächst etwas Notwendiges und ganz Natürliches. Die Frage ist bloß, wie wir sie einsetzen und sie gebrauchen.
Eine Köchin hat Macht und es ist erfreulich, dass Liebe auch durch den Magen geht. Der Kochlöffel kann aber auch zu einem drohenden Szepter der Macht werden. Eltern und auch Kinder haben Macht und können sie verschieden gebrauchen, zum gegenseitigen Gedeih oder Verderb. Ein Pfarrer hat Macht und er kann sie zum Wohle der Menschen einsetzen, er kann aber auch päpstlicher sein als der Papst. So könnte man alle Menschen und deren Berufe durchgehen.

Auch wenn die Sprache und das Bild vom Christkönigssonntag zeitbedingt sein mag, so will uns dieser letzte Sonntag im Kirchenjahr die rechte Weise aufzeigen, Macht zu gebrauchen, und zwar am Beispiel Jesu Christi – aus der tiefen Überzeugung, dass seine Macht am längsten, ja ewig währt und alle anderen Machthaber relativiert. Wer aber Macht ausübt, wie er es getan hat, wird auch an diesem endgültigen Sieg teilhaben – ein Sieg, der alles andere ist als der berüchtigte und befürchtete „Endsieg“ weltlicher Regime!
Jesus war sicherlich nicht ein Machthaber dieser Welt, denn da hätte er geschaut, dass sein Hebel der Macht in weltlicher Weise der längere ist. Wie er gelebt hat, hätte er selbst wohl kräftig an seinem eigenen weltlichen Thron gesägt. Er kannte nämlich kein Oben und Unten, kein Mehr und Weniger. Er

suchte nicht die eigene Ehre und schaufelte nicht Gewinn in die eigene Tasche. Er brauchte keine politische Macht und keine äußere Prachtentfaltung und erkaufte sich die Gunst nicht durch Brot und Zirkusspiele. Er war ganz und gar für das Volk da, ohne ein Populist zu sein.

Nicht herrschen, sondern dienen, nicht anhäufen von Schätzen, sondern teilen, nicht über den Rechten, sondern selbst rechtlos, nicht reich sondern arm lebte er sein Königtum, nämlich als Dienst für die anderen. „In caritate servire", das Leitwort unseres geschätzten langjährigen Bischofs Maximilian – er hat es der Lebenspraxis Jesu abgelesen und selbst authentisch zu verwirklichen versucht.

Auch für Männer (und Frauen) der Kirche war und ist dies keine Selbstverständlichkeit, denn es gibt auch die Versuchung der Heiligen Macht. Die Lesung aus dem Buch Ezechiel ist ein hartes Wort Gottes gegen die falschen Hirten, die nicht an Fürsorge und Vorsorge für die ihnen anvertraute Herde gesorgt, sondern sie schamlos ausgebeutet haben. Gott selbst übernimmt deshalb diese Hirtenaufgabe und kümmert sich als Guter Hirte voll Liebe und mit Einsatz seines eigenen Lebens um die Verlorenen und Vertriebenen, um die Verletzten und Geschwächten: „Ich werde meine Schafe auf die Weide führen, ich werde sie ruhen lassen –Spruch Gottes des Herrn" – eine Erfahrung der gläubigen Israeliten, wie sie der bekannte Psalm 23 „Der Herr ist mein Hirte" wiedergibt, - eine Erfahrung, wie sie den Jüngern durch Jesus als dem guten Hirten leibhaftig erlebbar wird.

Der gute Hirte hat tatsächlich aus Liebe sein Leben für die Seinen hingegeben und durch den Tod hindurch einen Namen erhalten, der über allen Namen ist. Jesus hat die missbrauchte Macht, die ihn getötet hat, in seinem Sterben von innen her zu einer Tat der Liebe verwandelt und dadurch aller weltlichen Macht Grenzen gesetzt. Er hat so aller zerstörerischen Macht den tödlichen Giftzahn gezogen und dieser Welt ein neues Reich mit einem anderen Machtverständnis eingestiftet – ein Reich der Gerechtigkeit, der Liebe und des Friedens. Die Verfassung dieses Reiches sind die Seligpreisungen, dessen Gerichtsbarkeit sind die Fragen nach der Werken der Barmherzigkeit, wie sie das Evangelium in der so genannten Gerichtsrede aufzählt. Gottes- und Nächstenliebe sind seither untrennbar verbunden!

Nicht Dogmentreue oder moralische Gesetze, nicht Konfessionszugehörigkeit, ja nicht einmal Religionsgrenzen sind in erster Linie für den König, der Gericht hält, entscheidend, sondern allein die Liebe. Nicht Erleuchtung und mystische Verzückungen, nicht innerliche Frömmigkeit und bloße Ausgerichtetheit auf das Jenseits sind letztlich entscheidend, sondern allein, was wir aus Liebe getan haben. Liebe ist die einzige Raum und Zeit, selbst Tod und Teufel überwindende Macht.

In dieser Woche feierten wir unseren Landespatron, den heiligen Marktgrafen Leopold. Er ist Beispiel eines Menschen, der auch in hoher politischer Verantwortung seine Macht aus der Nachfolge des Herrn in rechter Weise gebrauchte – im persönlichen Glauben, aber auch durch Klostergründungen für die spirituelle Kraft unserer Heimat, im Einsatz für Gerechtigkeit und Frieden der ihm Anvertrauten. Sein Beispiel ist offenbar bis heute aktuell, aber nicht unbedingt „in". Sonst gäbe es nicht die Diskussion, ob das Wort Gott in der EU-Verfassung Platz hat und auch die christlichen Wurzeln in diesem Dokument einen Niederschlag finden.
Im vergangenen Jahrhundert gibt es das gegenteilige Beispiel dessen, der Macht in unheilvollster Weise missbrauchte und in menschenverachtendem Machtrausch viele Mitläufer in seinen Bann zog und eine tödliche Maschinerie über fast ganz Europa in Gang setzte: Adolf Hitler. Er, der sich Führer nannte, wurde zum größten Verführer; er, der sich mit „Heil" grüßen ließ, brachte dass größte Unheil über sein Volk und viele andere Völker.
In den Jahren als der Mann in der braunen Uniform seinen unseligen Aufstieg machte, im Jahre 1934 wurde ein einfacher Kapuzinerbruder in brauner Kutte, der aus derselben Gegend stammte und in Altötting, unweit von Braunau, 41 Jahre als einfacher Pförtner lebte, heilig gesprochen, weil er in der Nachfolge Jesu sein Leben gestaltete – unser Pfarrpatron Bruder Konrad von Parzham.
Unweit von Braunau ist ein anderer einfacher Bauer geboren, der aus seiner gläubigen Überzeugung die teuflische Verblendung des Nazi-Regimes durchblickte und diesem gottlosen Regime den Dienst mit Waffen verweigerte. Er verwies so den größenwahnsinnigen Ver-Führer in die Schranken, auch wenn es ihm sein eigenes Leben kostete: der Mesner und Landwirt aus St. Radegund Franz Jägerstätter. Er zeigte auf, dass alle weltliche Macht ihre Grenze an der Macht Gottes und dessen Heilswillen für alle Menschen finden muss. Er bezeugte mit seinem Tod durch Enthauptung am 9. August 1943 in Brandenburg an der Havel, was Petrus schon gegenüber dem Hohen Rat sagte: „Man muss Gott mehr gehorchen als den Menschen." 1997 wurde das Seligsprechungsverfahren für ihn eingeleitet. Und wenn es in diesen Tagen beim Besuch der Bischöfe in Rom verlautete, dass der Prozess gut voranschreite, ist das Grund zur Freude. Franz Jägerstätter ist für mich ein Zeuge des Glaubens an die Königsherrschaft Jesu Christi und zugleich an die Schranken aller, zumal gottloser menschlicher Herrschaft.
A propos Rom, auch der jetzige Papst Benedikt stammt aus derselben Gegend, aus Marktl am Inn. Der Papst nennt sich auch Servus servorum. Beten wir für ihn, dass er sein Petrusamt als Diener der Diener auszuüben vermag.
Zurück aus der hohen politischen und religiösen Machtausübung zu unseren Breitengraden und zu unserem Alltag! Jedem und jeder hat Macht und jede/r

von uns ist gefragt, wie er damit umgeht – bloß zur eigenen Befriedigung oder zum Dienst am Nächsten, der unserer Hilfe bedarf, beispielhaft etwa:

- im Zeit-haben für die Familienmitglieder (Zeit ist eine der größten Mangelwaren und zugleich Geschenke!)
- im mutigen Eintreten am Stammtisch und im Smalltalk gegen ausländerfeindliche und antisemitische Äußerungen,
- im Blick über unseren familiären und auch pfarrlichen Tellerrand hinaus auf die wirklich Notleidenden – im Inland (dafür ist die heutige Elisabethsammlung!) und im Ausland, zumal in den von Naturkatastrophen betroffenen Gebieten usw.

Das Wort des Herrn im heutigen Evangelium heute möge uns dabei leiten: Was ihr dem geringsten eurer Mitmenschen getan habt, das habt ihr mir getan. Mögen wir mit der Dichterin Christine Busta einmal sagen können:

„Was ich, ohne zu rechnen, ausgab,
verloren oder vergessen wähnte,
legst du mir heimlich und unerwartet
zurück in mein leergewordenes Herz.
Jetzt hab auch ich einen Groschen zum Leuchten
Für den Fährmann über den dunklen Fluss."

Printed by Books on Demand GmbH, Norderstedt / Germany